陕西抗战记忆丛书

U0677332

陕西抗战将领

陈答才◎主编　刘俊凤◎编著

陕西新华出版传媒集团

太白文艺出版社·西安

图书在版编目（CIP）数据

陕西抗战将领 / 刘俊凤编著. — 西安：太白文艺
出版社，2018.1（2023.2重印）
（陕西抗战记忆 / 陈答才主编）
ISBN 978-7-5513-1133-5

Ⅰ．①陕… Ⅱ．①刘… Ⅲ．①抗日战争—军事人物—
生平事迹—陕西 Ⅳ．①K825.2

中国版本图书馆CIP数据核字（2017）第047425号

陕西抗战将领
SHAANXI KANGZHAN JIANGLING

作 者	刘俊凤
总 策 划	党 靖
责任编辑	蒋成龙　何音旋
封面设计	高 薇
版式设计	新纪元文化传播
出版发行	陕西新华出版传媒集团 太 白 文 艺 出 版 社
经 销	新华书店
印 刷	三河市嵩川印刷有限公司
开 本	787mm×1092mm　1/16
字 数	224千字
印 张	16.25
版 次	2018年1月第1次印刷
印 次	2023年2月第3次印刷
书 号	ISBN 978-7-5513-1133-5
定 价	49.00元

抗战精神　永放光芒

姚文琦

陕西不仅有着悠久的历史、灿烂的文化，而且有着光荣的革命传统。在伟大的全民族抗日战争中，陕西的爱国军民无论在陕甘宁边区还是在国民党统治区，一直坚持抗日民族统一战线，在敌后战场和正面战场英勇杀敌，为国家的独立、民族的解放做出了卓越的贡献，有的献出了宝贵的生命。他们的业绩永载史册，民族精神将世代相传。

1931年9月18日，日本帝国主义制造了震惊中外的九一八事变，地处西北的三秦儿女和全国人民一样，被日军的疯狂侵略所激怒，迅速掀起了抗日救亡运动的高潮。9月20日，中共陕西省委发表了《关于日本帝国主义出兵占领东三省的决议》，要求各级党组织在群众中开展反对日本帝国主义的宣传，在学生中成立反帝大同盟组织，将反帝特别是反日斗争和日常斗争、拥护苏维埃运动结合起来。

九一八事变后，从苏区到国民党统治区，在中国共产党的宣传、领导下，抗日救亡团体纷纷成立，而且组织了抗日武装力量。他们矢志抗日，誓言宁愿战死，不做亡国奴。强烈要求开赴抗日前线，与日寇决一死战，收回国土，以雪国耻。

1935 年 12 月，北平学生发起"一二·九"运动的消息传到陕西，省城西安的学生冲破国民党高压政策的压制，走上街头，声援北平学生的爱国壮举，勇敢地投入到抗日救亡的洪流中去。

1936 年 12 月，西安事变爆发后，西安成为举世瞩目的中心。张学良、杨虎城果断采取了一系列紧急措施，使陕西政治气象焕然一新，陕西成为国民党统治区民主空气最为活跃的地区。

西安事变的和平解决，迫使蒋介石结束了反共内战，对于国共两党再次合作、团结抗日起了重要的推动作用，成为中国革命由国内革命战争走向抗日民族战争的转折点，成为时局转换的枢纽。

1937 年 1 月 17 日，中共中央进入延安。从此，延安成为中共中央所在地，中国人民革命斗争的总后方，全国进步青年向往的革命圣地。

1937 年 7 月 7 日，卢沟桥事变爆发后，中共陕西省委适时将工作重点转移到执行党的抗日民族统一战线的路线、方针和政策上。在国民党统治区，中共陕西省委广泛发动群众，开展轰轰烈烈的抗日救亡活动，同消极抗日的国民党顽固派进行不懈的斗争。开展广泛的抗日民族统一战线工作，直接参加或配合友军奔赴抗日前线，与日军血战。三秦子弟以血肉之躯，阻止了日军西进步伐。

全面抗日战争时期，陕西分为两个不同的区域，一个是中国共产党领导的陕甘宁边区，一个是陕甘宁边区以外的国民党统治区（陕南、关中及陕北部分地区）。抗战中，陕西军民在中国共产党抗日民族统一战线方针的指导下，坚持国共两党团结抗日，为民族解放战争做出了重大贡献。

延安和陕甘宁边区是中共中央所在地，是全民族抗战的政治指导中心，是八路军、新四军和全国共产党领导的抗日武装的战略总后方。在这里，中共中央和毛泽东制定了一系列指导抗日战争的路线、方针和政策，进行了伟大的整风运动和大生产运动，培育了光芒四射的延安精神，形成了毛泽东思想的科学体系；在这里，中国工农红军改编为八路军，出师抗日，开辟广大的敌后战场，配合正面战场，迎来了抗日战争的伟大胜利；在这里驻守边区的八路军留守兵团，在府谷至宜川的千里河防上，阻击日军，保卫了边区；在这里，培养造就了大批干部，他们成为后来中国革命和建设的领导骨干。在中共中央和毛泽东的直接领导和指导下，陕甘宁边区成为抗日战争的中流砥柱，中国新民主主义政治、经济、文化的示范区，模范的抗日民主根据地。

陕西国民党统治区既是抗战的大后方，又是抗战的前线。全面抗战爆发后，大部分由三秦儿女组成的国民革命军第三十八军、第九十六军、第二十二军、第十七军、第九十八军在人民群众的支援下，出师华北，英勇杀敌，保家卫国；驻守在绥蒙陕边界、宜川、韩城、合阳、大荔、朝邑、潼关黄河沿岸的陕军各部，形成铜墙铁壁，阻击日军，使日军无法西进，保卫了西北、西南的安全；在国民革命军其他部队的三秦儿女奋战在大江南北，奋勇杀敌，立下了赫赫战功。由于陕西在抗战中的战略地位，日军对陕西国统区及陕甘宁边区进行了无差别的轰炸，使陕西军民生命财产受到极大损失，但是陕西军民不畏强暴，为保卫陕西，保卫黄河，保卫国家，积极参军参战，在民族解放战争中写下了光辉的一页，并将永载史册。

抗战时期，陕甘宁边区有3万多青年参加八路军，民众缴纳爱国公粮100多万石，支前154万多人次，组织150多万头牲畜运送物资，做军鞋20多万双。抗战时期的陕西国统区约有937万人，其中训练壮丁160万人以上。按当时陕西总人口计算，不到9人就有1人应征入伍，占总人口的12%。其中1942年到1945年直接送往中国远征军的兵员为63589人。

抗战中，陕西由于特殊的政治、地理因素，成为日军攻击和飞机轰炸的重点。日军空袭陕西的飞机大多是从运城、临汾、太原、武汉、包头等机场起飞。轰炸的范围遍及陕西55个市县镇，西安、延安、宝鸡、潼关、安康等地为重点。从1937年11月7日日军轰炸潼关始，到1945年1月4日日军最后一次轰炸安康，其间日机共轰炸陕西560余次，投弹1.36万枚，炸死百姓9047人，炸伤7015人，炸毁房屋 43825 间，民众财产直接损失 982.5 亿元。其中一次死伤在百人以上的城市有西安、延安、宝鸡、安康等。遭受轰炸最为严重的为西安市，日机轰炸 147 次，死亡 2719 人，伤 1228 人，炸毁房屋 7972 间。

日军对中共中央所在地延安也进行了轰炸，据 1946 年 3 月 10 日延安《解放日报》文章披露，1938 年 11 月 20 日，日机第一次轰炸延安，到 1941 年 10 月最后一次轰炸，据统计日机共轰炸 17 次，投弹 1690 枚，炸死 214 人，伤 184 人，炸毁公共房产 1176 间（不含教堂的 169 间和礼拜堂一座），民房 14452 间，毁坏粮食 34.4 万斤，其他间接损失合边币 28.21 亿元，按 1945 年时值约合法币 1.5799 亿元。

抗战时期，主要由陕籍青年组成的国民革命军之孙蔚如统领的第三十八军（军长赵寿山）、九十六军（军长李兴中），高桂滋第十七军，高双成第二十二军以及冯钦哉第二十七路军，武士敏统领的第九十八军，王劲哉率领的一二八师等三秦子弟组成的几支部队，东渡黄河，置身华北、中原等抗日前线，或与八路军配合，或独立作战，奋勇杀敌，抗击了大量的日军、伪军。抗战中，牺牲的陕籍军民达数十万人，涌现出无数动人的英勇事迹，谱写了一曲曲爱国乐章。

《陕西抗战记忆》丛书包括《陕西抗战将领》《陕西抗战遗存》《抗战中的陕西民众》和《陕西抗战事件》，太白文艺出版社策划出版这套丛书，就是为了纪念那段难忘的岁月，再现中国人民保家卫国的抗战精神和大无畏的牺牲精神，告慰在抗战中牺牲的千千万万英烈。

抗战英烈，永垂不朽！

抗战精神，永放光芒！

目录/CONTENTS

陕西抗战将领

第一章　立马中条，壮士为国何惧死

20世纪30年代，横跨北平①西南永定河上，已有近800年历史的卢沟桥，是著名的燕京八大景点之一。这里涧水如练，西山似黛，每当黎明斜月西沉之时，月色倒映水中，更显明媚皎洁。东北头有四根蟠龙宝柱，中间立着一块大石碑，上刻四个大字"卢沟晓月"，那是清朝乾隆皇帝曾在秋日路过卢沟桥，看到如此良辰美景，赋诗："半钩留照三秋淡，一练分波平镜明。"并题名立碑于桥头。

不想这一美景之地，竟也是一军事要地。其处既是南下的要冲，又是北京的咽喉要道，自古以来就是重要的交通枢纽和货物集散地。史料记载，自金代开始，中原腹地进京，皆要在卢沟桥停留，此为京师进出中原腹地的必经之路。外敌一旦占领卢沟桥，北京就是一座死城，华北也就唾手可得。

1937年7月7日夜，一阵阵枪声打破了卢沟晓月的平静。

---

① 今北京市。

自 19 世纪的甲午海战以来，日本——中国这个古老的邻居，又一次迫不及待地来到邻家的土地上，试图挑起一场更大规模的战争。

早在 1931 年，驻扎在东北南满铁路的日本关东军挑起"柳条湖事变"，抢得东三省这一大片黑土地之后，更大的贪欲也被鼓动起来。1937 年春，大批关东军被从关外调运入关，平津间的日军增加到三四万人。从 4 月 25 日起，日本的中国驻屯军（这是一支经《辛丑条约》之第九款而派驻平津的日本军队，其时已驻地达 30 余年之久）在平津近郊进行战斗演习，6 月开始进行以攻击卢沟桥、夺取宛平城①为目标的昼夜演习。6 月 21 日，华北驻屯军紧急成立临时作战科。7 月 7 日夜，卢沟桥的日本驻军声称有一名日军士兵于演习时失踪，要求进入北平西南的宛平县城搜查。中国守军第二十九军拒绝了这一要求。日军向卢沟桥一带开火，向城内的中国守军进攻。中国守军第二十九军三十七师二一九团予以还击。这便拉开了中国全面抗日战争的序幕。

在得知和平无望后，中国政府决心全面抗战，中华民族的统一抗战也迅速形成。7 月 17 日上午，一身戎装的蒋介石在庐山，面对 100 多名各党派代表、各界名流，正式发表《抗战宣言》，郑重宣布：

> ……我们已快要临到人为刀俎、我为鱼肉的极人世悲惨之境地，我们不能不应战！至于战争既开之后，我们只有牺牲到底，抗战到底，若是彷徨不定，妄想苟安，便会陷民族于万劫不复之地；如果放弃尺寸土地和主权，便是中华民族的千古罪人！……如果战端一开，那就是地无分南北，年无分老幼，无论何人，皆有守土抗战之责任，皆应抱定牺牲一切之决心！

8 月 20 日，抗战最高统帅部——军事委员会颁发了《国军作战指导计划》，其中"方略"中规定："国军部队之运用，以达成持久战为作

---

① 今北京市丰台区。

战指导基本主旨。"

次年5月26日，毛泽东在延安抗日战争研究会上讲演《论持久战》，亦指出，抗日战争是持久战，最后胜利是中国的。

自1937年8月起，日军精锐的机械化军队，遭到了中国军队顽强的抵抗。国民政府定下了"以空间换时间，积小胜为大胜"的大方针，以将日本侵略重点吸引到日本机械化部队难以施展的中国东南山川河流众多的地区，利用东南山川河流众多的地形抵消日本装备优势，尽量消灭其有生力量，避免在有利于日本装备优势发挥的地势平坦的华北平原与日本军队作战，改变日本军队战略进攻方向。为此，中国军队先后沿平汉、津浦铁路沿线，开辟了三个战场，阻击日军南下。其中包括：1937年9月至11月的太原会战，1938年2月至5月的徐州会战和1938年6月至10月的武汉会战。

同时，日本在1937年8月派出上海派遣军（三个月后增加到50万人），开始向上海进攻，国民政府则派出中央军精锐和大批内地省份部队（这些部队装备极差，包括川军、滇军、桂军、粤军、湘军等）合计70万人，与日军血战三个月之久，粉碎了其"三月亡华"之狂语，此即为淞沪会战。指挥淞沪会战的第三战区司令长官先是冯玉祥，后由蒋介石亲自兼任。11月20日，中国军队在伤亡25万人之后，被迫撤退，上海至此沦陷。国民政府将首都和所有政府机构由南京迁往陪都重庆，而军事作战中心则先迁往武汉，直到武汉会战结束后再迁往重庆。同年12月13日，日军侵占南京，竟然以持续数周的南京大屠杀作为报复。

1938年10月21日，在大亚湾登陆的日本军队占领广州，第七战区司令余汉谋部退至粤北地区。10月25日，湖北重镇武汉三镇相继陷落，国民政府的作战中心迁往重庆继续抵抗。日本军队在占领武汉和广州后，战线拉长，无力做进一步大规模的战略进攻，转入休整，迫使日军大本营不得不重新调整对华战略，改为政治诱降为主、军事进攻为辅的战略，以求尽快结束所谓的"中国事变"。在历时四个多月的武汉会战中，中国军队伤亡40万人，中国军民以巨大的牺牲为代价迎来了战争的战略相持阶段。

抗日战争进入战略相持阶段后，战争双方的战线保持了相对的稳定。不想，世界范围的法西斯战争此时竟形成阴云密布之势。

德国于1939年9月1日突袭侵占波兰；接着，德、意法西斯互为呼应，又取得了对英、法作战的胜利。在法西斯"伙伴"暂时胜利的刺激和鼓舞下，1940年年底，日本政府调整了对中国作战指导方针，做出"必须迅速解决中国事变"的决定，要求"在1941年秋季以前，改变预定计划，不放松对华压迫，准备在夏秋之际，进行最后的积极作战，力图解决中国事变"。在此期间，"竭尽一切手段，尤其利用国际局势变化，谋求'中国事变'得到定局"。

日本军方具体分析了中国战场的态势，认为"山西省由于西面有以延安为根据地的中国共产党红军，南面黄河两岸有国民政府中央军第一战区的军队活动，治安情况极为恶劣。隔邻河南、山东两省的治安也不稳定"，"主要占领区域的治安现状，其安定程度的顺序为蒙疆、长江三角地带、武汉地区，以华北为最差"。而在整个日军占领区内，"晋南是有蒋直系国民党军残存的唯一地区"。

有鉴于此，1940年12月26日，日本陆相东条英机和总长杉山元在迅速解决对华问题上取得一致意见，提出"不要单纯考虑南方，要确立以中国和北方问题为主的方针"。据此，1941年1月30日，日本"中国派遣军"提出"1941年度的作战，根据当前任务，大致确保现在的占领地区，尤其在夏秋季节须发挥综合战力，对敌施加重大压力。特别期待在华北消灭山西南部国民政府中央军的一战"。此即"中条山战役"。此役历时一个多月，中国军队被俘虏3.5万人，遗弃尸体4.2万具；日军仅战死673人，负伤2292人。蒋介石称此役为"抗战史上最大之耻辱"。

不过，这一"最大之耻辱"的出现，与之前以三秦子弟兵组成的"中条山铁柱子"——第四集团军被调离中条山不无关系。时人铭记并痛惜战争之耻辱，却也没有忘记，从1938年至1940年下半年，由孙蔚如带领的原西北军改编的第四集团军，曾在中条山与日军对峙三年之久，令日军始终无法突破黄河进入潼关。潼关自古就处于"一夫当关万夫莫开"的战略要地，在20世纪30年代，兵出潼关，阻击日军的正是陕西抗日名将孙蔚如和他的铁柱子集团军。

中条山西起晋南永济与陕西相望，东迄豫北济源、孟州，同太行山相连，北靠素有"山西粮仓"美誉的运城盆地，南濒一泻千里的滚滚黄河。境内沟壑纵横，山峦起伏，关隘重叠，矿藏丰富。中条山与太行、吕梁、太岳三山互为犄角之势，战略地位十分重要。

抗日战争全面爆发后，随着山西各主要关隘的相继失守，中条山的战略地位愈加重要。对中方来说，占之，即可以此为根据地，瞰制豫北、晋南，屏蔽洛阳、潼关。进能扰乱敌后，牵制日军兵力；退可凭险据守，积极防御，配合整个抗日战场。就日方而言，得之，即占据了南进北侵的重要"桥头堡"，既可渡河南下，问津陇海，侵夺中原；又可北上与其在山西的主要占领地相连接，解除心腹之患，改善华北占领区的治安状况。所以，中条山地区被视为抗日战争时期"关系国家安危之要地"。

中条山地区虽位于山西省境内，但在抗战时期却不是晋绥军的防区，亦不属阎锡山的第二战区管辖。驻守这里的是国民政府中央军，在战区划分上则归于卫立煌为司令长官的第一战区。日军侵占山西后，为了固华北、抑洛阳、窥西安，自1938年以来曾13次围攻中条山，但均未得逞。

为守得家门外的这块"安危之地"，陕西汉子们立马中条，"壮士为国何惧死"，以其特有之质朴和倔强，谱写了"秦军"之大义和悲壮。

第一节 "中条山铁柱子"之总司令——孙蔚如

1938 年 3 月，日军占领晋南，隔岸炮击潼关，威胁陕西。西安行营主任蒋鼎文仓皇失措，拟弃城而去，搞得人心惶惶。

数日后，西安各界集会，一位表情严肃、步伐沉稳的中年男子走到台前。人们认出这是省政府主席孙蔚如将军，会场顿时安静下来。孙将军用平稳却令人感到踏实的语调发表了题为"西北国防与抗战"的讲话，引述中华民族抗击外敌的史实，力主坚守黄河、阻敌西犯，并表示自己决不生离西安。会场一时间少了聒噪，多了一份沉重。随后，省政府也发出了"守土抗战"的通令，称："凡我陕西官兵，皆应守土抗战，倘有闻警先逃、不事抵抗者，定以军法从事！"孙将军还在救亡大会上向百姓保证，决不让倭寇踏上陕西的一寸土地。他掷地有声地说："倭寇不灭，孙某家人决不先离陕西，倘有食言，百姓皆可诛之。"陕西自古就是兵家重地，八百里秦川的老百姓，为守住这块家园，也是饱尝战乱之苦，但也因此练就了一副大敌当前仍然咬牙笃定的沉着。如今，孙将军的狠话放出来，大伙心里有了底。

孙蔚如回到家中，知道是卸去这个省政府主席位子的时候了，以便全力以赴带着他的部下，投入到这场旷日持久的战争中去。这个当年陆军测量学校毕业的"秀才"，其实早已经习惯了戎马的军旅生涯。省政府主席的帽子，更像是个文绉绉的束缚。而他的一生，似乎就是专门为了这场战争在积聚和等待。

就在中日甲午战争后一年，1896 年的 1 月 31 日，陕西省长安县①豁口村的一个耕读世家，一名婴儿呱呱落地。父亲十分喜悦，取名树棠。喻盼此子可令家族开枝散叶，荫泽绵长。时家有薄田数百亩，被村人称为"素封"，即无官爵封邑而与封君一样富有。祖父和父亲务农，叔祖和伯父、叔父均有功名，在乡教学兼务农事。正是在这种农耕兼有文化氛围的家庭中生活，树棠自幼随父读书，广涉经史子集，工诗善文，喜好书法又善弈棋。读书之后，取字蔚如，后遂以字行世。正值垂髫，科举制废除，传统的功名不必求，兴实业，也就成为父辈送子读书的新动因，14 岁的少年也始入初等实业学校。1913 年他考入西北大学预科（后改省立第三中学），而民国肇兴，学而优则"士"（军人），吸引着青年们纷纷进入军事院校。孙蔚如也在是年进入陕西陆军测量学校学习，两年后成为陕西陆军测量军地形课班员，负责实地测绘关中各县地图，跑遍八百里秦川，对关中地形了然于胸。不想这等早期的实际工作，让日后成为军事指挥员的他有了坚实的军事素养。

从 20 岁开始，孙蔚如秘密加入中华革命党，转入陕西靖国军；25 岁投杨虎城麾下，追随杨虎城将军。至于和各路军阀打过多少次仗，他自己也无法计算，从排长、营长、团长到师长，也可谓身经百战。1926 年，作为第二支队司令的他，曾协助"二虎"师长坚守长安，历时八个月，终赢得长安解围，家园得守。

西安围城战：1926 年 4 月，正当广东革命政府准备发动北伐战争之际，北洋军阀吴佩孚指示河南军阀刘镇华率领"镇嵩军"八万余人，由豫西进入陕西，企图攻占被陕西国民军控制的西安，剪除西北支持广东的革命力量，为北洋政府扩大地盘。国民军师长李虎臣、杨虎城（孙蔚如时任杨虎城师长辖下第二支队司令）率部不足两万人和全城民众坚防固守、浴血奋战达八个月之久，史称"二虎守长安"。10 月，援陕冯玉祥部到

①今西安市长安区。

达西安，与城内军民里应外合，重创刘军。11月下旬刘军溃逃，西安围解。守城军民和解围部队共死亡五万余人，占当时西安人口的四分之一。

1928年年初，杨虎城赴日考察，临行斟酌再三，决定将军务委托孙蔚如，认为孙"深沉稳练，工于心计，且驭下宽厚温和，兼收并蓄，托以重任，当不辱命"。孙蔚如果然不辱使命，把军队带得有声有色。直至1930年中原大战，孙蔚如追随杨虎城师长加入国民革命军，开始独当一面。中原大战正酣之际，奉令任南阳守备司令，以确保前方补给和后方安全。1931年11月，又以国民政府军事委员会委员长潼关行营参谋长名义率部进军甘肃，激战而胜，被蒋介石任命为甘肃宣慰使，兼领军民两政。时而守土，时而攻地，竟也是进退自如。唯政务一职，难得长久，旋即卸去，专职军事。以当时之抗日局面看，战场仍是他可以放开手脚的地方，这个陕西省政府主席的位子，反倒令人颇感困顿。

陕西省政府主席一职，令孙蔚如想起了老师长——抗战爆发前的十七路军总指挥杨虎城将军。同是陕西人，自是对家乡有一份"造福地方"的殷切深意。杨虎城将军是他的老上级，也是前任陕西省政府主席。

早在抗战全面爆发前，担任第十七路军下属第三十八军军长的孙蔚如就率部开往陕南，准备配合四川军阀围攻川陕苏区和红四方面军。不过，这么多年来左突右进的军阀乱战，看着跟随自己的兄弟们纷纷殒命，令他心生厌倦，去汉中途经留坝县张良庙时，就曾赋长诗抒怀："村舍皆丘墟，陇亩失东西……止戈以为武，赤手拯灾黎……英雄事割据，儿子亦古今。"忧国忧民反对内战之情溢于言表。"九一八事变"后，一直以来与自己没有什么直接冲突的红军，远不像之前的军阀那样混乱散漫。孙蔚如有些踌躇。

正是在这个时候，他的少校参谋武志平主动找上了他。

武志平（1901—1991），北京通县人，时任第十七路军三十八军（军长孙蔚如）的少校参谋，同时也是中共地下党员。1933年3月，西安中共地下组织负责人王右民、宋绮云向武志平传达中央"特科"的指示：通过可靠的关系建议杨虎城不要和红军正面冲突，并设法开辟川陕苏区的秘密交通线。

在汉中三十八军司令部，武志平与军长孙蔚如进行了一次长谈。考虑再三，孙蔚如令武志平去川北红四方面军总部进行联系。1933年5月13日，武志平化装成红十字会的人员由南郑出发，长途跋涉，来到大通江北岸的苦草坝，首先见到了傅钟。武志平撕开薄棉袄的衬里，从里面抽出一条白绸缎，系军长孙蔚如的绢书，上面写着："现外患日亟，大敌当前，炎黄子孙，以民族生存为重，抗日救国，人同此心，义之所在。我军赞成贵军《一月宣言》同仇敌忾、一致抗日的主张，特派武某前来磋商。"为表示诚意，孙蔚如让武志平将一整套四川北部的军事地图和一些通信器材、医药器械等，交给红四方面军负责人。

《一月宣言》是1933年1月17日中华苏维埃临时中央政府、工农红军革命军事委员会以毛泽东和朱德的名义发表的宣言，宣布工农红军准备在"立即停止进攻红色区域、保障人民民主权利、武装人民"三个条件下，同国内任何武装部队订立停战协定，以共同反对日本帝国主义的侵略。

武志平参与了谈判。1933年6月24日，红四方面军军委参谋主任徐以新（新中国成立后任外交部副部长）随武志平抵汉中会谈，与孙蔚如达成秘密协定，主要内容有：第一，双方互不侵犯；第二，配合打胡宗南；第三，红四方面军设立交通线，三十八军提供一定的物资；第四，双方只能秘密往来，协定不予公开。

1935年2月合作曾一度停顿。到1936年年初，已经晋升陆军中将的孙蔚如所部第三十八军调驻陕北（军部驻三原），孙蔚如一面执行军令，一面仍希望待机参与抗日。遂于8月间委托中共地下党员孙作宾到陕北保安见毛泽东主席、周恩来副主席，表达"三十八军愿同红军互不侵犯，建立联系，相互合作，共同抗日"的意愿。毛泽东次月复函赞同双方合作，提议"自即日起，双方都应取消敌对行为，各守原防，互不侵犯，同时允许经济交通，保证双方来往人员之安全"。

老师长杨虎城性情侠烈，对蒋介石频频施压的"剿匪"命令不能忍受，酝酿联合东北军反蒋抗日。孙蔚如亦心存不满，但深知各方虽在斡旋中，但暗藏危机。1936年秋从宜川驻地密函老师长（杨虎城）："事须缜密。有谋人之心，事未成而为人知者，害莫甚焉！"

然是年年底，"西安事变"爆发，危急之下，也就不说二话了，只有站在老师长身后步步为营。先是出任西安戒严司令，负责西安地区的警备，同时担任"抗日援绥军"军团长、军事顾问团召集人。"西安事变"后，张学良、杨虎城电邀中共领导人周恩来到西安，共商大计。周到西安后，孙蔚如代表西北军与中共代表周恩来、东北军代表何柱国组成了三方联合办公机构，制定抗击南京政府何应钦"讨伐军"的作战计划。

张学良送蒋介石回南京以后，南京国民政府行政院任命孙蔚如为陕西省主席，仍兼三十八军军长。当时西北形势极为复杂，蒋介石任命顾祝同为"西安行营"主任，并派"中央军"进驻西安及咸阳以东陇海铁路沿线；冯钦哉率第七军、王劲哉率四十九旅先后脱离十七路军投蒋，老师长杨虎城将军离军出国；东北军将领王以哲将军因赞成中共和平解决"西安事变"的方针而不为东北军少壮派所理解，惨遭杀害，以后十几万东北军被蒋压迫相继开往豫、皖。

孙蔚如只有在老师长进退维艰之时，奉命稳舵第十七路军，处理"西安事变"善后事宜。第十七路军番号被撤销，原第十七路军部队归自己所部之第三十八军建制。经过这一番有惊无险的动荡，第三十八军麾下，仍然聚集了一些三秦将领，包括第十七师师长赵寿山、陕西警备第一旅旅长王竣、第二旅旅长孔从洲等。

"卢沟桥事变"后，所部第十七师、第一七七师第五二九旅等奉命相继开赴华北抗日战场。五二九旅参加忻口会战，防守正面阵地14天，受到战地指挥官卫立煌五次嘉奖；第十七师奉调参加娘子关战役，担任正面防守，与敌血战九昼夜，受到战役总指挥黄绍竑嘉奖……三秦子弟兵自古在战场上都是好样的。听闻喜讯，孙蔚如还曾喜赋《抗战歌》"此是中原第一战，风云锐利如疾电"，并以"指顾燕儿几点青，定与鸭绿归禹甸"的豪迈诗句鼓励将士奋勇杀敌。抗日捷报频传，孙蔚如露出欣慰的笑容。眼下的抗日战场，才是自己作为军人真正的用武之地，就算不做这个陕西省主席，也罢。

孙蔚如决定了，不做这个束手束脚的省政府主席了，他要请缨上阵！

1938年6月15日，孙蔚如被免去省政府主席一职，第三十八军也升编为第三十一军团，由他出任军团长，下辖第三十八军（军长赵寿山）、第九十六军（军长李兴中）及教导团、骑兵团。听说孙蔚如将军要出征，家乡豁口村一带就有500多名青年踊跃随他赴战，出现了兄弟、叔侄并肩参战的动人情景。

稍事整顿，在关中地区最热的8月初，孙蔚如带着他的第三十一军团——一支由三万多名"陕西楞娃"组成的队伍，由朝邑东渡黄河，开赴晋南中条山抗日前线。

位于黄河北岸的中条山是一座东北—西南走向的山，长约150余千米，它是黄河的一道天然防线。日军第二十师团趁孙蔚如的第三十一军团立足未稳，先后攻占永济和芮城。孙蔚如没有想到，他的三十一军团自此和日军展开了长达三年的拉锯战，先后粉碎了日军的11次大扫荡，使日军始终未能越过黄河，进入西北。而中国军队也有两万余人牺牲在中条山下、黄河岸边。

1938年8月徐州会战结束后，西路日军兵锋直指黄河风陵渡以威胁西安。风陵渡地处中条山西端，正在黄河东转的拐角上，是连接华北、西北、华中三地之要津。距风陵渡不远的永济县城蒲州①，是守护风陵渡的前沿重镇，要保住风陵渡必先守住蒲州城。

蒲州城是风陵渡的门户，但地势并不险要。这座古城西临黄河，东北是一块开阔地，日军的机械化部队通过开阔地就能直抵蒲州城下。但是在距蒲州城东南六七千米的中条山麓，有一座始建于北魏时期的万固寺，与此相对的是北面山中的普救寺，相传，这座普救寺正是《西厢记》中"红娘月下牵红线，张生巧会崔莺莺"之地。这两座寺院都建在山上，

①今山西省永济市蒲州镇。

控制这两个高地对保卫蒲州城事关重大。

为阻挡日军，孙蔚如下令第三十一军团在两寺之间的开阔地挖出一条深约一丈的反坦克壕。为了鼓舞士气，孙蔚如将军的指挥部就设在中条山的最西端——半山腰上的六官村，这里不仅"山下鼓角相闻"，而且可以俯瞰整个永济战局。1938 年 8 月 15 日，驻运城的日军第二十师团以一个旅团的兵力，配有四个炮兵中队、三个坦克中队及十余架飞机，分三路向永济扑来。永济保卫战打响了。激战中，一股日军从右翼山地迂回包抄而来并攻占了万固寺，孙蔚如急命教导团援救万固寺。教导团团长李镇西，亲率两个营夺回了万固寺，日军靠寺后竹林的掩护向西姚温村撤退。教导团第三营官兵冲进西姚温村，但没想到，日军在村内部署了重兵，第三营冲进村后，遭日军猛烈阻击，和敌人展开了巷战。苦战到第二天上午，第三营的官兵死伤大半，营长张玺文也壮烈殉国。日军乘势攻占了蒲州城，中国军队退守永济。

8 月 17 日，守卫永济的警一旅一团已处于敌人重重包围之中。城中只有五个连不足 600 人兵力，城外日军却有 3000 多人，且敌有飞机和远程火炮相助。这是一场恶仗！除了全团将士外，连预备队、警卫班、炊事员都上去了，苦守月余，大部牺牲。但战后统计日军伤亡更甚。8 月 26 日，最高统帅部以蒋介石名义发来电报："自张团长以次牺牲壮烈，特电慰勉。"

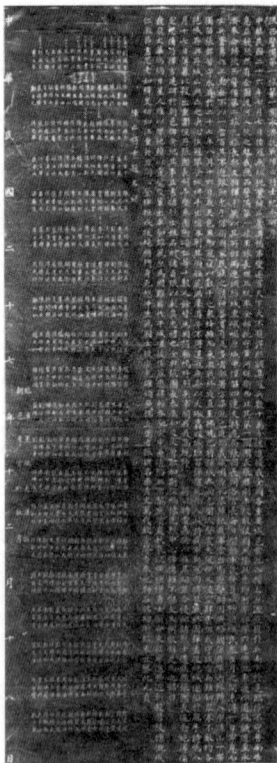

陕西警备一旅一团抗战阵亡将士纪念碑

永济失守后，与风陵渡之间的最后一道防线是韩阳镇。当时第三十一军团的中国官兵背水而战，一个小小的韩阳镇，日军攻了半月之久竟未拿下。最终，第三十一军团的官兵终因装备落后，在日军猛攻下伤亡惨重，被迫撤出了韩阳镇。永济之战以中国军队撤退、日军攻占风陵渡落下了帷幕。

永济失陷，韩阳撤兵，从局部上看是中国军队的失利；从战略上讲，却为中国军队争取到了时间和空间。永济保卫战，我军以劣等武器、较少的兵力与敌作战，打掉了鬼子的骄狂之气，提高了我军的抗战勇气。永济战后，中国军队各部已集结到位，中条山防务也基本就绪。日军虽然占领了永济和风陵渡，但惧于中国军队的中条山防线会断其后路，仍然不敢举兵渡过黄河。

在随后的半年多，孙蔚如指挥三十一军团所属各部先后击退了日军对中条山的四次扫荡。

1939 年 2 月，第三十一军团被改编为第四集团军，孙蔚如升任集团军总司令。但因为永济之战以来，部队消耗巨大，如果要留在中条山坚持抗战的话，必须要补充军队提高部队的战斗力。自接管三十八军一路走来，孙蔚如也深知，这支由西北地方军队发展起来的部队，要和装备优良的日本军队持续对抗下去，必须要有持续的精神激励和领军之法。这时候，老部下第三十八军军长赵寿山，提出了一个颇为大胆的办法，即从中共的八路军当中引进人才，帮助自己整训部队培养干部。大敌当前，国共合作，加之之前与红军的互不侵犯相互合作良好，孙蔚如同意了。经过中共干部的整训，第四集团军的战斗力果然大大提高。

1939 年 6 月，日军对中条山进行了规模空前的第六次大扫荡。日军集结约三万兵力，配备野炮 50 门，战车 30 辆，飞机 38 架，目的是将该处的只有 12 个团、不足两万人、武器较差的三十八军、九十六军一举歼灭，为占领中条山、进攻豫陕奠定基础。从力量对比来看，日军的兵力、武器实力远远高于中国军队，特别是飞机、战车、远程山野炮都是中国军队所没有的。一场殊死战斗在所难免。

茅津渡历来为兵家必争之地。军事测绘出身的孙蔚如知道，要固守中条山，一场血战在这里无可避免了。从茅津渡过河后便是峤山，占领峤山，可北控山西，东据河南，西进关中。6月6日凌晨3时许，日军兵分九路向中条山发起猛烈的进攻。初始中国军队的芮城、平陆、茅津渡等阵地相继失守，三十八军、九十六军被日军割裂开来，九十六军军部、一七七师、独四十七旅、独四十六旅被围，形势万分危急。赵寿山临危受命，制订了新的作战方案，要求各部队采取灵活机动的战略战术，与敌周旋，伺机破敌。十七师一部分官兵在敌后秘密穿插，主力则在茅津渡以西地区向日军进攻；孔从洲的独四十六旅率先成功突围到平陆以北，打乱了日军的部署；其他被围部队抓住有利时机，也都突出重围。战局趋于好转。

到6月11日，李兴中军长、陈硕儒师长率九十六军主力一七七师杀回陌南镇，击溃日军；四十六旅封锁平陆境内的南北要道；友军用炮火封锁了黄河河道，骄狂一时的日军被中国军队四面围住。6月12日黄昏，中国军队从东、西、北三面向日军发起全面攻势，在茅津渡击溃了日军。6月21日，日军退出中条山，第四集团军以伤亡近7000人，毙伤日军万余人，取得巨大胜利。至年底，孙蔚如稳坐中军帐，多次指挥部队击退日军四次小规模进攻，第四集团军被誉为"中条山的铁柱子"。媒体感叹："西北整个得以安定，皆赖我第四集团军英勇将士在黄河北岸艰苦支撑所赐……"

与媒体的欢呼和赞誉相比，孙蔚如更觉悲壮。这位出身耕读世家、原本希望成为一方文硕之士的中年男子，现在却满怀岳飞抗金的悲愤情怀。他挥毫写下一阕《满江红·立马中条》，遥向守土之英雄致敬，也袒露了三秦之子指挥千军万马的豪情和气魄：

满江红·立马中条

立马中条，长风起，渊渊伐鼓。怒眦裂，岛夷小丑，潢池耀武。锦绣江山被踩践，炎黄胄裔遭荼苦。莫逡巡，迈步赴沙场，保疆土。

金瓯缺，只手补。新旧恨，从头数。挽狂澜，做个中流砥柱。剿绝天骄申正义，扫除僭逆清妖蛊。跻升平，大汉运方隆，时当午。

于右任先生闻中条山战况后，以《天净沙·赠孙蔚如总司令》小令致送：

中条雪压云垂，黄河浪卷冰澌，血染将军战史。北方豪士，手擒多少胡儿！

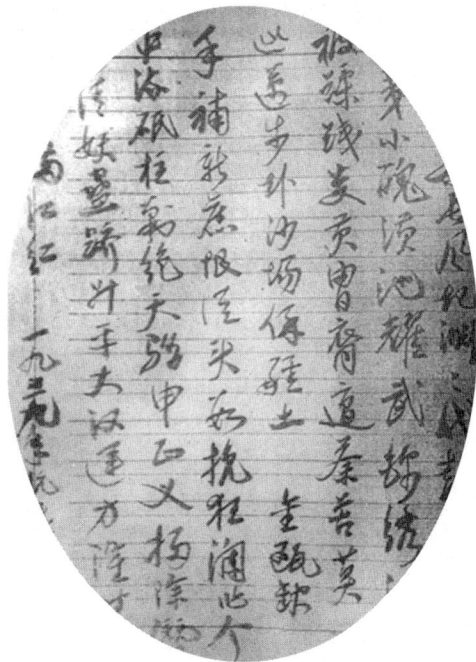

孙蔚如将军手书《满江红·立马中条》

1940年4月17日，日军又聚集了一万多人对中条山大举扫荡。这场望原会战是第四集团军与日军的又一次殊死搏斗。孙蔚如指挥部队进行反击，充分运用了游击战、运动战的方式。三十八军在望原、毛家山一带与日军血战三日后，诱敌深入到望原，九十六军的一七七师在平陆以北地区夹击日军、破坏公路，有力地配合了三十八军在望原对日军的打击。26日，我军由四个方向向日军发动全面反攻，27日拂晓，日军全线动摇，狼狈逃窜。望原会战持续十数日，以中国军队大捷而结束。

从1938年8月东渡黄河至1940年5月，孙蔚如指挥的第四集团军，同日军第二十师团拉锯三年，以两万余人的伤亡代价，令日军不能渡河入陕，而伤亡之下补充新兵达19次。中条山被日军称为华北战场上的"盲肠"。第四集团军在日军凶焰正盛时力挫敌锋，保卫了大西北的国土和民众免遭日军践踏蹂躏，孙蔚如亦无愧于出征之前对三秦父老之承诺。

与抗战时期的诸多著名将领相比，能将部队带成"中条山的铁柱子"，不仅仅是因为孙蔚如始终保持着三秦壮士尚勇之习，更因为他始终秉持了三秦儒者之正直、厚朴的底色。早在当年的十七路军中，孙蔚如就有"儒将"之称。因为豁达敦厚、肝胆照人，又善于团结各方人才，爱护干部、爱护青年、体恤战士，深得全军信赖。在生活中也自奉俭约，不置私产，严格教育子女，亦为时人所称道。

在漫长的战争中，孙蔚如无论走到哪里，都在房中挂着自己手书的四个大字"兵附于民"。孙蔚如不论是行军还是作战，对部下和周围老百姓都爱护备至，在中条山一带至今还流传着孙蔚如挥泪杀马夫的故事。当年在中条山抗日前线，一次孙蔚如的马夫给马洗澡，附近村里来了一头驴围着马转，马夫为赶跑驴，在驴肚子上戳了几下。没想到这头驴回到村上就死了。这下村民可不答应了，一起来到孙蔚如司令部前跪着讨个说法。孙蔚如听闻此事，忍痛将马夫推出去枪毙了。村民都吓坏了，没想到会有杀人这么严重的结果。孙蔚如说，部队里不管是谁违背了军令，都要问斩，自己的马夫也不例外。后来，孙蔚如厚葬了马夫，并一直赡养着马夫的家人。

孙蔚如母亲一生乐善好施，扶助乡里。老太太在1945年故去时，国民党各要员和社会各界名流纷纷送来牌匾，当地乞丐为报答孙母生前的恩德，也送牌匾一块。孙蔚如只亲迎过三块，除本家舅父和蒋介石的之外，就是乞丐的牌匾了。并且将本村所送牌匾悬挂在家门口正上方的位置，此事在当地传为佳话。

孙蔚如为人忠厚、爱憎分明，在艰难抗战的时局之中，更难能可贵的是老成持重、稳扎稳打。1935年在陕南的张国焘为北上陕北，单方面撕毁与孙蔚如三十八军的停战协议。孙蔚如得知此事后非常生气，骂张国焘只配读他写的文章。但自抗战以后，孙蔚如自知处境微妙，一方面因是地方军，与蒋介石有过"西安事变"的芥蒂，枪械装备乃至士兵军饷都无法保证；另一方面是日寇的铁蹄步步进逼，部队随时都有被打光的危险。抗战期间，蒋介石多次安插特务在孙蔚如的第四集团军里，并根据特务了解调查的情况屡次向孙蔚如索要潜伏在军队中的共产党员。孙蔚如坚持国共合作抗日，经常是今天向蒋汇报"查无此人"，明天就让已经暴露的共产党员赶路逃走。如果不是孙蔚如这样沉稳地避开党派之争，极力维护第四集团军内部的完整，避免部队在大敌当前的情况下内部倾轧消耗，中条山的铁柱子是难以铸成的。其实这样的隐忍之功，是当年打北洋军阀时练成的。当年，孙蔚如双臂都受了枪伤，大夫给他取子弹时，他坚持不打麻药，而是和同僚下棋，硬挺了过去。

这样的铮铮汉子，同样也怀揣着所有关中人都固有的质朴的田园梦。

孙蔚如经常向家里人描述自己心目中理想家庭的标准：可以听到机声、书声、儿啼声。因为非常看重家族血脉，在时局动荡之际，他都特意将两儿一女留在老家，另外两儿一女带在身边，以防突然变故。自己生活非常俭朴，也常教育儿女们生活要节俭，学习要努力。因此，他一生带兵打仗，深为那些跟随自己而牺牲的青年将士们痛惜。中条山抗战，是他一生军旅生涯的巅峰，也是他一生中最悲痛的记忆。40年后，孙蔚如将军在他所撰写的《第四集团军在中条山抗战经过》一文中就曾深情地写道："敌旅将我西姚温阵地突破，我张希文营向该处逆袭，肉搏一昼夜，该营全部殉国，我主力及炮兵得以安全转移，厥功甚伟。"

1940年10月，第四集团军——这支中条山的铁柱子，被调离到中原战场参战。半年后，晋南会战失败，中条山失守。身为军人，孙蔚如唯有恪尽职守。但是这位关中儒将，却迎来了自己一生的最大奖励，1945年9月18日，身为第六战区司令长官的孙蔚如，在武汉接受了日本第六方面军的投降。

第二节　统战典范之传奇将军——赵寿山

"你给卫长官说，守不住望原，砍下我赵寿山的头扔进黄河！"

1940年4月，一个乍暖还寒的日子，在山西平陆县望原的三十八军指挥所里，一位高个子、大鼻头的将军剑眉怒竖，对着电话高声说道。他就是后来被誉为"铁的三十八军"的军长——赵寿山将军。在第三十八军中，上上下下都知道，赵军长可是出了名的硬汉。

电话是一战区（卫立煌为战区总司令）参谋长郭寄峤从洛阳打来的。

得知第四集团军准备采取诱敌深入的策略，将日军诱至平陆县东部的望原一带，设伏兵以击之，郭寄峤从洛阳打电话给第四集团军司令孙蔚如。孙蔚如唯恐郭的电话会打乱部署（此前已有过先例），故而不接电话。郭寄峤就又打给赵寿山，说："望原你们是守不住的。你们应当带部队绕到敌后，在同蒲线上作战。"

赵寿山说："望原是中条山的心脏，望原丢了，敌人就会举兵过黄河。"

郭寄峤说："那你要是守不住怎么办？"

听到郭参谋的质问，赵寿山一股狠劲冲上来，按捺不住，就有了开篇的掷地有声的话语。

敢立这一生死状的赵将军，在后来的战役中，果然大获全胜，此役正是中条山抗战时期著名的望原会战。

1940 年 4 月中旬，日军向中条山发动了新一轮大扫荡，这场后来被称为望原会战的战事，是第四集团军与日寇的又一次"生死对弈"，规模仅次于早一年的"六六战役"。日军的扫荡是从中条山中部突破，沿张茅大道直取茅津渡。

孙蔚如事先也得到敌军的情报，经过与参谋长陈子坚、秘书长李百川以及赵寿山、李兴中等将军磋商后，决定采取诱敌深入的策略，将日军诱至平陆东部的望原一带，设伏兵以击之。

4 月 17 日，中国军队有意识地边打边退，赵寿山指挥的第三十八军以一部阻敌，主力则避开敌锋向其侧后转移，直到把日军主力诱至望原。望原会战的主战场在望原、淹底两个山头，两山之间有一道深沟，沟底是一条宽约三十米的小河——洗耳河。4 月 19 日清晨，中条山附近涌来一股巨大的寒流（俗称倒春寒），雨雪交加、狂风怒号，碗口粗的大树被连根拔起。赵寿山趁风雪之夜，调动前线各部兵力，分四路猛攻日军，一夜间将望原周围的鬼子打得狼狈逃窜，收复了大部分被日军占领的村落。

4 月 21 日，日军从望原以北的张店据点扑向李振西防守的望原高地。李振西将一个炮兵营摆在半山腰，将五个步兵营排列在炮兵两侧，每隔三五步便有一挺重机枪，形成一道钢铁防线，在三日之内连续打退了敌人的几十次进攻。在战斗最危急时，教导团团长李振西对一营营长殷义盛说："鬼子来势汹汹，你马上给我抽出 100 名不怕死的后生，每人发一箱手榴弹，冲下山去，收拾×××！这边我用炮火掩护。"殷义盛迅速挑出 100 名精壮后生。100 条汉子齐声怒吼："杀敌报国，在此一举！"在炮火的掩护下，殷营长奋勇当先，100 条陕西汉子呐喊着冲下山去，蹚过洗耳河，冲入敌阵，一排排手榴弹炸起漫天烟雾……日军全线溃退，100 名敢死队员也多半阵亡。

至 25 日，中国军队各路人马均以迅雷不及掩耳之势占领了中条山东部的山头，对日军形成包围之势，击毙、击伤日军两千余人。日军被迫北撤。望原会战持续数十日，以中国军队大捷而告终！

此役令第一战区司令长官卫立煌十分赞赏。而这并不是第三十八军军长赵寿山最得意之战，早在一年前，年中 6 月的"六六战役"中，赵寿山就曾一度暂时指挥第四集团军，大展了身手。

自 1938 年 8 月第四集团军司令孙蔚如出兵潼关、防守中条山西部的平陆、芮城地区起，到 1939 年 3 月间，第四集团军的健儿们曾五次粉碎日军对条西地区的疯狂扫荡，巩固了中条山防线，日军则视中条山为华北战场的"盲肠"，必欲除之而后快。于是，继 1939 年"三二九"大扫荡之后，6 月上旬，日军再次发动了更大规模的"六六战役"。这次日军使用的兵力有：第二十师团的四个联队，第三十七师团的一个联队，第二十八骑兵联队，并配有野炮第二十六联队，山炮第一联队，共三万余人。在山口集成飞行队 30 多架飞机的支援下，兵分九路，由芮城县的陌南镇到平陆县的张店四州山等地，构成一个半弧形包围圈，向第四集团军阵地实施了全线进攻。日军此次作战的目的，是要将"第四集团军所属的第三十八军、第九十六军歼灭于芮城以东茅津渡以西地区，同时以山炮 30 门炸毁陇海路灵宝铁路桥，彻底破坏陇海线之运输"。

此时，第三十八军独立第四十六旅驻守平陆县城及以东地区，第十七师驻守张茅公路沿线的茅津渡一带；第九十六军驻守平陆县城以西至芮城陌南镇以东地区；第四十七军驻守夏县南部。第四集团军防地北面是连绵起伏的中条山脊，南面是天险黄河，北高南低，处处深沟巨壑，两万多人的部队在这个狭长地带，面山背水，很难有回旋余地，地形十分不利；同时，中国守军战线长达 30 千米，仅有两万六千人防守，而敌人达三千多人，在兵力上也占劣势。

1939 年 6 月 6 日拂晓，日军步、骑、炮、空各兵种，联合向防守中条山西部的第四集团军阵地发动了全线进攻。第四集团军各部在东、西各线英勇抗击日军的进攻，多次打退了敌人。但经过 18 个小时的激战，形势急剧恶化。第四集团军总部遂决定调整部署，缩短战线，除令四十七军抽三个团攻击张店敌之侧背，第三十八军第十七师以有力部署阻敌南犯外，令九十六军主力东撤，准备在平陆以西山地设置防御阵地。

6月7日，东、西两线终日苦战，形势继续恶化。在东部，7日拂晓，侵入太臣一带的日军三千余人，继续南犯，占领坂头。独立第四十六旅大部队向平陆以北的东坪头阵地转移。在西部，一一七师各部于7日转移时，因部队通信联络不畅均未按时到达位置，而形成从庙底、西吴到张峪十千米大空隙，日军乘隙而进。17时，日军又从北、西两面，向张峪及柏树崖独立四十七旅发起攻势。18时，日军从东、西、北三面向平陆县城郊进逼，把第九十六军和独立四十六旅包围在平陆县城、太阳渡、大涧北、赵家坡等黄河北岸一个东西不到5000米的低洼区。第九十六军和第三十八军独立第四十六旅陷入绝境，面临着全军覆灭的危险。

在此万分危急的形势下，独立第四十六旅向北突围，两天之后，回到平陆县与第三十八军军部会合。第九十六军军长李兴中也率部队向北面突围，于10日到达张茅大道东的将窝与三十八军会合。

日军攻陷平陆县城后，从13日拂晓起，以其主力一万多人分三路再向张茅大道以东的第三十八军第十七师、总部教导团和第四十七军发起大规模进攻。在此危急状况之下，第一战区司令长官卫立煌令第四集团军暂统归第三十八军军长赵寿山指挥。赵寿山临危受命，根据敌我力量对比情况，决定缩短战线，采取弹性防御，力争主动。他首先要十七师与四十七军分别防守南北两线夹击敌人；同时命令在稷王山打游击的两个团，与孙定国领导的新军二一二旅密切协作，在敌后积极袭扰敌人。在赵寿山运用运动战、游击战的灵活战术指挥下，日军因伤亡惨重而无力继续进攻，在14日傍晚开始撤退。守军举行反攻，接连收复淹底、古王、计王、毛家山、庙凹、茅津渡、平陆县城、芮城县城等地。21日，赵寿山指挥第四集团军协同友军将日军逐出中条山，收复中条山西段阵地，迫使日军退回运城。

"六六战役"打了半个月，这是第四集团军在中条山打得最大的也是最惨烈的一次战役，中国军队伤亡及失踪官兵达九千余人。国内报纸报道称："敌我在此山岳地带展开剧战，血肉横飞、积尸遍野，情况之悲壮，前未曾有，敌军死伤甚重，我军亦有壮烈牺牲"，"晋南大战，我军又造成光辉的胜利"。

赵寿山在此役指挥中，对运动战、游击战的出色运用，其所部作战之英勇灵活，不能不说相当程度上受益于其长期与中国共产党合作，并接受共产党的主张，援引中共党员对其所部进行政治训练。

这位曾与孙蔚如将军同学、同行又同伍的陕西抗日国军名将，竟从来都不掩饰他对中国共产党的好感和积极接触。整个抗战时期，他与毛泽东频繁通信往来，他作为中共特别党员，被蒋介石任命为第三集团军总司令，两年后又被中共任命为西北野战军副总司令。他历经北伐战争，扬名抗日战争，最终又以人民解放军将领的身份走入中华人民共和国，这一路走来，率直坦诚，堪称传奇。

1894年，中国干支纪年甲午年，8月，中日战争爆发。11月，赵寿山生于陕西省户县定舟村一个贫苦农民家庭。年幼时，父亲病故，随母兄耕种薄田，奋发读书，于辛亥年入陕西陆军测量学校读书，一个在后来享誉中条山抗日战场的青年军人的生涯由此开启。

不想，从一开始，他的军旅生涯就已埋下与中国共产党亲密接触的伏笔。

赵寿山与中国共产党的最早接触，要从时任陕西靖国军第四路司令部副官，后来成为中共党员的史可轩说起。

史可轩，1890年生，陕西省兴平县人。1907年加入中国同盟会，1909年考入太原陆军学堂。1911年10月，武昌起义爆发，山西新军响应，陆校学生被编成游击营，史任营长，参加了攻克大同府之役。1913年赴日本学习，1914年加入中华革命党。不久回国，到太原筹划革命。1916年，陈树藩任陕西督军，创办成德中学，史被聘为该校事务主任。1918年年初，张义安等在三原起义，树陕西靖国军旗，讨伐陈树藩，史在右翼军指挥部任副官。8月，任靖国军第四路司令部副官。

随后，史可轩就邀请正在陕西陆军测量局任测量员的赵寿山，加入陕西靖国军，在司令部任科员。1921年秋冬，靖国军第四路被陕西督军冯玉祥改编为陕西陆军暂编第一师，史任该师第一混成旅副官长兼骑兵营营长。1924 年 10 月，参与冯玉祥等发动的北京政变，史可轩主动会见李大钊，并响应中共号召，联合邓宝珊等通电全国，欢迎孙中山北上。12 月，史任郑州警备司令。在他的支持下，恢复了"二七惨案"被破坏了的京汉铁路总工会。1926 年 5 月，史可轩经王若飞介绍加入中国共产党。同年，他任国民军联军驻陕总司令部政治保卫部部长兼卫队师师长，不久卫队师改为联军驻陕独立第一师，史仍任师长，所部成为陕西人民革命运动的支柱之一。

正是受到史可轩的影响，赵寿山后来虽然从冯玉祥麾下至杨虎城麾下，一直到担任国民政府第三集团军司令，心却始终向往着中国共产党及其革命队伍。

早在 1924 年至 1927 年大革命时期，以及随同杨虎城将军转战陕西、河南、安徽、山东期间，与赵寿山常相过往的朋友中，如赵宝华、杨明轩、魏野畴、刘含初、王授金等。受这些人的影响，赵寿山大胆吸收由史可轩、李林、邓希贤(即邓小平)、许权中等共产党人创办的西安中山军事学校(中山学院，1927 年春成立，史任西安中山军事学校校长。7 月，史接受中共陕西省委"北上山区，求存生根"的指示，率部连夜出发，计划前往陕北与中共控制的武装石谦旅靠近。未果，史可轩遂遭杀害)的进步青年参加到他的部队。

1931 年春，赵寿山率十七路军三十八军五十一旅驻防陕西汉中。1931 年"九一八事变"爆发后，他对蒋介石对外不抵抗、对内又不断进行反共反人民的内战深为不满，特地在所属部队中举办干部训练班，积极培养抗日救国骨干，随时准备上前线和日本人交火，实现他"捎洋枪打洋鬼子"的报国志向。还特别发给全体官兵每人一双竹筷，上边烙有他亲笔书写的"每饭莫忘国难，举箸须念民艰"12 字箴言，用这种办法对广大官兵进行爱国主义教育：勿忘国家民族之苦难，勿忘劳苦大众之艰难。

1932 年春，红军四方面军在徐向前、张国焘率领下进入川陕。赵寿山第一个主动与红四方面军建立了友好关系，密订了互不侵犯协定。次年，孙蔚如率三十八军入驻汉中，赵寿山又鼓动杨虎城、孙蔚如，把原先的协定扩大为整个十七路军与红军订立的协定。此后，赵寿山所部先后多次给红军采购、运送电讯和医药卫生器材。双方合作一直维持到1935年2月红四方面军发动陕南战役时。

是年秋，奉命移防陕北的赵寿山感到沮丧。从参加靖国军以来，打倒北洋军阀，归属冯玉祥部；旋即冯部又成新军阀，追随杨虎城将军；结果又要打红军。这打过来打过去的，终是人心惶惶，不知所终。赵寿山随即以治病为由，请假离开部队，到北京协和医院治疗了胃病之后，又游历天津、南京、上海等地。其间，他了解到这些地方各种进步书刊和政治现状，在上海又与陕西乡党杨明轩等人过往甚密。

杨明轩（1891—1967），陕西省户县人。1915年夏考入国立北京高等师范学校继续学习，受陈独秀倡导的"科学"与"民主"思潮的影响，曾与匡互生等组织成立少年中国会和同言社，出版期刊《工学》，创办平民学校，宣传教育救国。"五四运动"爆发时，与匡互生、张耀斗等投入了痛打章宗祥、火烧赵家楼的斗争，被北京政府两次逮捕。获释后，回陕从事教育工作，任三原渭北中学、西安省立二中教务主任和省立第一师范学校校长。后因传播新的社会科学思想，被陕西教育当局免职。1923年，杨赴上海大学任教并兼任附中部主任。在该校共产党人瞿秋白、邓中夏、恽代英等的影响和帮助下，他对共产主义有了进一步的认识。次年7月，受李子洲邀请回陕，任绥德省立第四师范学校教务主任。1925年与魏野畴等组织陕西国民党党员俱乐部，接着组成国民党陕西临时党部，任临时省党部执委兼陕北23县党务特派员，积极领导陕北人民开展国民革命运动。1926年12月，杨加入中国共产党。国民军联军驻陕总司令部成立后，任命杨为教育厅厅长，还担任中国国民党西北临时政治委员会常务委员、陕西省党部执行委员会常务委员，以主要精力抓全省教育。他按照国民革命的需要，对陕西教育从课程设置、教学内容到办学方法，都进行了前所未有的重大改革。1927年4月12日，蒋介石在上海发动反革命政变。同月25日，杨同刘含初等共产党员利用担任国民党陕西省党部领导成员的合法身份，通电声讨蒋介石叛变革命的行径。冯玉祥附蒋后在陕西"清党"，罢免了杨的国民党西北临时政治委员会和陕西省党部执行委员会的职务，开除了他的国民党党籍，并下令通缉。他离开西安去武汉，不久又秘密回到户县老家养病。1933年赴上海，仍在立达学园任教。

陕西人在外，常有"乡党见乡党，两眼泪汪汪"之说。愁闷无着的赵寿山，与此时正在上海教书的杨明轩相遇，自然是一番畅谈。就中国当前局势和陕西的局势，赵杨二人显然有着不少共识。随着1936年两人先后回到陕西，在"西安事变"爆发后，就极为默契地相互呼应。

1936年10月，赵寿山返回陕西，面见杨虎城，上《抗日建议书》，要求停止内战，联合红军，共同抗日。

1936年12月12日"西安事变"爆发，赵寿山将军即担任十七路军城内行动总指挥，并任西安市公安局长，负责维持社会秩序。

而"西安事变"爆发的当天，是年夏已回到西安、担任西北各界救国联合会（简称"西救"）交际部部长的杨明轩，立即主持18个救亡团体召开紧急会议，一致决议并通电全国拥护张、杨二将军的八项主张；12月16日又主持西安市民大会，会后组织声势浩大的示威游行，支持张、杨二将军的爱国行动。

陕西人喜欢把为人真诚、朴实称作人"实在"。赵寿山将军在戎马生涯中对中国共产党从认识到充满敬仰和追求，不仅始终希望随时归队，和共产党、八路军一起并肩作战，还表现在他整个家庭对共产党朋友的接待和保护等方面。

1936年"西安事变"后，赵寿山部吸收一些共产党的知名人士做参议，就住在家里，赵夫人黄居仁尽心尽力安排他们的起居，保护着他们的安全。由于赵家是陕西户县人，一般吃的是浆水面，待客也就是浆水面条，之后日子好了起来，接待北面来的客人往往在汤水里面加入鸡汤，所以后来赵家的面馆在延安也就有了一定名气。时隔多年以后，毛泽东还能问起，那个陕西面馆的老婆身体还好吗？就这一句问话，使得黄居仁在"文革"

中那栋房屋被侵占的混乱环境中免除了进一步的侵害。赵家的面在这个部队很出名，孔从洲临去世的时候给赵寿山的孙女赵望原说："我就想吃你婆做的浆水面。"望原立即做了一碗送去。孔从洲评价说："还是像那个味道，但是远不如你婆做的好吃。"

住在家里时间最长的是后来的副委员长杨明轩。杨明轩和八路军办事处主任见面都是在赵寿山家里，也是在这里多次召集西北民盟的会议，推动民主运动的工作，杨明轩开会，黄居仁就叫家里人加强戒备，自己也用各种办法看着门口的动静。军统特务明知赵寿山通共产党，但是始终抓不住把柄，只好在赵寿山桥梓口的居所加强监视，除派了游动特务监视以外，还以开店铺住家为名严防紧逼。就是在这种情况下，杨明轩还是在这里传达了周恩来对第三十八军地下党的指示，派党员进一步打入敌人心脏，组织了西北情报组，为以后的解放战争服务。其中一条线是由第三十八军地下工委负责人蒙定军负责的情报单线，通过接近国民党西北战区后勤司令部的杨荫东（原赵寿山的副官），把胡宗南的兵力配置源源不断地送到彭德怀的手中。"西安事变"以后，杨明轩介绍赵寿山的儿子和女儿上延安抗大，后来甚至侄女和侄女婿也都跟着上了抗日军政大学，连16岁的侄子也跟着去了抗大，赵夫人黄居仁都是鼎力支持。后来蒋介石知道了追查，赵寿山只好推说是自己抗战在前线顾不上，内人教子不严。后来周恩来知道了情况，就通知延安，为保证赵寿山的安全，叫罗瑞卿做工作让其子女离开延安抗大，后来他们离开抗大到抗日前线继续做地下工作。从属于调查部的杨明轩则在赵寿山家里从1936年年底一直住到1946年赵寿山离开陕西到武威以后，才离开西安去了陕北。

"西安事变"爆发后，各方剑拔弩张，形势极为严峻，赵寿山遂担任渭北警备司令，驻守三原，统一指挥部署在渭北的第十七路军部分部队，准备迎击南京"讨伐军"。

在此期间，赵寿山和"彭德怀、任弼时、贺它、左权、杨尚昆、陆定一等朝夕往还，获益更多。因之当时凡能有助于红军之处，固无不悉力以赴也。曾忆为放蒋事，彭曾不惜费时三日以为说明，忠诚感人，至今难忘"[1]。赵寿山有一次和彭德怀等红军将领合影后，彭总开玩笑地说："你这一下把通匪的证据弄下了！"赵寿山却笑着回答道："怕什么，我还要上山入伙呢！"（指加入共产党）同样坦率耿直的性格，也令赵将军和彭将军惺惺相惜，在此后的抗战中，虽不在同营，却并肩作战，精诚合作，共获胜利。

1937年年底，在太原会战后，赵寿山率领的国民革命军第十七师伤亡惨重，13000人的部队只剩下不到3000人。后经过整训，赵寿山将军又率领着三秦将士开赴晋东南地区，开始接受八路军朱德、彭德怀正副总司令指挥，积极开展敌后斗争。

战斗间隙，赵寿山经常主动邀请彭德怀等八路军将领，为十七师这支誓死抗战到底的部队讲解抗日战术和抗日政治工作。从此，这两支性质和归属均不相同的爱国军队，在彭德怀将军和赵寿山将军带领下，成了同一战壕里并肩抗击日寇的生死战友，堪称抗日战争国共两党军队真诚合作的典范和楷模。

朱德、彭德怀在给上级的报告中说："我部林师、赵师、刘师、徐旅所获颇丰。"其中赵师就是指赵寿山率领的国民革命军陆军第十七师，林师指八路军林彪的一一五师，刘师指八路军刘伯承的一二九师，徐旅指八路军徐海东的三四四旅。

1938年至1944年，赵寿山率领国民革命军第三十八军在晋西南中条山以及河南荥阳抗战期间，和彭德怀仍然是亲密无间，相互配合，共同抗击着日寇。

这份军人间的真挚情谊，在多年后依然不曾褪色。1959年彭德怀落难后，几乎所有人都急不可待地要和他划清界限，唯恐躲避不及而惹火烧身，唯独赵寿山丝毫不顾个人安危，甚至不惜看某些"权贵"的脸色，

---

[1]赵寿山：《自传》；中国人民政治协商会议陕西户县委员文史资料研究委员会编：《赵寿山将军》，北京：中国文史出版社，1994年版。

坐某些"衙门"的冷板凳，非要见毛泽东为彭德怀鸣不平。特别是不久后他又不经任何人的批准（谁有如此胆量），公开冒险去看望"虎落平阳"的彭德怀，给这位开国元帅带去了人间真情。危难之中见人心，这在当时万马齐喑的政界、军界，实属罕见。

根据当年赵寿山身边的工作人员回忆："这件事发生在赵老（赵寿山）调到北京后不久。赵老平时要去哪里，总要提前告知我们，便于做好准备。可唯独那一天早上他突然说要外出，但又不讲去哪里，还不让带警卫战士，只让我通知司机，把车一直往城北颐和园方向开。赵老平时人很随和，坐在车上经常爱给我们说个典故，讲个笑话，我们都把他看成是自己的父辈。而这一次却一反常态，一言不发，我们也不敢多问。"

吉姆轿车快开到西苑时，赵寿山才开口说要去吴家花园看望彭老总，这时工作人员和司机才恍然大悟。其实赵寿山早已深思熟虑多天，他深知这个时候去看望彭老总，可能会给自己招来什么样的政治后果，甚至是灾难。因此他不愿提前让人知道，包括自己身边的工作人员。司机知道吴家花园，车很快就开到了。

这位工作人员回忆道："到了吴家花园大门口，我先下车过去联系，可赵老已经忍耐不住了，他在车里对执勤哨兵大声喊道：'你们往里传，就说赵寿山来看他来了！'不等哨兵答复，赵老就让司机把车直接往里开。司机是复转军人，也是个急性子，听首长发了话，不管三七二十一，车头差一点儿撞上哨兵。车开到二道门时，只见彭总和秘书已经站在门里了。赵老刚一下车，彭总就抱怨他说：'谁叫你这时候来的？你这不是没事找事？'赵老却用浓厚的'秦音'倔强地回答道：'怕什么，大不了把我和你关在一起，能把我咋？'赵老和彭总并排走进正房，坐在大窗下长谈了一个多小时，我们都在门外走廊口等待。当赵老和彭总走出客厅时，彭总执意要送赵老到院门口，赵老紧紧握住彭总的手说：'彭总留步，不要再送了，你要多保重！'两位老人含泪告别。"

这位工作人员还说，赵寿山将军从吴家花园回来以后，仍然没有从悲愤的心情中走出来，他一直闷闷不乐。他的老朋友们，如南汉宸、杨明轩等得知此事后，先后来家里埋怨他是感情用事，对朋友的感情太重，也不看这是啥时候，是没事找事……面对老朋友们的担心和善意的数落，赵寿山很不服气，他还是认为自己做得没错，倔强地说道："彭总是党的功臣，长期领导我工作，我就不能看看他？共产党难道就真的不讲人情？就这么一点点事，看谁能把我咋！大不了把我和彭总关在一起算了。"

赵寿山之后在写回忆录《与蒋介石二十年的斗争史》时，他仍然坚持实事求是，毫不避讳和彭德怀多年的密切交往关系，赞扬彭德怀。

赵寿山这样待老朋友始终如一，不仅仅是因为他与彭总一同并肩抗战过，还因为早在"西安事变"之后，他就已经十分明确也毫不避讳（在三十八军中）地开始和中共大面积接触，并且也愈来愈以实际行动把加入中国共产党和红军当作了自己最终的归宿。而他和中国共产党的军事指挥官们，也当然是身处不同阵营、但志向同一的真正"同志"。

"西安事变"和平解决后，时局渐趋稳定，西北军、东北军各位将领各自命运不同，去向不同，赵寿山也趁这个时机，毫不犹豫地开始表明志向，将女儿赵铭锦和儿子赵元介送往延安抗大学习。

事变后，第十七路军被撤销番号，原部队编入第三十八军，军长孙蔚如。赵寿山升任第三十八军第十七师师长，下辖第四十九旅、第五十一旅及补充团、辎重兵团、炮兵营、工兵团、特务连。经赵寿山同意，中共陕西省委此时也委派申敬之为特派员到第十七师工作，并派蒙定军、胡振家负责领导中共第三十八军地下党的工作。随后，老朋友杨明轩和杨晓初、崔仲远等中共地下党员也相继到第十七师开展上层统一战线工作。

"卢沟桥事变"爆发前，赵寿山奉调至庐山中央训练团受训。事变爆发，他立即请缨北上抗战，受到蒋介石召见并批准所请。随后率第十七师共 1.3 万人从三原出发，经洛阳、郑州开赴河北抗日前线。率部先后参加了河北会战、山西娘子关会战、太原会战、晋东南抗战（同八路军一起）、晋西南中条山抗战、河南广武抗战，战功卓著。所部先后归属第二战区副司令长官黄绍竑、八路军总部总指挥朱德、第一战区第三十一军团团长孙蔚如，尤以中条山抗战中"铁的三十八军"而扬名抗日战场。"赵寿山、李兴中，带领陕西楞娃兵，中条山上打日本，打得日本一溜风"。2012年在户县秦渡镇韩五桥村，90多岁的薛民勇说起在第三十八军的往事，当年的顺口溜还能脱口而出。

而这支铁的军队，不仅仅因为军长赵寿山本人英勇善战，还因为这支部队是接受过八路军方式整训的。

1937年年底，在太原会战后，赵寿山所部原本1.3万人的第十七师仅剩下不到3000人，他本人也负伤了。自身有着吸食大烟习惯的赵寿山，深感自己所率部队携带有旧式军队习气，而对八路军纪律分明、组织严密、行动高效统一十分向往，下决心要改造自己的部队。于是，在晋西八路军留守兵团和中共党组织的帮助下，用八路军的军队整训办法，对第十七师进行整训。共提出四条整训办法：一、以政治教育提高国家观念、民族意识，并增强抗战胜利的信心；二、举办轮训队，一周一期，一月半轮训完毕；三、撤换腐化庸懦干部，提拔进步勇敢的干部；四、官长以身作则，把士兵当人看，同甘苦、共生死，准许士兵有权管理自己的事情。

1938年1月，部队经过休整补充开赴晋东南，接受第二战区东路军朱德、彭德怀同志指挥。朱德、左权、陆定一同志在八路军总部同赵寿山就抗日战争的战略战术思想和对部队改造问题多次详谈，令赵寿山折服，愈加向往同这些八路军的指挥官们并肩作战。1938年夏，赵寿山升任三十八军军长，奉命率部到中条山归还原十七路军建制后，全面展开了改造部队的工作。提出实行"新作风"：厉行三大纪律、四大口号（禁烟、禁赌、禁嫖，自我教育、自觉纪律、经济公开、人事公开）；轮训军官军士；由陕西省委和安吴青训班选派青年组成教导队，培养骨干；成立战地服务团、血花剧团，组织武装群众；创办《新军人》等刊物，宣传中共各项主张；组织部队种菜、养猪，减轻群众负担，支援农业生产；同党中央、八路军总部、陕西省委建立无线电通信联络。

经过一年多的努力，部队面目一新，各方人才汇聚，干部茁壮成长。全军将士朝气蓬勃，同仇敌忾，军民合作，到处都有抗战歌声。中条山防区出现了一个团结、进步、抗战的大好局面。在两年半时间里，协同第三十一军团各部粉碎了日寇11次进攻。在第十次战役后，《新华日报》曾报道："敌犯中条之企图，再度失败。迄今进犯十次，每战皆北。"1940年8月，赵寿山遵照彭德怀同志电示，派部队进出同蒲路两侧，打击日寇，配合了百团大战。

这支在抗日战场上能征善战的铁军，其实早就因赵寿山对中国共产党的向往而"丹心素裹"。1937年年底，赵寿山即以秘密电台同中共中央保持联络，直至1947年彻底脱离部队，前往延安。这期间，赵寿山与中共中央、毛泽东的密电往来，展现了一个对中国共产党心向往之的国民党将军的诚挚和爱戴。

1937年年底，赵寿山在他的秘书、中共地下党员姚警尘陪同下，返回西安途中，到延安首次见到毛泽东和叶剑英。相谈甚欢之下，毛泽东提出"培养干部，改造部队"的建议。据时任三十八军中共地下工委书记蒙定军回忆，那次会面中，毛泽东还交给赵寿山一本密电码，约定以后通信联系。此后，赵寿山的部队中便设立了中共地下党的秘密电台。1942年11月7日，在毛泽东致赵寿山电文中明确，"今后通报改用公、明、勤三字"，分别代表毛泽东、三十八军中共地下工委和赵寿山。1942年12月，经毛泽东亲自批准，赵寿山成为中共特别党员，同时将第三十八军中约300名党员的名单向他公开。此后，赵寿山在国民党部队中的部队移防和重要职务变更时，曾三请率部起义回归党组织和八路军，但都被中共中央暂时阻止，留在第四集团军中发挥统战的重要作用。

1940年冬，国民党反共顽固派为切断这支部队同八路军的联系，将十七路军调到洛阳、郑州河防，中条山防务由胡宗南部队接替。次年1月，蒋介石指令第三十八军37名有"异党嫌疑"的团、营、连军官和参谋人员（其中多数为中共党员）限期到洛阳劳动营"受训"。赵寿山一面拖延，并以身家性命为"调训"军官出具担保；另一方面准备在不得已时率部北渡黄河与八路军会合。中共中央得知情况后，指示中共陕西省委转告他"暂勿行动，应忍耐敷衍过去"，避免与蒋介石决裂。赵寿山根据中共中央的指示，为顾全抗战大局，率部由中条山移防河南。

从1941年3月到1942年秋，毛主席两次亲自听取了中共三十八军工作委员会关于部队情况的汇报，毛主席指示："要继续大量培养干部，扩大充实部队新生力量。要整顿全党的组织，坚持荫蔽精干、长期埋伏、积蓄力量、以待时机的方针。要提高警惕，防止蒋、日、伪的突然袭击。要进一步扩大统一战线。要做好原十七路军各部的工作。重大问题，工委要同赵寿山同志商量解决。"遵照党中央、毛主席和周副主席的指示，寿山同志在工委密切配合下，一方面同国民党反共顽固派坚决斗争，击败了他们的各种分化瓦解阴谋和武装特务袭击；另一方面，放手广交朋友，扩大统一战线。从1938年到1944年，教导队连续办了五期训练班，培养干部1000多人，发展了500多名党员，大大增强了部队的政治素质和战斗力。

1943年10月中旬，第一战区司令长官蒋鼎文命令第三十八军撤离广武前线，调至巩县、偃师地区整补。赵寿山再次致电毛泽东请示是否遵行。电文称："估计到该区后三面环敌，尔后行动益险，应如何处理，请指示。"毛泽东复电指示："宜遵命调防，谨慎应付环境。"次月，蒋介石电令赵寿山赴重庆国民党中央训练团"受训"。赵寿山认为自己已经暴露，前往重庆十分危险，与中共第三十八军工委商议，准备以第三十八军为主，带动第九十六军北渡黄河，举行起义。但中共中央再次电示其加以忍耐，称"统一战线没有破裂，不宜举行起义"，指示赵寿山遵蒋命令赴渝受训。

1944年2月，国民党反动派将赵寿山留在重庆，先派蒋介石亲信张耀明接任三十八军军长，然后，再任赵寿山为胡宗南指挥的第三集团军总司令，驻防抗日大后方甘肃武威。赵寿山由重庆飞抵西安滞留期间，曾在八路军办事处电请中共中央今后行动，得到指示称：最好请孙蔚如电请蒋介石挽留他在第四集团军中，如果无效就去武威就职。毛泽东还特地亲自电示赵寿山称："如果有一线之路，官得做下去，对党有好处。"

在请孙蔚如电请未果之后，赵寿山遵中共中央指令去武威就职，临行前，赵寿山一面将已经暴露以及不可能继续留任原职的干部送返延安，一面妥为布置，委托第三十八军第五十五师师长孔从洲掌握部队，并嘱令待机起义。中共中央又派周仲英等同志协助孔从洲和工委进行工作。1945年6月，国民党反共顽固派将原十七路军主要负责人孙蔚如将军调到湖北恩施，任第六战区司令长官。不日，第三十八军第十七师由刘威诚、张复振率领在河南洛宁县宣布起义，开赴中共晋冀鲁豫抗日根据地。毛主席电令嘉勉："祝贺你们胜利地参加人民军队大家庭！希望你们团结一致，为中华民族的解放而奋斗到底！"1946年5月，第三十八军第五十五师由孔从洲率领在巩县①宣布起义。1946年9月13日，根据党中央命令，成立西北民主联军第三十八军，任命孔从洲为军长，刘威诚、陈先瑞为副军长，汪锋为政治委员。从此，这支部队就在刘伯承、邓小平的指挥下，参加了自卫反击和解放战争。

据邓元温回忆，1944年5月下旬起，到任月余的赵寿山从武威出发，带领参议温朋久、秘书王安仁等八人，对第三集团军各部进行了将近一个月的视察，很快由王安仁整理了一份准确的军事情报，其中包括第三集团军各部的番号，师以上主要官员基本情况，各部兵力、兵种、装备、驻地及运输能力等，最后缩写在一张巴掌大小的纸片上，缝进一床被子里。次日，在赵寿山的安排下，邓元温和赵寿山的女儿赵铭锦、儿子赵元介同乘一辆以赵寿山的名义租用的卡车，顺利通过各种检查，三天后回到西安，随后将情报资料辗转送往延安。

1947年9月，在中共地下党组织的护送下，赵寿山到达延安米脂县杨家沟，得到毛泽东和周恩来的接见。到达陕北后，毛泽东专门约赵寿山到他的住所吃饭，并且和赵寿山深谈了一夜。毛关切地对赵说："多年来大家对你非常操心，你今天胜利地回来了。你多年来在虎口，安之如夷，其故安在乎？今天我们好好谈谈。"

第二天晚上，毛主席即找赵寿山谈工作问题。毛泽东笑着说："你的

①今河南省巩义市。

品行很好，彭德怀、贺龙争着向我要你。我要同你商量一下，你愿意在后方，就给贺当副手；愿意在前方，就给彭当副手。"赵寿山回答说："我没有意见，请主席决定。"毛主席又询问："你分析你在前方作用大，还是在后方作用大？"

赵寿山说："要说起作用来，我在前方可能作用比较大些。因为我是个当兵的，一切水平很低，但仗打了多年总还有些经验。我们要打西安，我是关中人，人比较熟悉，在情报方面可能还灵通一些。"毛泽东主席随即说："好，中央原决定你在后方给贺当副手，现在你就到前方去给彭做副司令员。"

1948年年初，赵寿山即担任了中国人民解放军西北野战军副司令员、前委委员，成为唯一担任过国民党高级将领的中国人民解放军野战军高级指挥员。此后，赵寿山协助彭德怀指挥了解放大西北的各个战役。

毛泽东曾说："抗日战争时期，三十八军是我们党统一战线工作的典范。"这是对三十八军的最高评价，也是对赵寿山的最高评价。

第三节　炮兵将军——孔从洲

初秋的北京，艳阳似锦。1959 年 8 月 29 日，中南海内，一场庄严朴实的婚礼在这里举行。新娘是毛泽东的长女李敏，新郎则是孔从洲将军的儿子孔令华。参加婚礼的人员，除了毛泽东、孔从洲外，还有被邀请来的客人：蔡畅、邓颖超，主席的表兄王季范先生及其孙女王海蓉、孙子王其华，在主席身边工作的机要处处长叶子龙、卫士长李银桥和秘书罗光禄以及李敏的同学和朋友等 30 多人。

与毛泽东结成儿女亲家的，正是 1955 年被授予中国人民解放军中将军衔的开国中将——孔从洲，而在 1946 年他还曾是国民党军队的中将。

这在多少人看来，都是一份无比的荣耀。不过，这位有着传奇人生经历的将军却在他的那本被催写出来的回忆录中，谦虚地写下——

我是一名老兵……我的一生，与火炮结下了不解之缘。整个军人生涯是以炮兵开始，以炮兵结束的。

1906 年 10 月 2 日，孔从洲出生于西安灞桥镇桥梓口村。他祖籍江苏省句容县，从他的曾祖父那一代搬迁到这里，已历经四代，代代以务农为生。他的父亲是一个忠厚老实而倔强的农民，有一年与邻近一户姓宋的地主因为土地纠纷打了一场官司。宋姓地主有钱有势，贿赂官员。官府偏袒宋家，官司久拖不决，孔家几乎倾家荡产。孔父说"争气不养家，养家不争气"，硬是坚持了三年终于打赢官司。孔从洲的母亲虽然不识字，却出身于书香门第。她父亲是个秀才，满腹经纶，办了个私塾坐馆任教，在乡里很有声望。孔从洲原名"从周"，就是由他这位外祖父所起，取自《论语》"郁郁乎文哉，吾从周"。受父亲影响，孔母很敬重有真才实学的人，想方设法要孔从洲读书。她先是把孔从洲送进了村里的国民小学，但因家境贫困，交不起学费，又送他去了自己父亲的私塾。

孔从洲在外祖父的私塾里苦读的同时，还经常随外祖父到附近的芸阁书院听讲。芸阁书院的主讲是当时著名的理学家牛兆濂，远近慕名去听讲的人很多。

孔母对孔从洲要求严格，每次孔从洲从私塾回家，都要背书给她听。她虽然不懂书的内容，但只要孔从洲背得流利，就喜形于色；如果结结巴巴地背不出来，就显得很忧伤。孔从洲深感母亲的苦心，读书很用功。13岁时考进了当时的长安县第一高级小学，三年后又顺利地考上民立中学。但家里实在供不起他继续上学了，孔从洲只好回家务农，成为赶马车的把式。

孔从洲虽回乡种地，却始终难以安心。他对当时的社会黑暗现象深恶痛绝，但又不知道该怎么办，不知道出路在哪里。

1924年年初，孔从洲刚满17岁时，听说杨虎城的部队招收学兵，不收学费，管吃管穿。当时杨虎城已经在反对北洋军阀的战斗中崭露头角，成为陕西进步青年敬佩的爱国将领。于是，孔从洲便约了四个同学一起去投考。孔从洲他们要投考的是杨虎城在陕西北部定边举办的培训下级军官的军事教导队。

4月初的一天，孔从洲与同学们出发北上。到了渭河边上，渡船不能靠岸，要走一段泥滩，淤泥较深，有的地方一脚踩下去就没到膝盖。他的那些同学动摇了，说："定边，在长城边上，远得很，晓得什么时候才能走到？"都泄了气，鼓动孔从洲一起回家，去北洋军阀刘镇华在西安办的讲武堂。孔从洲知道刘镇华的镇嵩军抓差拉夫，抢劫财物，无恶不作，根本不屑与之为伍。

定边在陕西省西北隅长城线上，靠近内蒙古毛乌素沙漠，与靖边、安边合称三边。从西安到定边足足 300 千米，长途漫漫，人生地疏，谁知道还会碰上什么艰难呢？但孔从洲一直记得父亲那句"争气不养家，养家不争气"的话，独自向陕北走去。

他踏过泥滩，渡过渭河，在试图过泾河时，被急流冲走，几乎淹死，所幸被岸边一个农民救起。他一无所有，又不愿乞讨，就到沿途的村庄里帮人做农活或者写写算算，换上一些馍馍后继续前行。

在这样边走边做活坚持向定边去的路途中，孔从洲竟偶遇当时前去收编马青苑部队的教导队队长孙蔚如。听闻西安口音后，同是西安灞桥人的孙蔚如告诉孔从洲教导队招生考试已经结束了，但见孔从洲坚持不懈要去定边参加教导队，遂嘱其到了定边可以找他。就这样风餐露宿，孔从洲又走了数十天才到达目的地。孔从洲到达定边时，已经瘦弱不堪、衣衫褴褛，军事教导队也已开学一个多星期了。后孙蔚如亲自介绍他去段象武处补考。段象武在听他说了投考经历后，流下了眼泪，说："单凭你的决心，就可以录取！"孔从洲从此踏上军旅。

1924 年 10 月 25 日，冯玉祥等推翻了直系军阀曹锟的政府，把溥仪驱逐出宫，同时电请孙中山北上主持国家大局。杨虎城认为革命已有转机，也率部擎起国民军大旗，浩浩荡荡向关中进发。这时，孔从洲已经在定边的军事教导队经过了八个月的严格训练，成了一名具有基本军事知识和政治觉悟的军人。他所在的教导队扩编为教导营，孔从洲当了班长，开始了历尽艰险的南征北战。

从教导队毕业后，孔从洲对炮兵产生了浓厚的兴趣。当时，杨虎城的部队得到两门清朝年间造的山炮，以后在战斗中又陆续缴获了一些火炮。在此基础上，杨虎城组建了炮兵部队。战斗中，炮兵部队的威力，使孔从洲更是热爱这个专业。此后，他虚心向从保定军官学校毕业的一位营长学习了全部的炮兵专业知识，一步步地由排长、连长、营长到团长，从事炮兵专业长达十年之久，成为炮兵通。他当然没有想到，这些都为他日后成为中华人民共和国的炮兵领导人打下了基础。当时，在十七军里有不少地下共产党员，如南汉宸、魏野畴等。在共产党人的影响下，孔从洲于1927年要求加入中国共产党，但因斗争需要，党组织要他留在党外工作。但是自此以后，他一直与党保持着秘密的联系。

1927年，蒋介石发动"四一二政变"，大肆捕杀共产党员。听到这个消息后，孔从洲以其机智勇敢，将在十七军里的共产党员秘密转移走，为党立了大功。然而，令孔从洲没有想到的是，多年后，他这个跟火炮打了十年交道的炮兵团长，竟然遇见了自己人生中第一次"重炮"性的历史事件，而他也成为此事件的重要参与者和见证人之一。

1936年的一天，孔从洲接到绥靖公署来的电话，说杨虎城主任要他去一趟。他赶到杨虎城的公馆，杨虎城亲切地说："今天让你来，是要告诉你，准备将你调离炮兵团。"

他听了很惊愕："主任不让我使炮了？"

杨虎城笑了笑，说："你可能也知道一些，西安的情况更为复杂了。你不要只会打炮，在新的职位上，你要学会做许多事情。"

数天以后，孔从洲奉调离开了炮兵团，任十七路军警备第二旅旅长兼西安城防司令，担负西安防区的城防任务。当时他哪里知道，一场举世震惊的风暴在等待着他。

1936年10月26日下午，蒋介石到张学良、杨虎城合办的王曲军官训练团训话。孔从洲虽不是学员也接到通知去听训话。蒋介石觉得东北军、西北军"剿匪"不力，这次专程于10月22日从南京飞来西安，主要目的是督促东北军、西北军"围剿"陕北中央红军。在蒋介石即将离开西安去洛阳过生日的当天晚上，杨虎城把孔从洲叫到新城绥靖公署其住处，同他进行了长谈。

孔从洲看到杨虎城神情严峻，说话的声调甚为沉重，估计是与此次蒋介石西安之行有关。杨虎城对他说："现在日军步步进逼，在民族危亡空前严重的情况下，蒋介石离开西安后，还专程从洛阳飞往太原安抚阎锡山，继又亲自飞往济南会晤韩复榘，并且还通过韩向宋哲元转达他的所谓'剿共'方针……蒋介石自以为经过这些对内、对外的周旋之后，剩下的就是最后一次'围剿'了。最近，蒋介石大批高级军政要员要来，还准备调集他的嫡系部队约30万大军来西北，要在西安扩建飞机场，还要把刚刚从国外买回的大批最新式飞机集中到这边来。花费这么大的力量干什么？还不是为了用来向陕北的红军大举进攻吗？不仅如此，还听说蒋介石把什么前敌总司令呐，总预备队司令、副司令都内定了。现在他一再逼我们和红军开战……从洲，目前形势很严峻，千万不可掉以轻心！"孔从洲答应道："杨主任，我一定谨慎、小心！"

杨虎城又说："在我看来，抗日，国家有前途，大家有出路；打内战，大家完蛋，同归于尽。这次蒋把重兵调集到西北来，对红军进行'围剿'，究竟能起多大作用，我看很成问题。但他的大军压境，企图一石三鸟的用心，我们不可不防呀！大批中央军进入陕西之后，一纸命令，甚至几句话，就会把我们和东北军调到河南、安徽那些地方，三天一改编，两天一归并，很快就会被肢解消灭。不要认为蒋介石的目的只是为了对付共产党，要看到这里暗藏着蒋介石排除异己的祸心。现在，我们正处于生死存亡的关头，你务必要掌握好部队，以防万一。东北军的命运有和我们相同之点，张汉卿是可以合作共事的。我和张先生已有密切联系，我们总要想个共同对付蒋介石的办法。至于我们同北边的关系，你可能也知道一些，千万要严守秘密。"

蒋介石再次飞抵西安督促"剿共"，杨虎城找孔从洲第二次密谈，布置夜间演习，做好应变准备。

12月7日，张学良和杨虎城商定，分别到临潼华清池向蒋做最后一次苦谏。这天下午，张学良来到杨公馆，和杨虎城在密室里研究了行动方案。张学良从杨公馆出来，天已经黑下来了。送走了张学良，杨虎城一边吃饭一边命副官紧急召孔从洲来。

孔从洲接到电话紧急赶到杨虎城的住处。进屋之后，副官急忙指指内室。他走进内室，看到杨虎城双眉微蹙，正在房里来回踱步，显得心事重重。他轻轻说了一声："主任，我来了。"

杨应了一声，让他在沙发上坐下，自己也在旁边的沙发上坐下，问："警备旅的思想和训练情况怎么样？"他做了汇报之后，杨说："你要抓好夜间训练，懂吗？现在中央军在西安有多少部队，都住在什么地方，西安城里的交通要道警戒需要多少兵力，都清楚吗？"

对这些突然提出的问题，他毫无思想准备，迟疑了一下才回答说："这些情况有的掌握，有的还不是很清楚。"

杨虎城对这样的回答显然很不满意，急躁而又厉声地说："你这个城防司令是干什么的？你负责城防不掌握城防的具体情况行吗！"

孔从洲连忙补充说："中央军在西安驻有宪兵团、公安总队、交警总队、保安团，这些都是公开的单位，情况我都掌握了。至于那些没有公开的特务系统有的还不十分清楚。"

杨虎城又追问："公开的都驻在哪条街、哪些巷子？"

他说："西安的巷子很多，他们驻的那些比较大的巷子，我能说得出来，驻的那些小的巷子……"

没等他说完杨虎城便打断他的话，不满地说："当然，东大街、西大街、南大街、北大街，不用你说我也知道。我要知道的是：他们是什么部队，什么番号，都驻在什么地方，哪条街、哪个巷子里的哪些院子，这些都必须搞得一清二楚，不能有半点含糊。听明白了吗？"

他点着头说："听明白了。这几天，我命部队在城里连续几天进行夜间'演习'，我保证很快把中央军的驻地、番号摸得清清楚楚，请主任放心！"

杨虎城的脸上缓和了一些，说："那好，抓紧时间，赶快去准备吧！"又说，"'演习'的时候，既要闹清楚中央军在城里驻扎的具体情况，又不要影响老百姓，务必悄悄地进行，注意保持市内的平静。"

孔从洲回到城防司令部之后，立即召开了连以上军官会议，部署了夜间"演习"任务。他传达了杨虎城的指示后，向到会干部提出了四点要求：一、部队必须摸清楚各地区中央军与警、宪、特的实力和具体分布情况；二、摸清中央军驻地周围有几条街道、几个巷口以及封锁这些街道、巷口所需的兵力；三、部队行动要肃静，保持市面的平静，不得惊动市民；四、要严守机密。会议刚结束，杨虎城打来电话，命令演习从当夜11点钟开始！

有些话不能在电话里说。他放下电话，嘱咐在场的人留下待命。然后，他又匆匆赶到杨虎城那里当面汇报演习部署的情况。

杨虎城严肃而坚决地说："你们按中央军和警、宪、特驻地配置兵力，他们有一个营你就放一个营，他们一个团你也放一个团。分区演习，占领位置。"杨想了想，又具体地对孔指示说，"部队必须严格遵守四条纪律：第一，千万别误会东北军；第二，严禁走火；第三，部队行动中如遇中央巡逻队问起来，你们就说是进行夜间训练，是例行演习；第四，要严格保密，不能走漏半点风声。"

当天晚上，西安城里灯火零星寥落，在寂静而空荡的大街小巷，一支支全副武装的部队悄悄地从散布在各处的营地走出，没人说话，只有"嚓嚓嚓"的急促的脚步声。孔从洲指挥的各个部队，悄然疾进到各自预定的街区，时而快步前进，时而慢步搜索，时而从大街突然拐进小巷，时而聚集在路灯下研究，时而又隐蔽在黑暗处观察……演习行动紧张而有秩序。

清晨5时，第一次夜间"演习"顺利结束。城防司令部的灯一直亮着，孔从洲带着参谋们又忙碌起来。他们根据各个演习部队的报告，把中央军在西安城内外的兵力、驻扎位置详尽而又准确地标示在一份西安市区详图上。

天亮后，孔从洲又带领参谋人员和标好的地图，跑遍了西安的各个角落。他们把标在地图上的标记与中央军驻地、兵力等一一核对，同时察看了鼓楼、钟楼等制高点及对方主要驻地周围的地形，在图上做了补充注记。他们忙碌了整整一个白天。

做完这一重要工作后，他站在高高的城墙上，沐浴着落日的余晖，眺望着城里纵横交错的街巷、高低起伏的屋顶，不禁长长地叹了一口气。

他把标好并校核过的地图折叠起来放进图囊的时候，心中顿时感到十分轻松了。他曾在回忆录中记述当时的心情："这时，我对西安城区国民党军、警、宪、特的分布情况，已经了如指掌。不管杨先生什么时候找我，无论问到什么情况，我都可以如实地告诉他；无论什么时候接到行动命令，我都可以得心应手地指挥了。"

8日20时，部队又按既定方案继续"演习"。在昨晚演习和白天核实情况的基础上，这次"演习"带有战前预习性质，针对性强。

12月9日晚上，杨虎城请南京来的大员们在易俗社看戏。舞台上上演着著名的秦腔传统戏《三滴血》。在明快的梆子声中，高昂激越的唱腔震撼了整个剧场，体现了关中人的爽直、豪放、粗犷，博得了南京来的文武大官与随从们的掌声和喝彩。陪坐在陈诚身旁的杨虎城也笑着与他们一起鼓掌。有人注意到张学良没有到场陪同。这天是"一二·九"北平学生爱国运动一周年，一万多名学生冒着严寒，从西城徒步去临潼向蒋介石请愿，要求全国抗日。蒋介石命令张学良镇压学生，张学良驾车赶到东十里铺，激动地对着满腔悲愤的学生们说："……我誓死不当亡国奴！我决不辜负你们的救国心愿，决不欺骗大家。一个星期内，我一定用事实答复你们！"

白天的游行和蒋介石要派兵镇压学生运动的行为，使西安城里的气氛突然紧张起来。孔从洲的第二警备旅按预定计划继续进行第三次夜间军事演习，20时部队就出动了。但演习刚刚开始，孔从洲突然接到通知要他赶去绥靖公署接受命令。

他火速赶至绥靖公署，只见到杨虎城的秘书王菊人。王菊人对他说："杨主任为了不使南京方面的人看出破绽，下了命令后，又到易俗社陪蒋系大员们看戏去了。"并告知孔从洲，"杨主任让你按照原定计划做好西安城防的各项军事行动的准备工作，随时与他联系，待命行动。"

12月11日22时多，孔从洲第三次奉命赶往绥靖公署见杨虎城。

当他走进客厅，杨虎城一见面就问："这几天演习得怎么样？街道情况都弄清楚了吗？"

他回答说："完全清楚了。演习还顺利，没出什么乱子，没有暴露意图。"他边说着边从皮包里将西安城郊地图拿出来摆在茶几上。杨虎城一边看一边满意地点头，西安城内外的中央军、警、宪、特的驻地、兵力和装备等，都在地图上清楚地标明了。杨虎城仔细地看完后高兴地连声说："好，好，很好！全城的情况一看就明白了。"

随即杨严肃地告诉孔从洲，因为不得已，只好采取兵谏，他和张学良共同决定采取行动把蒋介石抓起来，逼他抗日。并且决定，就在今晚动手，探询孔从洲的意见。孔从洲初听吓了一跳，但很快镇静下来，并表示："坚决执行主任的指示，一切听从主任的命令！"

这次行动的准备工作极端保密，事前只有少数直接参与行动的军事负责人知道，所下达的调动部队的命令也只是告诉做某种必要的准备，真实意图丝毫不露。孙蔚如是十七师师长，赵寿山是这个师的主力第五十一旅的旅长，杨虎城已经命令部队从前线调回三原。

1936年12月12日凌晨4时，孔从洲在设于市内西仓门户县会馆的原炮兵团团部的指挥所里，收到杨虎城的命令："时间已到，发信号开始行动！"

1937年7月7日，随着日本侵华战争的全面爆发，第十七路军六万多人改编为第三十八军，由孙蔚如任军长。下辖第十七师（师长赵寿山），第一七七师（师长李兴中），陕西第一警备旅（旅长王竣），警备旅第二旅（旅长孔从洲），警备旅第三旅（旅长王正华），以及教导团、骑兵团。

1938年7月，第三十八军改编为第三十一军团，下辖第三十八军、第九十六军及教导团、骑兵团，孙蔚如任军团长。孔从洲的警备二旅改编为独立四十六师，受辖于第三十八军（军长赵寿山）。

1938年8月，长达三年的中条山保卫战就此拉开。

中条山西端的永济是晋西南名城，紧靠南北走向的黄河，与风陵渡成南北直线，是守护风陵渡的前沿要塞。孙蔚如率军渡河前，已派独立四十六旅旅长孔从洲先期过河，占领了永济，在城外修起坚固的防御工事。

随后，又调在河西执行河防任务的警备一旅张剑平团进驻永济城，担任守城重任。

黎明，日军十几门大炮同时向永济城外的中国军队东原阵地开火，九架飞机盘旋着投掷炸弹。从中条山下的西姚温到黄河岸边的永乐庄，中国军队 10 多千米的防线上火光冲天，硝烟弥漫。

在东原防线上指挥作战的正是孔从洲。为了鼓舞士气，孙蔚如的军团指挥部就设在中条山的最西端——半山腰上的六官村，这里不仅"山下鼓角相闻"，而且可以俯瞰整个永济战局。

黄昏，日军出动装甲部队，天上飞机呼啸，地下坦克轰鸣，东原岌岌可危！孔从洲叫来十七师补充团（一〇二团）团副杨法震，指着地图说："正面阵地压力太大，你速带一个营冲出去，绕到敌人背后的栲栳镇，从背后敲他一下！"

杨法震随即率领五名机枪手一字排开，五挺机枪怒吼着，织成一道扇面形火力网，为 300 名壮士杀开一条血路。杨法震对弟兄们说："兵贵神速，要打就打他个冷不防。"说完，从一名机枪手手里夺过一挺机枪，冲在了队伍的最前列。

杨法震率一营士兵一路冲杀，在黑水村灭了敌警戒哨，在唐家营端了敌预备队，在北古城炸毁了日军增援的汽车队……一连数日左冲右突，神出鬼没，搅得日军后营大乱，从而大大缓解了中国军队主阵地的压力。8 月 15 日清晨，大雾弥天，日军调集 1200 多人，向杨法震设防的上高市猛扑过来。杨法震在指挥士兵们打退了敌人的四次进攻，自己亲手击毙了 13 名鬼子后，与 300 名弟兄一起魂归上高市……当晚，东原防线上，日军见主阵地攻不下来，便沿着中条山绕道攻打北麓的制高点尧王台。尧王台下一场血战，终于将日军击退了。但从尧王台退走的日军又迂回偷袭，一夜间占领了东南方向的西姚温、解家坟、万古寺，使中国军队腹背受敌。永济城外，日军又突破了东原防线，兵临永济城下。在六官村坐镇指挥的孙蔚如急调有"铁军"之称的教导团去夺回万古寺。三营营长张希文一马当先，在收复了万古寺后又逆袭西姚温。由于战局瞬息万变，通信中断，三营被日军困在了西姚温……40年后，孙蔚如在他所撰写的《第四集团军在中条山抗战经过》一文中深情地写道："敌旅将我西姚温阵地突破，我张希文营向该处逆袭，肉搏一昼夜，该营全部殉国，我主力及炮兵得以安全转移，厥功甚伟。"

8月17日，日军从东、南、北三面（西面是黄河）包围了永济城。

1939年6月6日，日军集中三万多兵力，凭借武器、兵力上的优势，对守卫在中条山的第四集团军（由第三十一军团改编，总司令孙蔚如）的第九十六军和独立四十六旅进行大规模的进攻，此为抗战史上著名的"六六战役"。日军不仅用飞机大炮对守军进行疯狂轰炸，更惨无人道地大量使用毒气弹。英勇的守军将士没有被貌似强大的敌人吓倒，浴血奋战，挫败了侵略者的嚣张气焰，给侵略者以沉重的打击。

"麦儿一片黄，农人收割忙。不料想日本鬼子，打到咱家乡。鬼子兵三万，九路进攻中条山。六月六七那两天，血战沙口滩，尸体堆如山，可怜我军民，无辜丧黄泉，割了头还要挖心肝……"

这是抗战时期山西平陆县民众唱的一首歌谣，是当时平陆民众悲惨命运的真实写照！

防守中条山二十里岭至运茅公路间阵地的部队共有十多个团，总兵力两万六千人。其中三十八军有独立四十六旅两个团，十七师四十九旅两个团，五十一旅两个营；九十六军有一七七师三个团，独立四十七旅两个团。十七师一〇一团在陕西训练新兵，一〇一团两个营去稷王山游击，一七七师一个团去芮城以西执行任务，教导团为总部预备队。

1939年6月6日拂晓，日军步、炮、空、骑兵种联合，以突然袭击的方式，东起张店，沿山脉向西，分九路向国民党军阵地分进合击。一方面对主要位于张茅公路以东的十七师强攻钳制，主力则由张茅公路以西，二十里岭至陌南镇以东和山岭线以北，向独立四十六旅及九十六军三面围攻。同时用野炮、山炮30余门向陇海铁路射击，炸毁灵宝县①的铁路桥，破坏了陇海铁路的运输。

凌晨 4 时至 9 时，国民党守军奋勇拼搏，毙伤大量日军。日军集中炮火向独立四十六旅阵地实施歼灭性轰击，飞机反复轰炸，阵地被毁，独立四十六旅伤亡惨重，风口、红咀、连家湾、岭峤阵地先后被日军攻陷。独立四十六旅守军由风口、红咀、连家湾阵地转移到柏树岭阵地继续抵抗。

上午 9 时后，风口、红咀之日军千余人向柏树岭阵地跟踪进犯，另一部日军西进至韭菜园、鸡湾，策应由西姚、大小李村向南攻击国民党武家沟阵地，并以飞机三架助攻，反复轰炸。国民党军阵地虽大部分被毁，但守军没有退让，双方暂呈相持状态。进犯张茅大道之日军继续向南推进，12 时后，攻陷国民党军大坪头阵地，国民党守军向东南方向的榆树湾附近转移，日军即分三路向西南方向之太臣村进攻。独立四十六旅七三六团一部及十七师一〇二团第一营坚决抵抗，与日军血战。日军又集中炮火猛烈轰击，飞机轮番狂轰滥炸，一时血肉横飞，国民党守军伤亡惨重，但仍坚守阵地。经数次反击，将侵入阵地之日军逐退，使日军多次进攻受挫。16 时后，日军大量施放催泪毒气，又在大炮和飞机的掩护下，再次猛烈进攻，国民党守军陷于三面包围之中，遂向西南转移至坂头村、计都村预备阵地抵抗。在柏树岭扼守预备阵地的七三八团昌志亚营，坚持到 15 时 10 分，日军又大举围攻，工事毁坏殆尽，孔从洲即派部队掩护，令其突围。入暮后，向平陆县城以北约七千米的马村转移，23 时，安全到达指定地区。守备在武家沟的独立四十六旅郑培元的七三八团主力经过终日拼搏，沉着应战，日军攻占国民党军阵地之企图始终未能得逞。但因整个战局不利，赵寿山命令缩短战线，将武家沟阵地放弃，向马村预备阵地转移，集结待命。

6 月 7 日，国民党军终日苦战，形势继续恶化。18 时，国民党军九十六军各部接李军长缩短防线命令开始行动时，日军飞机狂轰滥炸，

---

①今河南省灵宝市。

打乱了行动计划。日军由东、西、北三面向平陆县城进逼，紧缩包围圈，占领有利地形。国民党军独立四十六旅及九十六军一万余人被压缩在县城、太阳渡、大涧北、赵家坡、关家窝、后湾黄河北岸这个东西不到五千米的低洼地区，准备渡河的负伤官兵及行李辎重多被炸死炸毁，九十六军军部人员骡马千余，拥挤在县城城郊无处隐蔽，两日不得一饱的人马无处补给，形势十分危急，各部决心星夜突围。

晚22时许，四十六旅旅长孔从洲分别从盐商全定镐（搞长途贩运，同四十六旅有友好往来）和牺盟会会员刘少白那里得到内容吻合的情报：日军北面布防空虚。8日凌晨时分，孔从洲果敢地率领七三八团张绍飞、昌志亚两个营和特务连、工兵连，在全定镐的带领下，从令狐三村衔枚出发，沿小涧北、五龙庙、公鸡嘴、磨岭、东车一路向北突围。张玉学的前卫连集中了十几挺轻机枪在前开路，3时许走到车村，碰到村民徐惠晋老汉，徐惠晋老汉认识这支队伍，详细告知了村里一连皇协军的驻地，并说没有日军。四十六旅以迅雷不及掩耳之势对村里皇协军的几个驻地进行突然袭击，全歼皇协军于美梦之中。随后立即向北疾进。走到车村北边坡垴，又发现日军一个炮兵部队，这个炮兵部队奉命开赴黄河边参战，在这里临时歇脚而呼呼睡去了。四十六旅遂自东、北两面发动突然进攻，机枪、步枪、手枪、手榴弹犹如狂风暴雨泻入敌群，接着就是刺刀、大刀在狮吼虎啸般的呐喊中一阵刺砍，将两天来积压在胸中的仇恨和愤怒喷泻而出。经过一个小时的激战，歼灭了这股日军山炮部队，缴获山炮11门，高射机关炮一门，轻机关枪三挺，步枪30多支，以及日军作战命令等重要文件。全部击毙日军两个炮兵中队和联队指挥人员200多名，击毙皇协军50多人，打死军马47匹，俘获18匹。山炮、机关炮因无法运走，便卸下瞄准镜、破坏一些部件后推入深沟。战斗结束后，继续向北突进，顺利越过中条山，经七片疙瘩，运城的磨河村，夏县的井沟、西村、通峪等地，绕道中条山的东部，12日到达平陆东部的娘娘庙、窑家坡一带，途中还捣毁了日军两个后方医院，割断了通往运城的电话线。8日上午，日军由进攻平陆县城的第一线部队中掉转一部返车村，实行严密封锁，在村内两处集体焚尸，树上挂着日文长幅，署上昭和年号，以悼死者。这一胜利，给日军以重大打击，这是国民党第四集团军进驻中条山后第一次歼灭日军整建制部队，军民皆受鼓舞，平陆人民唱着自编歌谣，赞扬这一英雄事迹，并传为历史佳话。

九十六军军长李兴中，于7日夜晚率部沿五龙庙沟向西北敌后突围，于10日早8时到达张茅公路以东的将窝村，与三十八军取得联系，他们人员伤亡过半，疲惫不堪，移至望原村集结休整。

10日上午，孙蔚如电报卫立煌说："虽思挽此危局，力实不逮，除挥残疲尽力支撑外，谨电续陈，伏乞预为筹帷，以防万一。"并令"赵军长整理部署，拒止敌人东进"。又致电李家钰："请兄速派队联系十七师，占领曹家庄、槐树下以北阵地，请兄依地形选线配备固守。"卫立煌一面部署支援，同时征得孙蔚如同意，由赵寿山指挥反击。赵寿山根据敌我情况决定缩短战线，阻敌东进，采取弹性防御，随时掌握敌情，变更作战部署，力争主动。激战数日，至18日后，国民党各部队逐渐恢复阵地。这次战役是国民党第四集团军在中条山最大的战役，伤亡、失踪官兵8800多人，其中九十六军伤亡、失踪官兵6950人；独立四十六旅伤亡1075人、失踪237人；十七师伤亡500多人，教导团伤亡60多人。四十七军伤亡未计在内。日军伤亡也很多，仅日军在运城追悼阵亡官兵时，就摆有骨灰罐1700多个。

战役结束后，卫立煌到中条山巡视，在寺头村三十八军干部训练班讲话时说："在抗日作战锻炼中，三十八军已成为铁的三十八军，是中条山的铁柱子。部队改革的效果由事实证明了，希望继续努力，做出更大更多的贡献！"孔从洲及其所部独立第四十六旅也当之无愧地成为这根铁柱子的组成部分。

1943年10月，蒋介石下令第三十八军移驻偃师、巩县地区整训。蒋介石的意图很明显：偃师、巩县地区周围驻扎着汤恩伯的部队，将第三十八军移驻该地区就是想使其处于汤恩伯部队的监视之下和包围之中。

1944年2月，蒋介石派嫡系张耀明担任第三十八军军长。张耀明到职后立刻大搞"清党"，鼓动大家要大胆揭发共产党员。随后在军部直属队的一次官兵大会上，大肆吹捧蒋介石是党国的最高领袖，要用一个声音说话，要大家"提高警惕""不要上共产党的当"，并威胁说："你们谁是共产党，就赶快出来自首，不然一旦查出来，格杀勿论。"

张耀明的"清党"运动愈演愈烈。1945年2月28日，张耀明下了一道悬赏令："倘班长为奸党，或受奸党策动，率本班叛变者，你若能将其铲除格杀，奖励大洋两万元，并提升两级。排、连、营、团均照此办理，奖金逐级加倍。"这一悬赏令下达后，在第三十八军内产生了极大震动，孔从洲也感到压力很大，遂派人到西安，找蒙定军同志（第三十八军中共工委书记，1944年春天撤退到西安），要他转报中共中央，请求中央派人来加强领导，以稳定部队情绪。

3月，中共中央派周仲英、张西鼎两位同志来到河南洛宁县，向第三十八军的党内人士传达了中共中央和毛泽东的指示，稳定了军心。张耀明此时又在部队中扬言要抓"奸细"，为了确保周、张两位同志的安全，孔从洲秘密派人将他们送回了豫西解放区。

1946年3月上旬，孔从洲的第五十五师接到命令，由黄河北小冀镇开往河南巩县。孔从洲意识到蒋介石可能要对第五十五师下手，随即派两位连长前往冀鲁豫解放区联系起义之事。中央认为目前起义时机尚不成熟，和平局面还没有破裂，不能给蒋介石以口实。认为当前的关键是团结内部，进行反分化、反瓦解的斗争。只要部队还在，起义是早晚的事，希望暂缓一段时间，争取在整编时多弄到一些军械、装备后再回来。二人回到部队向孔从洲汇报了情况。孔从洲听了后，心里感觉踏实了。师部奉命移驻巩县站街后，东有郑州的第二十七军，西有洛阳的第九十军，南有国民党地方部队，第五十五师像被关在笼子里一般，处境险恶。鉴于此，孔从洲于4月5日再次派人到冀鲁豫解放区，要求尽快起义。中央同意孔从洲师立即起义，拉至解放区。就在积极准备起义的时候，5月14日晨，孔从洲得到报告：胡宗南命令第五十五师于5月15日由巩县上火车，开到新乡增防"剿匪"。于是，孔从洲立即召集各团、营长开会，动员与布置起义的工作。

1946 年 5 月 15 日晨，第五十五师在孔从洲的率领下于巩县宣布起义。起义部队在途中遇到了国民党第二十七军、第九十军和第三十八军的第十七旅、第一七七旅的围攻。由于起义仓促，准备不足，起义部队大部分被打散。孔从洲等一批起义人员突围后于 8 月辗转到达晋冀鲁豫边区中心邯郸，受到刘伯承、邓小平等的亲切接见。

中央决定，按照中国人民解放军的建军原则，组建西北民主联军第三十八军，孔从洲任军长。1946 年 9 月 13 日，第三十八军在邯郸宣告成立。各个方面发来大量贺电和函件，毛泽东、朱德也分别发来了贺电，广大指战员受到了极大的鼓舞。

新组建的第三十八军担任了一段时间的邯郸警备防卫任务之后，于 1946 年 11 月开到武安地区进行整训，并一直持续到 1947 年 5 月。这次整训重点批判了旧军队的习气和观念，坚决纠正了违反群众纪律、打骂士兵等恶劣行为，并清洗了个别参加反动会道门的人员，从而使部队的组织更加纯洁了，面貌发生了根本的改变，部队基本上完成了从旧式武装到人民军队的转变，为今后参加人民解放战争打下了坚实的基础。

1946 年 9 月，毛泽东亲自批准孔从洲为中共正式党员，实现了孔从洲多年的心愿。其实他早在 1927 年，就向共产党在陕西的创始人魏野畴提出过入党请求，但当时为了便于工作的开展，他的组织问题只能暂缓。1930 年，在西安南汉宸家中，孔从洲又向南提出加入共产党的请求，南也表示没有问题，以后会解决的，只是出于革命工作需要考虑，当下还是不要解决为好。孔从洲就这样苦苦等待了 20 年。当他得知自己被批准成为中共正式党员时，激动地说："我一生中最大的夙愿终于实现了，真高兴啊！"

随后，西北民主联军第三十八军隶属晋冀鲁豫野战军，由刘伯承、邓小平直接领导。在刘、邓的领导下，孔从洲率部突破黄河天险，挺进豫西，解放郑州，参加渡江战役，进军大西南，直到全国解放，孔从洲被任命为西南军区炮兵司令员。

1951年3月10日，在原南京二野军政大学炮兵队等的基础上，中央军委正式命令建立中国人民解放军第二炮兵学校，孔从洲兼任校长。

1955年7月，孔从洲到沈阳高级炮兵学校履新，成了专职的大学校长。沈阳高级炮兵学校是当时军队的最高学府之一，毛泽东、朱德都曾为其题词，还为学校聘请了苏联顾问。

1959年8月29日，孔从洲的儿子孔令华与李敏结婚，而李敏正是毛泽东与贺子珍的女儿，这样，孔从洲成了毛泽东的亲家翁。在那天的婚礼上，孔从洲第一次与毛泽东单独会面。婚宴结束后，毛泽东留下孔从洲到他的书房里叙谈。

1960年，为加速我国尖端技术和常规武器科技事业的发展，加强培养国防现代化所需的各类工程技术人才，炮兵工程学院成立，孔从洲担任炮兵工程学院院长。

第四节　抗日前线逞英豪——高桂滋

古都西安坐拥众多历史文化遗产，除了著名的秦始皇兵马俑、汉景帝阳陵、武则天的乾陵无字碑等历史遗产外，位于西安市老城区建国路71号"张学良公馆"隔壁的"高桂滋公馆"，多年来它鲜为人知，现为陕西省作家协会大院。它正是见证了"西安事变"的重要地点——当年关押蒋介石的地方。

1936年12月12日，张学良、杨虎城发动了"西安事变"。当天蒋介石被送到新城黄楼，两天后，蒋介石又被送到张学良公馆旁边的高桂滋公馆。蒋介石在此住了11天，这11天也许是他一生中最尴尬、最难熬的11天。

有关张、杨二位将军为何要将蒋介石从新城黄楼转移到高桂滋公馆，有很多说法，最多的说法是：黄楼在陕西省政府大院内，那里当时情况复杂，蒋介石住在那儿不妥当；而高公馆和张学良公馆相邻，见面、说话、议事包括送饭都方便多了，也更安全。现居住在西安的高桂滋女儿高士洁证实：高公馆当时刚新建成，条件好，从没人住过，环境幽雅，又有暖气。

1933年，高桂滋选中了建国路启新巷（今建国二巷）一带，占地十余亩，预备全家数十口人在此居住。高桂滋请了天津的建筑公司，设计并建造了这所由一座西式小楼与三座四合院相通、中西合璧的建筑。现存的一座西式小楼只是高公馆的主建筑，小楼东侧（现为省作协办公楼）是三座三进四合院，均坐北朝南而建，是既有通道相连而又相互独立的院落。公馆大门向西开辟，一进大门，两侧是车房、门房还有司机、副官的住所，一进门就是圆形喷水池，如今依然养着各色金鱼。现在的高公馆只保留下了西式小楼和圆形喷水池，其他地方均已被拆除。

小楼其实是一座由混凝土立柱和砖、木混合建成的二层楼房，占地面积286.65平方米。一楼为半地下式，主要用来安放杂物，当作储藏室用，其中置有小型燃煤水暖锅炉，水被烧热后，用人力升压，把热水送到楼上的散热器中，这就是当时的暖气；二楼的门前有十几个台阶，拾级而上便是十多平方米的廊檐。小楼有三个门开在廊檐，西边是会客厅偏门，东边是主卧室的门，而中间是进入小楼大厅的门。据高桂滋的女儿高士洁说："当时站在中门前回身南眺，还能看到对面金家巷张学良公馆进进出出的人，也可以看到张公馆的网球场，听说我叔叔还亲眼看到过张学良和赵四小姐在那里打网球呢。"

进大厅中门之后，左边是会客厅，会客厅内有餐厅。大厅后排是两间客房和一间储藏室。大厅后排的东西两侧各有两间客房（又称东西耳房），东北角的那间就是当年蒋介石的卧室，而这间卧室南边有一个带洗手盆、浴缸和冲水马桶的卫生间。

高公馆当时尚未完全竣工，高士洁的表叔贺善培负责监督修缮工作。张学良派他的副官长谭海来找表叔，交给他一张张学良将军写的便条，说要借公馆一用。表叔欣然允诺，但内部装饰尚未就绪，怎么办呢？只见张学良的部下们迅速搬来家具，布置房间。表叔好奇地问士兵接待何人？士兵说是蒋介石。表叔一听就笑了，说："委员长要来住就住呗，还写什么借条！"他哪里知道蒋介石是来做"阶下囚"的啊！不过高士洁也透露，"西安事变"前夕叶剑英前来西安会晤张学良时，中共中央曾派员和高桂滋进行联系，高桂滋欣然同意中共代表住进自己的公馆。后来叶帅也在四合院的二号院北房中住了近一个月。

"西安事变"发生后，12月14日到12月25日，蒋介石在高公馆一共住了 11 天，没有人知道这 11 天里他内心经历了怎样的煎熬。

陕西著名作家陈忠实也曾撰写过一篇文章，叫作《办公室的故事》，讲述了发生在高公馆，发生在公馆东耳房（后来作为陈忠实的办公室）的故事：

蒋介石虽然在高公馆住了只有 11 天，却发生过许多历史性的情节和细节。他刚被转移到这个东耳房，张学良便从他的公馆赶过来看望，一副毕恭毕敬的军人礼仪。张学良连叫几声"委员长"，蒋介石不仅不搭话茬儿，裹着被子蒙着脑袋连脸也不露给他看。此前，送过来的饭食也不进口，一副绝食的抗议。12 月 22 日，宋子文、宋美龄来到这个高氏议事厅的东耳房，向蒋介石汇报了南京政府自"西安事变"以来的复杂情况，也透露了他们兄妹二人到西安后与张、杨会谈的意见，这是至关重要的一步。过了一天到 12 月 24 日晚上，早几天从陕北下来到西安参与调解此事的中共代表周恩来，和宋氏兄妹一起走进了蒋委员长下榻的东耳房，举行正式会晤，达成了停止内战共同抗日的六项协议，为和平解决西安事变奠定了基础……

鲜为人知的是，蒋介石在高公馆里曾撰写过他平生的第一次遗嘱。此事是 2004 年 6 月，美国斯坦福大学胡佛研究所档案馆解密的一万余件宋子文档案披露的。宋子文在"西安事变"爆发后的第八日（12 月 20 日），曾以"私人资格"飞赴西安，并在高公馆单独拜见了蒋介石，他后来曾在日记中回忆："我单独拜见委员长，他甚为感动，失声大泣。我对其安慰，告诉他，彼并未蒙羞，相反，整个世界均在关心他，同情他。"在 21 日宋子文飞回南京前夕，他曾前往高公馆向蒋介石辞行，而蒋介石也拿出了三份遗嘱，这三份遗嘱均为毛笔所撰，是蒋被押高公馆期间背着张学良所写。其中一份是蒋氏致全体国民同胞的信，一份是致夫人宋美龄的私人遗嘱，第三份是写给当时正在苏联西伯利亚流亡的儿子蒋经国和在德国留学的次子蒋纬国的。

而此时，这栋建筑的主人高桂滋，正带兵在外地。他于 1933 年开始建造这座小楼时，大概没想到，他为自家建的公馆，第一个主人不是他自己，而是"蒋委员长"；大概也没有想到，后来他的公馆聚集了整个中国的目光，成为当时政治旋涡的中心。

高桂滋，字培五，生于 1891 年 8 月 18 日，陕西定边县城东街人。九岁读私塾，四年后因家贫辍学，遂去外祖父的挂面小作坊当起了学徒。1911 年，辛亥革命风起云涌，年仅 20 岁的高桂滋经姐夫郑思成介绍，加入中国同盟会，参加了革命；次年，和大多数有抱负的年轻人一样，高桂滋进入陕西讲武堂学习。毕业后返回家乡，在定边县办起团练，任保安队队长。

年轻又血气方刚的保安队队长，很快带着他的保安队剿灭了横行乡里的惯匪杨秃子，颇得地方各界好评，保安队的实力也趁势扩大。这让时任陕北镇守使的井岳秀看在眼里，强令收编了 28 岁的高桂滋和他的保安队，改编为骑兵连，高桂滋拒绝不得，遂秘密联络陕北各界反井人士，准备起事。

1921 年春，高桂滋率骑兵连 300 余人在绥德发动起事，西走三边（定边、安边、靖边），被陕北镇守使井岳秀追击，伤亡惨重，最终带领幸存的八人，辗转流离。先至甘肃平凉，投甘军陇东巡防军帮办张兆钾（后为陇东镇守使）；次年离开平凉赴河北顺德，投奔其姐夫旧识胡景翼（原陕西靖国军第四路司令，时任北洋直系将领）所部陕西陆军第一师，任胡部郑思诚团骑兵营营长，参加了第一次直奉战争。这可以看作是高桂滋军人生涯中的第一次选择。这次选择，让他从陕北一个小县城的保安队长，直入当时中国中央政府的北洋两大派系之争。

此后，高桂滋在历次的选择和战役中得到历练，不仅因为一次次关键时刻的沉着选择而从边缘逐渐走入中心，也因为一次次的最前沿作战，而逐渐成长为一名能征善战的将军，尤其是在抗战的前线。

1924 年秋，直系将领冯玉祥联合胡景翼、孙岳发动北京政变后，所部改称"中华民国国民军"，高桂滋因战功卓著由营长升任国民军第二军独立团团长。后又在豫西参加讨伐憨玉琨，由黑石关、虎牢关一直打到洛阳；胡景翼病逝后，高桂滋又在天津马厂参加讨伐奉系李景林的战争，升为第三补充旅旅长。1926年春，国民军第二军退守豫西时，高旅未随大军西退，而北渡黄河驻防直隶武安。时投靠吴佩孚、就任开封警备司令的毅军首领、陕北清涧人米振标，一方面想扩充毅军实力，二方面怕高部孤立被歼，遂任命高为毅军第五混成旅旅长。同年冬，高旅开赴河南，旅部驻淮阳。

时势变换，翌年5月奉命率部北上的高桂滋，在驻北京西苑外营房、维持北京治安期间，曾派出卫队营进驻北京西山碧云寺等地，保护孙中山灵柩，进而对国内革命形势有了新的认识；7月，国民革命军正式出师北伐。高桂滋遂与李大钊、柏文蔚（国民党北京负责人）等联络，准备起事，但未果。在被调离北京之前，高桂滋秘密会见了李大钊，并派人携李大钊、柏文蔚书信南下与北伐军联系。

1927年春，直、奉军阀都给高送去了允其编师的委任状，他一个也未接受，却选择在淮阳挂起了青天白日旗，宣布就任国民革命军独立第八师师长；5月，武汉国民政府正式公布高桂滋为国民革命军暂编第十九军军长，驻安徽阜阳，清剿土匪。

1928年2月，第十九军改编为第四十七军，高桂滋任军长，归第一集团军第四军团方振武指挥，继续北伐；4月，攻克济南。

1928年，"五三惨案"（即济南惨案）爆发，日本山东驻屯军福田师团出兵济南，阻挠国民党军队北伐，屠杀中国平民。第四十七军与日军作战，被日军包围，是为第一次与日军交手；5月5日，奉命突围后与友军攻占沧州、德州；6月初进占京、津，二次北伐基本结束。但是，蒋介石却提出裁军，有13个团的第四十七军被缩编为一个旅，高为此对蒋十分不满。

1929年年底，高桂滋在山东，签名呼吁唐生智组织"护党救国军"通电反蒋；1930年，蒋冯阎大战爆发后，高桂滋任讨蒋军第十路总指挥兼鲁南警备司令；阎、冯倒蒋失败后，他退至山西平定，接受蒋介石整编，任正太路护路军第一师师长。

1931 年 7 月，高桂滋率部出娘子关，进攻倒张（学良）反蒋的石友三后路，给张学良解围。这时，所部近千人在中共山西省省委领导下发动起义，成立工农红军第二十四师。经张向蒋通融，所部被编为步兵第八十四师，驻河北武安、磁县。这一次，高桂滋与中共失之交臂，但他没想到，日后在"剿匪"和抗战的两个战场上，他与中共结下了不解之缘，并最终令他选择留在了共产党领导的中华人民共和国。

高桂滋是陕西抗日将领中少有的几个从局部抗战到全面抗战都战斗在第一线的将军。其中，包括局部抗战时期的长城抗战，全面抗战时期的南口战役、平型关战役、中条山抗战、中条山会战（晋南会战）等。

长城抗战

1933 年年初，日寇侵占山海关，又攻热河。守军汤玉麟部不战而退，全国舆论哗然。蒋介石被迫调军队应付，遂有长城抗战之举。当时冷口等处由三十二军商震部主守，喜峰口等处由二十九军宋哲元部主守。八十四师高桂滋部属三十二军商震部，防地位于与二十九军宋哲元部衔接处，即冷口与喜峰口之间。时商震直辖部队防线约 70 千米，只部署了一个师；高桂滋建议部署两个师，商未采纳。3 月 27 日，日寇向高部八十四师等阵地犯攻。先用飞机、大炮轮番轰击，继以主力犯攻高师前沿阵地李少棠团，另以一部犯攻高师主阵地吕晓韬团左翼。高师居高临下，凭借险要地形和坚固工事，沉着应战，打退敌军多次进攻，给日寇以重大杀伤。敌又用飞机、大炮配合，再次猛犯。高师山顶工事被摧毁，修复又被摧毁，反复多次，几处高地失而复得，战斗十分激烈。八十四师官兵在高桂滋的带领下，士气旺盛、斗志昂扬、英勇顽强，伤残官兵坚持不下火线。有的脚被炸掉，手还投弹、射击，最后与敌人同归于尽。坚持五昼夜，李、吕两团伤亡很大，连、营长负伤的也很多。高将军根据商震命令，将一线部队撤至二线；经整顿，从中抽调部分兵力深入敌后袭扰、牵制。此后日寇又向高师二线阵地正面犯攻几次，均未得逞。

日寇被阻于冷口高部八十四师阵地前；转而猛犯喜峰口、古北口，又受到高师等部重创；再转而犯攻冷口商震直辖部队防地。因此处兵力只一线配备，敌一攻即破。及至商震派军来援，其守军已于 4 月 11 日溃退；援军亦无法立足，一齐后退。接着，迁安又告失陷，二十九军和八十四师在喜峰口腹背受敌，不得不转移阵地。

长城抗战，中国军队作战勇敢，仅八十四师高桂滋部伤亡官兵 1800 余人。1936 年年初，毛泽东就曾代表中国抗日红军西北革命军事委员会致信高桂滋，盛赞高将军率部参加北伐战争和这次"抗日之役，光荣历史，国人同佩"。

这封 1936 年的信函，透露了高桂滋与中共的又一次结缘。长城抗战之后，第八十四师奉命先后移驻河南新乡、洛阳。1934 年 10 月，经时任西安绥靖公署主任、第十七路军（西北军）军长杨虎城的建议，蒋介石令第八十四师开赴陕北"剿共"，高桂滋遂率部驻防绥德。

从 1935 年 1 月至 9 月，陕北红军先后在南沟岔、阎王砭、杨家园子、马家坪、延长等地袭击第八十四师，高桂滋先后两个营、四个连均被灭。高桂滋深感压力。是年底，在陪同张学良、杨虎城等视察绥德、榆林后不久，即派出秘书马文生与中共代表马志明会谈，表示赞同中共组织国防政府和抗日联军的主张。因此，才有了毛泽东在 1936 年年初的致信。双方并密商、订立了互不侵犯协定。

给高桂滋【1】的信①

（一九三六年夏）

培五师长阁下：

马志明同志回，述阁下赞同敝方国防政府、抗日联军之提议，甚感甚感。时至今日，全国即将陷于沦亡惨境，凡属食毛践土之伦，

---

① 中共中央文献研究室编：《毛泽东文集》，北京：人民出版社，1993 年版，第 413-415 页。

实舍救国无急务，舍抗日无工作。敝军间关南北，克抵三秦，所务者救中国，所求者抗日本。任何个人、团体、党派、军队，凡与此旨合者则联合之，凡与此旨背者则攻击之。其联之者，为民族革命增义旗也。其攻之者，谓其是真正之汉奸卖国贼，为四万万同胞诛妖孽也。阁下率领之数千健儿，与于一九二七年大革命之役，复与于四年前抗日之役，光荣历史，国人同佩。与红军为敌，谅出于卖国贼首蒋介石之驱迫，转旆击贼，则前事消忘。从此抗日讨卖国贼之革命联合战线上，有广大民众，有红军，复有阁下之义师，无疑将更有无数之义师续续涌出于炎黄华胄之域，出中国于危亡，实为此之是赖。为使猜疑去之务尽，诚信孚于金石，就阁下对马同志所示及敝方所见，列为数条，借求明察：

（一）两军各守原防，互不相犯。

（二）抗日讨卖国贼大计，从长计议，务出尽善，并使贵军处于安全地位，有任何卖国贼加贵军以危害者，敝方愿以实力共击之。

（三）在贵军尚未至能取公开行动之时机，敝方愿将双方关系及一切信使往还保守绝对秘密。

（四）贵军未至公开行动之时机，当敝方攻击卖国贼军队（如井岳秀【2】）时，务望采取消极态度，即对敝方之敌不作任何援助举动。

（五）清涧贵部粮秣柴火，既属友军，自当尽力接济。但请阁下对敝方所需之物（如西药、布匹等）亦量为接济。

（六）互派代表在共同基础上订立初步的抗日讨卖国贼协定。

（七）互相建立最机密之通信联络（交换密码）。

（八）保证双方代表及来往人员之安全。

以上各项，不论阁下所能同意者为全部或一部，敝方均愿与阁下开始实际之谈判。当此国亡无日关头，鄙人等决不因小节而忘大难。区区救国之诚，谅蒙贤者深察。抑更有进者，居今日而言，抗日讨卖国贼，非有广大之联合战线不为功，此不但在国内者为然，即在国际者亦然。环西北数省而军者非尽汉奸卖国贼，其中尽多爱国有志之人，

第一章 立马中条，壮士为国何惧死

告之以亡国灭种之祸，陈之以联合救国之谋，动之以汉奸卖国贼之蠢与危，必有能感发兴起者，阁下曷尽力图之乎？其在国际则联合一切与日本为敌之国家与民族，实为抗日讨卖国贼重要纲领之一，远者姑勿具论，近在西北，则有伟大强立之苏维埃联邦。是国也，有与我共同反侵略目标，有援助中国反帝运动之深长历史，引以为友，实无损而有益，鄙人等当尽力以图之。附上敝党中央之政治决议及文告多种，借供参考。嘤其鸣矣，求其友声，暴虎入门，儒夫奋臂，谁谓秦无人而曰甘受亡国奴之辱乎？寇深情急，竭意进言，惟阁下熟思而审图之。专此。

顺颂

勋祺

　　　　　　中国抗日红军西北革命军事委员会

　　　　　　　　　主　席　毛泽东

　　　　　　　　　副主席　周恩来

　　　　　　　　　　　　　彭德怀

　　　　　　　根据人民出版社一九八三年出版的
　　　　　　　《毛泽东书信选集》刊印

注　释

【1】高桂滋（一八九一——一九五九），字培五，陕西定边人。当时任国民党军第八十四师师长。

【2】井岳秀（一八七九——一九三六），陕西蒲城人。当时任国民党军第八十六师师长。

南口抗战

在陕北，这样与红军相安无事的日子，很快被北平的"卢沟桥事变"爆发打破了。7月9日，国民政府军事委员会委员长蒋介石电令第八十四师向石家庄集中。高桂滋立即率部离开绥德，东渡黄河，开赴抗日前线。经太原、雁门关、大同进入察哈尔，在张家口集中，准备担任南口一带防御任务。8月2日，高桂滋被任命为十七军军长，辖八十四师（自兼师长）和李仙洲部五十一师，归汤恩伯指挥，开赴北平西北约50千米的南口一带阻击日寇。在与汤恩伯和时任察哈尔省主席兼二十九军暂编第二师师长刘汝明研究南口防御配备计划后，决定将第八十四师部署在南口左翼宁疆堡、赤城、龙关一线防守，第五十一师在南口正面协助第十三军防守。

8月16日，日军藤井少将指挥一千余人进犯高军五○一团正面平道口井儿沟。巴图营子一带亦发现日军，与井儿沟之日军成犄角之势，妄图牵制该处中国军队，策应其主力犯南口。高将军遂令五○二团第三营向巴图营子日军伴攻牵制，令五○一团团长吕晓韬率其第三营及第二营第四、第五连出击井儿沟。当晚，吕团乘雨出长城急行十余千米，于17日凌晨4时将进犯井儿沟的日军包围。拂晓时突然袭击，日军仓促应战，至正午将其全歼，藤井侥幸逃脱。高军首战告捷，此后日伪军相继携械投诚。高将军乘胜令艾捷三团长率部冒雨进击，又令高建白旅长驰赴龙门所亲临指挥。艾团20日晨于大风雨中抵喜峰寨，将日军步、骑各一团包围，以一部突入村中。至7时30分，除少数日本骑兵逃脱外，步兵一团、骑兵一队全被歼灭。

井儿沟、喜峰寨两役，俘日军280余名，毙伤800余名，缴迫击炮六门、轻重机枪13挺、手枪31支、步枪91支、马120匹、朝鲜金票3000余元、旗五面。藤井的大黑马和战刀，亦被缴获。此战被史家称为"平绥线战场仅有的胜利"。其间，高军二十一师李仙洲部还曾支援汤恩伯军，使之转危为安。

当时日寇调来的伪军，内有一个姜团长，见高军英勇抗战，屡歼倭寇，遂派员要求投诚。高将军复信叫姜押送敌指挥官，以示真诚。约定姜部27日夜间反正，一齐收复察北。不料，26日刘汝明放弃张家口，致汤恩伯部于南口惨败。左右两翼友军败退，高军位置突出，有被敌截断后路的危险，遂奉命撤向长安岭、沙城子一线，担任总后卫队，掩护各部友军退却，再无暇顾及伪军姜团反正之事。27日夜，各部友军相继渡过桑干河，高军二五一旅却被敌包围，展开血战。28日敌机十余架猛烈轰炸高军阵地，寇全线犯攻。因敌众我寡，高军二五一旅被截为数段。经横冲直撞，至下午大部先后突围。后卫五〇一团之第二营未突出，激战至晚，多数官兵壮烈牺牲。

渡桑干河后，高军奉令归第二战区司令长官阎锡山指挥，循蔚县广灵大道节节阻击日寇，为后方军事部署争取时间。9月12日6时，侵占阳原的步寇二十一旅团自南徐堡南犯。10时，其先头与高军二五〇旅李少棠部遭遇。两军激战数次，高军大白山阵地失而复得。13日18时，高将军亲率预备队到小关村附近击敌，与寇激战两日，伤亡很大，但阵地没有动摇。后因广灵正面七十三师洗马庄阵地被敌突破，七十三师撤退，高军右侧翼暴露，陷入被半围状态，高将军才奉令于当日22时率部转移。14日退至广灵西南松山、乱岭关一带，继续阻击日寇。高军李旅坚守阵地达四昼夜，因右翼友军关键时溃退，20日退至龙泉寺亘南洞沟一线。完成阻击任务后，高于9月21日奉命转入平型关驻防。

身为军人，高桂滋奉令作战，毫不畏惧，在抗战一线，率军担任防守，数度激战，屡有斩获。南口血战之后，又马不停蹄地投入到著名的平型关战役中。

血战平型关

国人熟知"平型关大捷"，皆以林彪所率第十八集团军第一一五师取得平型关大捷。而实际上，林彪率领的八路军一一五师平型关伏击战，是整个平型关战役的一个组成部分，战役中最惨烈的血雨腥风，笼罩在高桂滋指挥的八十四师拼死防守的阵地上。

1937年8月底，位于雁门关的第二战区前线总指挥部，阎锡山、周恩来、彭德怀会商制订了第二战区战役计划，作战方针为"利用山地歼灭敌人"。阎锡山在日寇汹涌而来之际分析：日军欲图晋绥，必先争太原；欲争太原，必先夺大同。于是调集重兵布下迎战阵势。

孰料，日军于9月13日进攻大同，主力板垣师团却避实就虚，挥军直指平型关，要越过平型关天险，抄击雁门关中国军队的后方。阎锡山大同会战计划流产，雁门关一带兵力雄厚而无用武之地，平型关一带则危如累卵。

阎锡山新的构想是：我方 11 个军，十余万人，放日军进入平型关之后，再封死其退路，在平型关以西、繁峙以东沙河一带开阔地决战，打一个包围战。阎锡山自诩这个部署为"口袋阵"，亲招他的嫡系陈长捷、郭宗汾两名军长面授要领，又派高参到平型关、团城口等处，向高桂滋等将领传达。但关键时刻，阎却采纳前线指挥官——第六集团军正、副司令杨爱源和孙楚的意见，临场变卦，改为拒敌于关外。

我军布防时，虽然并不确知日寇的主攻方向，但根据地形地貌判断，平型关及东跑池、西跑池和团城口应是主战场。依令，高桂滋部第八十四师四个团，防守团城口、鹞子涧及东、西跑池一线；李仙洲第二十一师四个团防守团城口以西至西河口一线。

9 月 20 日，高部进入阵地。八十四师的部署是：高建白第二五一旅在团城口北起 1886.4 高地（不含）南至东、西跑池布防，旅部驻迷回村，李少棠第二五〇旅为师预备队。

从 9 月 22 日晨，日军板垣师团粟饭联队开始向团城口发动进攻，到 9 月 25 日，高桂滋所军放弃团城口阵地，三失三收，打了一场惨烈的拉锯战。

日军先以优势武器飞机、大炮、坦克猛烈轰炸了一阵后，步兵向前攻击，守军二五一旅五〇二团立即还击。艾捷三团长亲率步兵第一连冲上前沿，以手榴弹猛砸敌人，敌稍退。不幸，艾团长腹部受伤，李荣光营长牺牲，反击受到影响，形势趋于紧张。高桂滋命二五〇旅两个团先后参加战斗。日军也增加了兵力，并配以飞机轰炸，战斗十分激烈，双方伤亡惨重。此时，第五〇一团附近的 1886.4 高地被敌攻占。此高地由晋绥军独八旅防守，守军一时难以组织反攻。若不夺回这一高地，对团城口至平型关防线构成很大威胁。五〇一团吕晓韬团长挑选 50 名精干士兵，组成奋勇队。一阵殊死拼杀，牺牲了十几名士兵，终于夺回了高地，重新交给了独八旅。

23 日拂晓，日军的进攻又进入高潮，官兵们冒着秋雨，饿着肚子，与敌展开肉搏，杀伤百余名日军。第二五〇旅五〇〇团阵地上，战斗也十分激烈。守军利用居高临下的地形优势，以密集的手榴弹炸死炸伤不少敌人，山坡上敌尸狼藉。守军也伤亡过半，但保住了阵地。高桂滋向大营指挥部告急，请求增援。副总指挥孙楚勉励部队坚守至 25 日全线出击。

高见增援没有希望，则直接向岭口行营阎锡山告急。阎告诉高，已调七十一师和八路军一一五师从平型关西、北两个方向出击，战局会很快扭转。平型关方面的日军不断北移，团城口的压力越来越大。23 日 16 时，日军大规模反扑团城口，第八十四师炮兵投入战斗，多次击退日军的进攻，敌尸遍布山谷。18 时起，日军进攻更猛，阵地上火光弥漫，枪炮声震耳欲聋。八十四师全部兵力彻夜抵抗，战壕里积水盈尺，不仅要忍饥耐寒，而且连弹药也没有了。好不容易从兄弟部队借了五千发子弹，但很快打光。迫击炮连的连长索性把没了子弹的手枪向敌人砸去。

24 日凌晨 2 时，日军又以猛烈炮火向 1886.4 高地轰击。高地守军被打散，阵地又被敌占领。吕晓韬团长又一次组织奋勇队反攻，再一次夺回高地，但 50 名队员仅生还 11 名。上午 10 时，日军增兵五千余人，乘雨发动新一轮进攻，敌我展开肉搏。团城口南侧阵地一度被敌突破，五〇二团代理团长杜文卿率队堵口，不幸中弹牺牲。

激战至 15 时，1886.4 高地得而复失，团城口和东、西跑池及二五一旅指挥所均置于日军炮火的控制之下，第十七军伤亡惨重。而晋绥军拟定的全线出击时间再次推迟，原定的 25 日凌晨 4 时，又因雨推到 8 时以后。当出击时间一再延迟时，在最前线快顶不住的八十四师高建白旅长向晋军七十一师第二〇二旅旅长陈光斗商请增援，陈拿出一纸命令："郭载阳（即郭宗汾）转阎长官命令'无本长官电话命令不得出击'。"

十七军粮弹缺乏供应，伤亡官兵两千余。

25 日，高桂滋防线 15 千米诸多山头，伤亡惨重。血战到后来，预备队都顶上了最为吃紧的地方，甚至连数十名骑兵也被高桂滋作为步兵派上火线。高桂滋手里再也无兵可派。高桂滋再次火急上报前线总指挥杨爱源和副总指挥孙楚，请求增援。杨、孙只是空言鼓励和安慰，说援军即将开来，让他坚持、坚持、再坚持。

名义上归高桂滋指挥的二十一师李仙洲也拒绝了其顶头上司要其增援的命令。25 日 10 时许，孤军奋战的十七军，终于坚持不住了，阵地终至失守，溃兵先于迷回村集结，后转至大营以北山地。

忻口战役

平型关、雁门关等军事要地相继失陷，第二战区司令长官阎锡山决定调集部队，在忻口与日军决战，保卫太原。1937 年 10 月 19 日，高桂滋率部第十七军进入忻口灵田山阵地，归属中央集团军右翼兵团。

战斗一开始就十分激烈，尤以高军等守的忻口正面为最。在争夺阵地的战斗中，高桂滋指挥部队频繁出击，先是八万多发炮弹向敌猛击。日本步兵也在飞机俯冲扫射和猛烈的炮火及机枪、坦克掩护下，反复向高军前沿阵地猛扑。高部待日军进至距守军仅十几米时，手榴弹齐发，将进攻日军击溃。高桂滋还指挥战士冲出战壕，追击日军。面对日军的一再犯攻，高军数次将其打退，且不时乘夜出击，还派兵应援十五军代守阵地。

高部对面日军阵地后有浮桥，赖以补充。高桂滋遂请二战区派飞机炸敌后浮桥，断其后路，以求全歼。不料电讯被日军侦破。拂晓，二战区派三架战斗机来炸桥，未及接近目标即遭敌机截击。当时高将军正在山头指挥作战，下令一切武器对空射击，援救我机。中国一架飞机仍被敌机击中，起火坠落。飞行员被烧伤，高将军急派人送往后方。

日军因被阻于忻口，其侧后又遭八路军刘、徐部一二九师袭击，被迫弃犯忻口，改由正太路西犯娘子关。娘子关失守，日军继续西犯。继而怀化高地失守，阳泉、寿阳陷落，东面防线瓦解，太原受到威胁，忻口腹背受敌。不久太原失陷，高军开赴离石一带补充休整。

晋东南之游击战

1938 年春，高桂滋奉命率第十七军由离石开赴晋南沁源一带驻防，归属第一战区司令长官卫立煌指挥。一战区准备反攻太原，高部为右翼军。恰日寇集结兵力，沿同蒲路大举南犯。根据第一战区的部署，2 月中旬高将军令五〇一团团长吕晓韬率张敏达步兵营及史文华骑兵营驻防平遥城郊；22 日，又令二五一旅高建白旅长去平遥指挥。23 日拂晓，日军步、骑近两千人，携炮十门、战车八辆、装甲车 20 余辆突袭平遥，与高军驻平遥五里庄之部队接火。15 时，袭破平遥东南城角，与高军巷战。史文华及其所率骑兵左冲右突，无法冲出，大部分壮烈牺牲。弹尽粮绝，高建白率二十余骑冲出西门，又遭寇截堵，最后仅五人跟随突出重围。吕晓韬团长也仅率少部分人突出重围。是役，我军伤亡惨重，被迫撤退。

平遥战后，第十七军奉命驻防沁源一带十个县。时日军对晋东南中国军队九路围攻。国民党政府军事委员会决定，由八路军总司令朱德、副总司令彭德怀统一指挥在晋东南的中国军队，对日作战。3 月下旬，朱、彭令高桂滋的十七军等部于沁县、沁源县间阻击由洪洞出犯的日军二十师团之一部。时日军川岸师团七十七联队进攻沁源，妄图打通白晋公路。4 月 9 日晨，高将军令驻祁遐镇的吕晓韬团布防于小章村截击。吕团长正观察地形布防，日军第二师团第七十七联队两千余人进攻，吕团长牺牲，沁源陷落。22 日，高将军令高建白旅长调三个营，奋勇击敌夺沁源。在当地决死第一纵队配合下，经一天激战，至 23 时收复沁源。受到朱德总司令来电嘉奖。

自 1938 年至晋东南奉命归属第十八集团军总司令朱德指挥，参加战斗，高桂滋再次同中共结缘。这次在抗日战场上的联手，则是开始在晋南太岳区开展游击战。高桂滋抽调很多军官去八路军前方总部学习游击战术；许多军官（包括师、旅、团长）都读了毛泽东的《抗日游击战争的战略问题》和《论持久战》等名著，学会了运用毛泽东的游击战术战胜日寇。随后的一年里，与之前诸战役相比，游击战使高桂滋的部队在不断取得小型战斗胜利的基础上避免了一次性的大规模损失，部队将士也备受鼓舞，士气高昂。

这些战斗包括：2 月 24 日至 5 月 21 日，在平遥、介休、灵石、霍县铁路沿线，高军用游击战术破坏敌交通 50 多次，且两烧敌营房，三打张兰镇，五攻马蹄村，七袭霍县城，弄得日寇叫苦连天。3 月初，为配合五战区台儿庄作战，阻止盘踞山西之寇南下应援，高军奉命彻底破坏同蒲路，先后七天，炸毁桥梁、涵洞 20 余处，焚烧和抛弃枕木 500 余根，使该路 21 天不能通车。

其中，5 月 9 日第十七军在霍县①截击日寇火车 20 余辆后，霍县日军将领居然致信给高军长称"贵军与皇军作战，应正大光明，约定时间、地点，以决雌雄，才是大国军队风度。而偷偷摸摸之袭击，虽然取胜，何以服人？以后贵军作战，应先期示之，我皇军决不爽约"云云。

7 月至年底，高军先后多次夜袭日军侵占的车站，毙伤日军百余名；又袭击日军列车，粉碎其三次围攻，与三四千日军激战九天，毙其田野大队长等军官 12 名、士兵千余名，缴其炮车五辆及其他大批军用物资。9 月 9 日截击日寇火车一列 20 余车厢，激战两小时，毙日军 200 余名、马 30 余匹，缴获该车所有物资。

1939 年 1 月，日军因连遭打击，三次围攻又均遭惨败，遂从南北两面抽调部队，附野炮、山炮十余门，集结于霍县城关，并在霍县修飞机场，加强营房和车站防御工事，妄图歼灭霍、赵境内的高军游击部队。27 日晚，日军大举东犯，高桂滋获悉即周密部署。28 日拂晓，谷口师团长、矢野旅团长指挥其旅团步、骑、炮 4000 余人，携炮四门，自霍县分两路向高军艾捷三团驻地沙窝里进犯。高桂滋命高维云便衣队预伏日军进犯必经之要道，一俟日军到达，即猛烈侧击。正午时分，日军主力抵偏墙村，向义城进犯。一部盘踞于居沟、观堆，遭高军岳英贤团张营袭击，无法立足，于 13 时与义城主力会合。15 时，日军主力盘踞孔涧、义城，一部犯沙窝里高军艾团阵地，且来飞机多架轰炸，大炮轰击，配合步、骑兵进犯。16 时许，高军艾团王、关两营主动撤离沙窝里，分头反击义

①今山西省霍州市。

城、孔涧，与日军主力血战，机枪、炮声不绝于耳。当晚高军以小部队彻夜袭扰。29日晨，日军又乘浓雾占领义城、孔涧，并全力向高军阵地进犯，遭高军猛烈迎击，死伤惨重。为报复，日寇向高军阵地猛施催泪弹。高军士兵一部中毒，仍猛烈抵抗。激战至18时，高军恢复阵地。当晚高军又以便衣队袭敌。30日晨，高军王、关两营分别向侵占孔涧、刘家庄、义旺之日军猛烈反击。经激战，到5时30分，日军全线崩溃，狼狈西窜，高军各部猛烈追击。是役激战三日两夜，日军伤亡惨重。遂卷土重来，2月1日晨，2000余日军携山炮、野炮，分四路向高军阵地大规模进犯，敌机也来轰炸，配合其地面部队犯攻。高军各部皆猛烈抵御，与日军血战五日，迫其退回霍县县城。

高桂滋军长在八路军的影响下，也十分重视群众工作，成立了战地服务团，有团员四五十人，一方面进行民运工作，一方面检查部队纪律，同时配合部队搜集敌情。有一次，十七军谍报人员在霍县侦悉日军矢野旅团长之兄要在某日出城活动，遂派队设伏将他和四名敌兵俘获。日军着慌，派飞机来十七军部驻地北平镇投送信笺，说矢野先生是地质学家，非军事人员，请求释放，并允给十万元酬谢。高军长拒绝日军的要求，将日俘押解到一战区长官部。

十七军高桂滋部在朱德总司令的指挥下，在太岳山区作战整整一年，根据毛泽东游击战的战略战术原则，每次作战都以最小的代价换回了较大的战果。

中条山抗战

1939年4月，高桂滋部队调离太岳山，开赴晋南中条山驻防，与同时期的陕西军第三十一军团共同归属第一战区长官卫立煌指挥。从1939年至中条山驻防，参与中条山抗战，到1941年参加中条山会战（晋南会战），再到1942年在中条山统一指挥中条山区的抗日游击队，是高桂滋及其所部在抗日战场上最为艰苦、最为漫长的坚守，也是高桂滋军人生涯中最大的荣耀和最深重的挫败。

1939年6月6日，日寇集中三十七师团全部和二十师团部分兵力，发动攻势，即为著名的"六六战役"。19日，日军四个联队分路向十七军阵地发起进攻，双方激战于婆婆岭、镇风塔一带。经八十四师浴血抵抗，25日，收复全部失地。稳住阵脚后，十七军受命守备中条山横岭关一带，在这里与日军犬牙交错互相对峙。那时有些部队一直没下决心修筑较坚固的防御工事，但高桂滋的人马不同，白天阵地被日寇炮火覆盖，夜晚士兵赶修防御工事。两年时光，在连绵十余千米的防地，用石条、石块修筑了200多座碉堡，有独碉、对碉、三角碉、梅花碉、子母碉及地堡，还用石条砌成三道一米厚的防坦克石坝。

在高桂滋驻守中条山抗战期间，还发生了一个小插曲。"六六战役"结束不久，8月，传来高桂滋父亲在西安病逝的消息，也传来八路军驻西安办事处向高父送挽幛的举措。高桂滋甚解其意，遂于11月派秘书韩一帆去延安见毛泽东，"名曰答谢中共送挽幛，实为表明自己绝不参与内战的决心"。

1940年，第一战区司令长官卫立煌将晋军新编第二师划归高桂滋的第十七军，任命独立第五旅旅长高增级为师长。独五旅已经在中条山长期坚守，口碑不错，但新二师却是一支伪军反正部队，编制不足，武器低劣，战斗力差。自此，十七军辖八十师四个团及新二师三个团。高桂滋命自己亲自带出来的陕西兵第八十四师担任横岭关西侧主阵地防守，新二师为预备队，集结于青廉村，军部驻在紧靠青廉村的柴家圪垛。

中条山朔风凛冽，军中疫病流行，士兵逃亡严重，编制严重缺额，纵深配备薄弱，连军事要害地点如渡口、司令部、仓库等，都没有专门守备兵力。官兵食不能果腹，衣不能御寒，劳务繁重，背粮、磨面、砍柴、修筑工事……每天两餐，每人每月三十余斤毛粮，都要各军队派大量兵员到黄河北岸渡口去背。前沿距渡口几十到百余米，往返一趟要好几天。火力更不能与日军相比了，高桂滋十七军用的汉阳造步枪，射程近、精度差，轻重机枪数量远远不如日军，全军一共才有山西土造山炮三门。而十七军当面之敌为日寇四十一师团的主力池田旅团，山、野炮就有20余门，还有20多辆坦克。敌强我弱，防守中条山必将是血战和硬战。

自太原会战后，日军侵占山西，为了固华北、抑洛阳、窥西安，自1938年以来曾十余次围攻中条山，均遭到中条山驻守中国军队（这其中就有著名陕西将领孙蔚如率领的第三十一军团）的顽强抗击，目的始终未能得逞。为了迅速"解决中国事变"，日方决心集中兵力攻击中条山解决当地守军，以化解华北当地的绥靖问题。为此，日本华北方面军将其所辖兵力做了适应性调整，编成了参加中条山会战的序列——第一军：第三十六、第三十七、第四十一师团，独立混成第四、第九、第十六旅团，军预备队；方面军直辖兵团：第二十一、第三十五师团，原配属三十五师团之骑兵第四旅团一部及第三飞行集团。总兵力约十余万人。

而此时的中条山守军中，自1939年起，从中条山地区陆续调出了宋哲元第二集团军，有"中条山铁柱子"之称的孙蔚如第四集团军，以及第五集团军的十四军，第三十六集团军的第四十七军、七十六军等，到黄河南岸等地布防，将本来隶属于第三十六集团军的高桂滋第十七军，改为归第五集团军曾万钟司令指挥。

日军在进攻前，派人化装成小贩过来侦察地形、配备。据说对中国指挥机关、粮库、通信中心、战地医院都了如指掌，甚至连许多军、师、团、营长的名字也弄得一清二楚。中方前线各部队也有谍报队，不断猎取敌情，探知日军企图，向战区长官部上报，还曾向何应钦面陈，要求增兵固防。然而指挥中枢却战略判断错误，断定日军意图将是抢渡黄河，控制豫西，进窥西安。蒋介石于战役打响前三天的5月4日密电卫立煌，仍强调要把防御重点放在日军渡河上，终于铸成大错！

原来，在日军组织发动中条山战役之前夜，1941年4月13日，日本和苏联签订了《日苏中立条约》和《共同宣言》，称："苏联誓当尊重满洲国之领土完整与神圣不可侵犯性，日本誓当尊重蒙古人民共和国之领土完整与神圣不可侵犯性。"——苏联为了自己的安全和利益，为了集中军力对付来自西面德国的威胁，跟日本达成了一笔肮脏交易，向中国背上猛插了一刀！

日军在解除了来自苏联的后顾之忧后，放心大胆地从东北调兵配合晋南兵力，欲要一举拿下中条山。同时，日军还运用了孙子兵法中的"疑兵计"，从 4 月中旬开始，每天南运渡河器材，扬言要渡黄河，进攻西安。将控制的同蒲铁路停止客运，专供军用。每天由临汾、侯马开出两三列满载日军、渡河器材、铁舟的列车，到风陵渡卸车。夜深人静，又原车开回。如此循环一个多星期，此举果然误导了中国司令长官的判断。

1941 年 5 月 7 日下午，中条山战役全线陆续打响。日军分东、西、北三路，实施现代化立体攻击，不仅飞机轮番轰炸、大炮连续轰击，还频频施放毒气。日机覆盖整个战场，连一辆马车、一艘渡船也不能幸免。而中国守军不仅没有飞机助战，甚至没有对空射击武器，只能挺着挨炸。

中国俗话说："绳子断在最细处。"日军摸清了中方的虚实，看准了防御的短板，选择中方的接合部及薄弱环节撕开缺口后，大军蜂拥而入，穿插分割，以黄河各渡口为先期攻占目标。日军事先潜伏的便衣队攻击我军各级指挥部，破坏通信设施，战区长官部、集团军部与各军各师都失去联络。部队只能各自为战，被敌军各个击破，最后只得分散拼死突围。战役打响的第二天，5 月 8 日晚，日寇南进快速部队在伞兵配合下攻占垣曲（由山西绛县横水镇，经横岭关至黄河北岸的垣曲县是日军重点进攻地段，集中了 30000 余重兵），封锁了渡口，将中条山我军防线分隔成两半。战役打响的第七天，日军就完成对我军的包围，占领黄河北岸垣曲东、西各渡口，切断了我军补给线及南渡退路。随后在整个中条山战区进行梳篦式反复"扫荡"，以全歼我军有生力量。6 月 10 日，战役结束。据日方统计，中国军队此役被俘达 3.5 万人之众，遗弃尸体约 4.2 万具，日军战死仅 679 名，负伤 2292 名，伤亡不足中国军队的十二分之一，因而，中条山战役成为国民党抗战以来最为惨重和耻辱的一次军事失败。

中条山战役打响后的十七军战报，今天读来仍觉硝烟扑面，枪炮震天——1941 年 5 月 7 日下午，敌军向十七军八十四师防线全线猛烈炮击，一直到晚上也未停止。8 日拂晓，2000 余名日寇在七八门炮、20 余辆坦克掩护下，进攻八十四师的二五〇团阵地。我军凭借坚固工事奋勇抵抗，并以集束手榴弹炸毁敌坦克一辆。敌伤亡惨重，至上午 11 时溃退。

但是，寥寥数十字之下，怎能尽书十七军将士之危局与坚守？

实际上，十七军从一开始，就陷入危险的局面中。8日凌晨，右翼友军九十四师防守的左家湾阵地被敌突破，日军遂向八十四师防线右后侧直插，致使其腹背受敌。高桂滋命预备队新二师进入西坡、石头圪垯（现名长直镇）第二线阵地，八十四师的野战补充团在其右前方阻敌西进，激战甚烈，入夜仍呈胶着状态。

13时，友军九十四师溃退，高桂滋的部队处境更加艰危；15时，高桂滋指挥的新二师，向西延伸，衔接野战补充团阵地，与敌人激战，掩护已接到上级转移命令的军部。但是，8日凌晨就攻陷了贾家山友军四十三军的日军，直插横皋大道之王茅镇，此时新二师也腹背受敌。高桂滋当即命该师向西转移，与野战补充团共同阻击由朱家庄西来之敌。

结果是，十七军右翼之敌突入垣曲，左翼之敌侵入架桑、马村，十七军被日军完全包围了！9日拂晓，高桂滋接到第一战区长官部的命令：十七军转移至夏县皋落大道南侧山地，继续战斗。但这时战况已经极为混乱，各团与军、师部失去联络。

此后一昼夜间，十七军向西转移的新二师三次被日寇包围，又三次突围，损失1000余人，师长高增级负伤，副师长赵奎阁被俘，最后化整为零，或藏匿深山，或南渡黄河。这个师的第四团一营在殷家庄被围，拒绝投降，拼死突围。至6月10日中条山战役结束后，营长胡成铎仍率领收集的残兵三四百人，在山中袭扰日寇，伺机渡河归队。

就在中条山战役结束的6月10日当天，日军仍以20余门炮、3架飞机轮番向高桂滋的主力八十四师阵地全线进攻。至11日上午11时，八十四师二五二团在余家山以南地区与敌千余名激战终日，始冲出第一道封锁线；二五一团和带有四门炮的一千五六百敌寇激战，到中午伤亡惨重，便向闻喜方向冲出重围；二五〇团与由架桑北上的千余名敌寇激战终日，午夜时分才冲出封锁线；野战补充团在横皋大道南之焦家沟，被2000余敌人包围，团长艾亚春向敌猛冲，中弹牺牲；团副杨世伟颈部及手部也受了炮伤，率领残兵冲出重围。

各团总算都冲出第一道封锁线，但军部却下落不明，高桂滋杳无消息。部队只能自行判断军情、决定对策。几位团长开会决定，部队由闻喜县东北突过铁路，经新绛县过汾河，向阎锡山二战区驻地吉县方向突围。但是到了下马关庄，又被日军骑兵及机械化快速部队追上。八十四师得到老百姓送水送饭大力支持，并掘开河堤放水淹敌，他们趁夜撤离战场，由泥峪口西渡黄河，奉命开赴河南新安整训后，担任黄河河防。

十七军残部等来了担负护卫军部的特务营（即警卫营）突出重围的任务，但一问营长齐天然，原来已跟军部失散，他也不知军长下落，官兵们顿时都急了。高桂滋十七军有个"猛进剧团"，中尉团长是投笔从戎的原西安易俗社著名小生刘清华，演出多是弘扬爱国情怀、民族气节的剧目，如《苏武牧羊》《民族魂》等。这时，他们派遣剧团的少年演员化装成拾粪小孩，重回日寇攻占的地区寻找高军长，但没打听到军长的下落，只是弄清了他未曾被俘。

原来，当右翼友军被日寇突破，驻扎在柴家圪垛的十七军军部右后侧受到敌人直接威胁，上级命令向西南转移至第五集团军总部驻地马村。5月8日，高桂滋即率军部转移到马村以北的架桑村。次日，因敌军攻击马村，部下打散、失去联络的高桂滋决定率军部向北寻找自己部队的主力。北行途中，日军已占马村，向高桂滋所率军部人员炮击并追击。刻不容缓，军特务营营长齐天然率部抵抗追兵，以寡敌众，掩护军部北撤，在血战中特务营损失了200余人，也在这时与军部失散。

高桂滋率军部北行至南沟，七架敌机前来轰炸，军需处军粮驮子及随军家属损失最重，人仰马翻，一片狼藉，惨不忍睹，未受伤的人也溅了满身血迹和掺血的面粉。

高桂滋等人走到西大山，南面、东面及北面枪声密集。军部残余人员已无部队护卫，只有向西边大山攀登才可能有生路，于是连同随行难民，潮水般向西山涌去。突然，山上几挺日本歪把子轻机枪扫射下来，高桂滋听枪声判断西边也是日寇，已被四面合围，只好让大家都弃马钻入密林之中躲藏。其实这是误会：西山上是他的八十四师二五〇团，所用机枪是缴获日军的战利品，团长艾捷三误认为拥过来的军人和民众是日军化装的便衣队，下令开火。当年战场上的混乱局面可见一斑！

高在密林中看见追过来的日军向西山整天攻击，直到深夜，还有日军1000余人由高桂滋藏身之处经过，皮鞋声清晰可辨。

10日清晨，高桂滋决定回南沟找吃食再做打算。刚刚抵达南沟，日军又由西边搜索回来。高桂滋等人高一脚低一脚地向东南方的河西村撤退，刚到那儿，日军就四面包围上来。高桂滋及军部数人隐藏在村子的南小沟里，眼看拉网搜索的日军逼近了，他向中尉随从副官范国清要过手枪，准备自杀殉国。没想到突然下起了瓢泼大雨，日军没发现踪迹，撤走了。此后数天，日寇不时前来搜索，并驻扎在河西村，高桂滋等人分散躲藏。

东躲西藏中，金崇印和王秀泉两人熬不住了，向高桂滋进言"另谋出路"。金崇印说："目前我军主力存亡不明，日寇正包围搜山，情况危急，很难脱险。即使脱险回去，委员长对你早有宿怨，能饶恕你吗？军座北伐时和汪精卫有过交往，如果军座不愿直接和汪接洽，北平伪政权中有我的同学可代为牵线，'留得青山在，不怕没柴烧'。军座应审时度势做出决定。"高桂滋一听，勃然大怒："这次失败，责任不在我，责任在左、右翼友军的防线被突破，曾（万钟）司令完全知道。我相信我军主力不会被敌人全歼。北伐时我和汪精卫是有过交往，当时他是国民政府领袖，现在他是日本的奴才、汉奸，而我是堂堂的中国抗日部队的军长，我能投奔他？我生是中国人，死是中国鬼！这次能脱险回去就好，再跟鬼子干，否则我就自杀为国尽忠！"

金、王见军长雷霆震怒，胆战心惊，吓得当即逃走了。

5月15日晚，高桂滋等人由北大坡又进了金圪垯村，烧水做饭之际，日寇又来包围搜捕，大家再次分散隐藏。高桂滋和副军长刘劭祺、军秘书长韩一帆、军医汤中甫、军需王子衡及副官范国清等人趁夜幕逃脱。韩、范两人化装进入石头圪垯，找到乡民郑忠义相助，安排高桂滋等人隐藏在这里的一座天主教堂内。

十七军残部陆续脱险后，特务营营长齐天然又率领便衣队20人，穿上伪军军服,重新进入中条山沦陷区寻找军长。他们看到日军张贴的布告,悬赏十万元搜捕高桂滋,不由得暗自高兴:军长并未落到敌人手里!

便衣队发现有位十七军伙夫的遗体体形高大,很像高军长,就将其掩埋,用弹药箱做了一个墓碑,写上"陆军第十七军中将军长高桂滋之墓",好迷惑日本人放弃搜捕。日军发现这个墓碑,果然扒开该墓验证,日军这时也虏获高桂滋的坐骑、公事包、私章等物,确信高桂滋已经战死。1941年5月20日敌伪天津《庸报》载:

> 据俘虏声称,第十七军高桂滋,据云在垣曲西北方地区战死。高桂滋军长为陕西定边人,讲武堂出身,年五十岁。又新编第二师副师长成为俘虏。因第八十四师四散,失去高军长之第十七军,似完全溃灭之。

高桂滋治军相当严,很重视军民关系。他在中条山驻防期间,修桥铺路,赈灾救贫,助民收割。战争间隙,还和老百姓搞军民联欢,在民众中口碑甚好,所以在劫难中,得到众多百姓相助。医官汤中甫及军需王子衡联络了乡民郭金声,将高等人藏在郭家中。日军放松搜捕之后,他们又将高桂滋化装成伪军头目的老太爷,送出了日军封锁区,于6月10日抵达吉县克难坡(原名南村坡,阎锡山二战区总部所在地)。

八十四师副师长高建白5月15日夜与军长分散,突围负伤,他独自辗转向北突围。在他后来的回忆录中记载了多位乡民的名字,他说,靠他们照顾掩护,终于5月20日和来寻找军长的特务营营长齐天然相遇。6月10日,他也到达克难坡,和军长重逢,悲喜交集。是日,高桂滋在阎锡山总部给蒋介石、何应钦发电报告:"职及副军长刘劭祺和副师长高建白,由敌区冲围出险,本日抵克难坡,谒阎长官后,即转陕赴洛。所部师建补各团及直属部队之一部,已余准渡河整顿,新二师残部正陆续收容中。详情俟后到陕续呈。"

这一仗,十七军参战官兵11000余人,共伤亡2600余人,失踪3400余人。

中条山战役之后，9月，高桂滋被擢升为第三十六集团军副司令，兼第十七军军长。次月，奉命率第十七军移驻河南渑池。1942年春，国民党最高统帅部任命高桂滋为中条山游击总司令，负责统一指挥中条山区的抗日游击队。

然而此时，坚持在抗战前线六年之久的高桂滋，目睹了无数血肉横飞的战场残骸，更难无视河南大旱灾期间的饿殍遍野。

从1941年开始，地处中原的河南开始出现旱情，收成大减，有些地方甚至已经绝收，农民开始吃草根、树皮。到1942年，持续一年的旱情更加严重，这时草根几乎被挖完，树皮几乎被剥光，灾民开始大量死亡，在许多地方出现了"人相食"的惨状。这场灾难一直延续到1943年。据不完全统计，在这次大饥荒中，有300多万人成为饿殍，惨绝人寰，举世震惊。

高桂滋将军在征得各师、团长的同意后，从全军官兵口粮中每月节约50000斤小麦，设粥场20余处，救济饥民。灾民每人每天能得到一小瓷罐麦粒粥，虽然不能饱腹，但可免于饿死。并将报废的旧军衣发给真正无衣的灾民，以御寒遮羞。同时还将一批失去父母的难童，送往后方陕西眉县西寨十七军农场办的子弟学校，一面求学，一面在农场做力所能及的劳动。为此，在1943年秋，十七军调离渑池时，渑池的灾民曾给高将军赠送颂词和对联，颂扬高先生"仁义之举"。

高军抗战连续作战六年，大小战役100多次，一位师长受伤，三位团长牺牲，其他军官伤亡300余人，士兵伤亡万余人，老兵损失殆尽，新兵未经训练。这样的部队，不但要守漫长的河防，而且要在中条山敌占区打游击。重庆最高统帅部还一再来电催促，要高将军亲率部队渡河作战。长期目睹生灵涂炭，高桂滋身心俱疲，遂萌生去意，借助和汤恩伯私人情感较好，经汤说情，中央政府才答应将十七军调往后方整训。自此，高桂滋离开了抗战第一线。

第二章　血战中原，将军骁勇不言败

第一节　不败将军——关麟征

20世纪50年代后，香港某居处，一位身材高大、精神矍铄的中年人开始在这里深居简出，闭门谢客，此后数十年而不改其乐。他不参加任何政治性集会活动，不会见新闻记者，未在报刊上发表过任何言论，甚至不联系过往故旧。他连同学故旧的聚餐联欢，也婉言谢绝，过着"隐士"般的生活，专以读书、写字、教育子女为乐趣。每日里，他早睡早起，不吸烟，不喝酒，不打牌。最大的乐趣是习字研墨，其书法造诣较高，擅长草书，对唐代怀素和尚的草书和于右任的作品都有精心的研究和练习。草书作品还参加过香港大会堂的展览，受到香港各界的好评。在日常生活中，他最喜欢的娱乐活动就是与家人一起看电影，逢年过节，全家老少聚集一堂，自家的"三人自乐班"进行演出。他的弟弟是琴师，女婿表演拿手好戏《平贵别窑》，他自己则擅长《淝水之战》。一位尽享天伦之乐的老人就这样平淡而安宁地生活在众多忙忙碌碌的香港市民之中。

但是，有一天，当有可谈之人，问起老人的过往时，老人才缓缓说出一句惊人之语："我的一生是打日本鬼子的一生。"

这位走过血雨腥风战场如今生活却平静如水的安详老人，就是曾经在抗日战场上用兵以稳、准、狠著称，长于急袭的千里驹师首任师长，部将杜聿明、郑洞国、刘玉章、覃异之、张耀明，皆一时之名将，在长城抗战中古北口之役后获青天白日勋章。所部参加了冀中抗战、台儿庄会战、武汉保卫战、长沙会战等重大战役。台儿庄会战后，其所部令日军板垣征四郎不无钦佩地指称为"一个军应视普通支那十个军"。其人就是，与孙连仲之"孙钢头"一时齐名，素有"关铁拳"之称，34岁即以赫赫军功被擢升为第十五集团军总司令，堪称黄埔抗日第一名将，抗战胜利后却急流勇退的陕西楞娃——关麟征。

关麟征，1905年4月出生于陕西省鄠县①真花硙村一个"耕读传家"的农民家庭。原名志道，字雨东。关志道幼年在农村私塾受启蒙教育，九岁转到邻村苍溪小学接受新式教育。1922年，17岁的关志道考进省立第三中学（1919年于右任创办于陕西三原县），后来因家贫而中道辍学。

关麟征不能继续上学，彼时世道又以军人为荣，青年学生趋之若鹜。关志道和大多数上过中学、见过一些世面的青年学生一样，不想回去面朝黄土，就希望能当兵做军人。这时，省立第三中学也有两个学生想去当兵，他们设法弄到一封去耀县②投奔镇嵩军某营长的介绍信，于是就邀

———————————

①今陕西省西安市鄠邑区。
②今陕西省铜川市耀州区。

关志道一起去。到了耀县，他们往驻军营部递进了介绍信，等候了一个星期，连营长的影子也没有见到。原来他们不懂门道，没有送礼，光凭一纸空文是不能解决问题的。三人只好乘兴而来，败兴而归。

入黄埔，初上沙场显英勇

1924年年初，关志道的一位朋友邓毓玫悄悄告诉他，孙中山先生在广州开办了一所军官学校，在秘密招生。他们弄到一张胡景翼处签发的署名邓毓玫和吴麟征的护照，吴嫌广东太远不想去，他问关志道想不想去广州投考军校，如果愿去，只要将护照上的吴改成关就行了。这一消息使关志道喜出望外，立即答应。他回家向家人禀明情况，并携带父亲卖牲口的25块银圆作为旅费，把护照上的"吴麟征"改为"关麟征"，从此，关志道就改名关麟征了。他们从西安步行到河南灵宝，换乘火车到了上海，找到了同盟会元老于右任。于问他们："你们为什么要当兵？"那时，他根本不懂什么是"主义""革命"，只好老实回答："当军官威风。"于右任被关麟征纯朴憨厚的回答逗笑了，简单地向他们讲解了孙中山组织革命队伍反对北洋军阀、进行国民革命的道理。不久，他们从于右任处取得了秘密介绍信，乘舟南下广州。

1924年4月到达羊城后，乘船去黄埔岛，入国民党陆军军官学校（黄埔军校）为第一期学员，他被编为步兵科第三队，并加入了中国国民党。5月5日开始第一期新生入伍，6月16日举行开学典礼，关麟征和新学员一起聆听了孙中山先生的讲演。孙中山勉励学员不仅要做一个有高度才能的军人，而且要做一个不怕苦、不怕死的军人。他的话，对关麟征以后的戎马生涯产生了重要影响。在军事教育课程方面，他学习了典、范、令和四大教程，并参加军事操练和实战演习，为以后征战疆场奠定了初步基础。

半年后，关麟征在黄埔军校毕业，随即参加黄埔学生军东征，讨伐盘踞东江的军阀陈炯明。当时学生军东征队伍由两个团组成，关麟征在教导团第一团（何应钦任团长）第二营第五连第二排任少尉排长，二营营长是刘峙。

1925 年 2 月开始东征，关麟征军事生涯的第一仗就是进攻淡水。淡水是进入东江地区的一个重镇，陈炯明派了一个旅的兵力依恃城墙和工事死守，阻止东征军前进。2 月 15 日拂晓，教导一团发起进攻，嘹亮的冲锋号一响，关麟征率领全排战士继敢死队之后用竹梯爬上城墙，打开城门，不到半小时，二营全部冲入城内。初出茅庐的关麟征，就这样取得了第一仗的胜利。接着陈炯明派洪兆麟反攻淡水，二营奉令出城迎敌，关麟征排任尖兵，在淡水城外的白莽花与敌人遭遇，经过激烈战斗占领了一座山头。激战中，他的左腿负伤很重，被送到广州公立医院治疗。医生根据他的伤情，要把他的左腿锯掉，这对一个只有 20 多岁的青年军人来说，真是晴空霹雳，等于宣判了死刑。这时，适逢黄埔军校党代表廖仲恺来医院探望受伤官兵，他把自己的情况向党代表汇报，廖仲恺极力反对截肢，并与医生商量研究，要求精心治疗，这样才保住了左腿。以后每当他回忆往事时，对廖仲恺先生总是感激不已。

淡水一战，关麟征初上沙场，即获英勇善战之名。孙中山先生在后来的《黄埔军校同学录》序中，就赞扬道："……关生麟征、刘生云龙，英勇善战，功绩尤为卓著。"

此后，关麟征以过硬的军事素质连连被擢升。1925 年年底至 1926 年年初，关麟征先后任黄埔军校学生总队总队长严重的中尉副官、第四期学生总队步兵科第六连上尉连长、学生队队长等职。他在军校教育长邓演达、总队长严重的领导下工作。邓演达和严重是关麟征在黄埔军校中最敬重的老师，他们渊博的军事知识、精湛的战略战术理论、严谨的工作作风、刚直不阿的思想品德，耳濡目染，潜移默化，对关麟征以后的成长起了很大作用。当时他也参加了孙文主义学会。

1926 年 7 月，国民革命军建立宪兵团，杭毅为第一任宪兵团团长，关麟征任宪兵团三营少校营长，随军北伐。部队抵达南昌时，杭毅先赴南京受训，关麟征代理宪兵团长。1927 年关麟征到南京，调任国民革命军总司令部直属补充第七团团长。1928 年 4 月，率部（此时已经调任国民革命军总司令部警卫司令部第二团团长）参加"二次北伐"，后升任国民革命军第十一师步兵第三十二旅旅长。

1930 年，蒋介石与阎锡山、冯玉祥之间爆发了中原大战，蒋介石调新建立的两个教导师进攻中原，关麟征在张治中任师长的第二教导师任一旅一团团长，随军开赴中原战场。第一仗关团奉命防守河南东部的高辛集，由于关麟征发动官兵坚决阻击，阎、冯军猛攻一个多月，未能把高辛集攻下。后来关麟征部转战到河南杞县，他以一个团的兵力掩护全师撤退，因为他属下的一个营失去联络，时间延误，在途中受到比关军多几倍的阎、冯军的攻击，形势十分危急。斯时大雾弥漫，百步之外视野不清，他急中生智，利用这个有利条件，不但不向后撤退，反而下令反击。阎、冯军在大雾中因情况不明，不敢贸然前进，怕中埋伏，下令撤退，这才使他得以从容脱险。因为他在这次退却中有功，随即升任该师第二旅旅长。

同年秋天，蒋介石亲自坐镇河南商丘西部的柳河车站指挥战斗，关麟征的第二旅奉命在距柳河车站 10 千米的铁路正面防守。因防守阵地辽阔，关旅兵力不敷应用，上级临时调拨刘子清营归他指挥，分担一部分正面防守任务。战幕一拉开，由于进攻的阎、冯军兵力多，火力猛，刘子清营防守的阵地被突破，刘子清力战负伤，全营溃退。在这千钧一发的危急时刻，关麟征身边无机动兵力可以递补，若他防守的阵地有失，则危及近在咫尺的蒋介石。这时，他只好以身边仅有的警卫排 30 多人去填补刘子清的防守阵地。时当夏秋之交，他灵机一动，将 30 名战士隐匿于青纱帐中，进行分散射击。阎、冯军因不知虚实，怕中埋伏，不敢大举冲锋，只是用大炮轰击。关麟征的"空城计"，阻滞了阎、冯军的前进，保住了蒋介石的安全。直到中午时分，援军赶到，他才缓过一口气来。自此他深受蒋介石的赏识和黄埔同学的钦佩，关麟征作战机智勇敢、擅长指挥的名气不胫而走，时年仅 26 岁。

1931 年，石友三部在河北南部反对蒋介石，刘桂棠附之，并在南宫、大名一带反蒋。这时，关麟征任第四师十一旅旅长，奉令进攻盘踞在南宫的刘桂棠部夏子明旅。部队到达南宫后，关发现双方兵力相当，且夏子明旅已将城门紧闭，防守森严，因而毅然做出决定：只能智取，不能强攻。他命令将士在离城 5 千米的村庄宿营，以松懈夏军戒备，并命令一个营在天黑后秘密运动到城垣附近隐匿。城内夏子明部守军，见城外一片寂静，未见进攻，便开城窥探，隐匿在城墙附近的关军立即抢占城门，乘机冲入，大军随后进城。夏子明措手不及，仓皇逃走。关麟征仅用几个小时就占领了南宫县城，夏子明旅被歼，关旅只伤亡 30 余人。是役是关麟征前期领兵作战最得意的一次。

抗日寇，长城激战第一线

"九一八事变"后，关麟征经常以"勿忘国耻，收复失地是中国军人的任务"教导部下官兵。1932 年年底，关麟征任师长的二十五师在徐州成立，下辖第七十三旅（旅长杜聿明）和第七十五旅（旅长张耀明）。关麟征在宣誓就职时，即以"抗日救国"为主题，号召全师将士誓死抗击日寇，保卫中华民族。

1933 年年初，日本帝国主义攻陷山海关，并进犯察哈尔、热河境内长城诸口，华北岌岌可危。关麟征二十五师和二师、八十三师奉命开赴古北口抗日。古北口抗战是关麟征从事抗日斗争中的第一个著名战役。二十五师驻防徐州、蚌埠一带，关接到要部队开拔的命令时已是 2 月底，部队当月的伙食费尚未收到。为了抗敌御侮，他克服困难，向地方借支 10 万元垫付，部队立即出发。

3 月 9 日，当二十五师到达河北密云县的石匣镇时，何应钦派他的高参传达命令："部队停止前进，就地待命。"关麟征考虑情况紧急，必抢先到达古北口，才能取得战场主动权，如果"就地待命"，则日军有可能占领古北口及其以南的南天门防线，这不仅影响在长城抗日的友军，而且危及平津。他审时度势，毅然抗命将部队开到古北口前线。

到达前线后，关麟征亲临第一线指挥作战，夺取有利地形并亲率一四九团猛烈反击日军。双方短兵相接，战斗惨烈，关麟征被敌人枪弹炸伤多处，浑身是血，但他仍然力战不退。身旁随从官兵 10 余人全部战死，他毫不畏惧，仍然从容指挥官兵与敌人搏斗，终于将敌人击退，占领高地。

这时他才离开阵地，包扎伤口。关麟征伤势尚未痊愈，又去前线指挥作战。嗣后，二十五师和十七军仍在古北口、南天门等地抗击日军，前后持续两个多月时间。古北口抗战给自侵略热河以来气焰嚣张的日军一次沉重的打击，日军自己也不得不承认中国古北口抗战是"激战中的激战"。关麟征因古北口抗战有功，获国民政府颁奖青天白日勋章一枚。他和其他伤员住院期间，北平各大、中学校的学生前往慰问献花者络绎不绝，《大公报》主笔张季鸾撰写社论《爱国男儿，血洒疆场》以贺其功。

1933 年 5 月，二十五师奉命开到北平北郊休整，关麟征在离开密云时，见当地群众怕部队撤走后日军再来骚扰，十分惶恐，不禁感叹流泪说："政府不顾人民安危，下令撤军，实在对不起老百姓！"部队到达北平后，因为关麟征部队在古北口英勇抗日，北平一些大、中学校的学生慕名而来，请他演讲，介绍抗日杀敌事迹。关麟征看到平津一带群众抗日情绪高昂，一些大、中学生纷纷请缨杀敌，因而是年暑假，在北平郊区二十五师兵营，开办 5000 人的大、中学生军事训练班，派参谋做军事知识讲座，派营连长对学生进行军事操练，为即将到来的全面抗日战争进行了准备。

1935 年 7 月，何应钦与日方签订出卖中华民族利益的《何梅协定》，其中条文规定：国民党中央部队和宪兵要撤出北平和河北省。关麟征得知这个消息后，义愤填膺，他曾亲往北平拜谒北平军分会代理委员长何应钦，恳切陈词："如果部队不战而退撤出北平和河北省，国民党将丧失民心！"他还积极建议何应钦加强军备与日军作战。与此同时，他还向南京蒋介石发出电报："如果部队不战而退撤出北平和河北省，将会对委座的威信有很大影响……"并且命令二十五师全体官兵立即在北平城郊构筑工事，准备与日军作战。可惜关麟征的这些积极建议都没有被当时的国民党掌权者采纳。

1935 年秋天，二十五师奉命开赴洛阳休整，部队在长辛店集中准备向南开拔时，一些曾参加过军训的学校师生专程到长辛店为二十五师将士送行。关麟征为群众的热情所感动，他痛切地对送行的师生表示：部队不得已奉命南开，没有尽到继续抗击日军侵略的责任，有负北平同胞的期望；相信政府和全国军民的忍耐是有限度的，终究会团结起来共同抗日。

1936年10月，关麟征晋升为陆军中将，并获三等宝鼎勋章。1936年冬，关麟征任西北"剿匪"十一纵队司令，奉命率四个师的兵力由洛阳出发，经天水开进甘肃境内堵截红四方面军，与红四方面军激战于黄河南岸的靖远。在追击红四方面军一部时，关部一个旅被红军将领陈再道部包围于车家川，该旅旅长梁凯几乎被红军活捉。

血战中原，不败将军英名传

1937年"七七事变"爆发。8月，关麟征被擢升为五十二军军长（辖第二十五师、第二师）。这年秋冬，他率部队在平汉铁路从事抗日斗争。9月，参加了保定战役。10月，日军十四师团及第六、十六师团各一部在冀南由肥乡、成安、临漳等县进犯漳河，他率五十二军在漳河南岸与日军土肥原十四师团进行了一场激烈的攻防战。双方发生白刃肉搏战，几次退而复进，失而复得，双方伤亡惨重。由于关军奋勇杀敌，终于使日军向漳河北岸邯郸、武安一带败退。关麟征从侦察员报告中得知日军在邯郸城外建有飞机场和汽油库，便立即从二十五师中抽调营长梁智伟，让他率一营部队夜袭机场，烧毁日本飞机10余架，缴获大批枪械弹药，受到第一战区司令长官程潜电令嘉奖。

漳河战役后的这年冬天，五十二军开赴河南漯河一带进行休整补充。在休整中，关麟征总结了自古北口抗战以来的经验教训，加强了部队的战术教育和射击训练，并且对全军将士进行了抗击日本侵略、维护中华民族独立的爱国主义教育。全军校尉也进行了指挥作战的战略战术学习。关麟征自己也利用训练闲暇和夜晚时间，学习陆军大学课本《战斗纲要》《战术作业》和《孙子兵法》等。

台儿庄战役

1938年年初，关麟征及其五十二军参加了台儿庄战役，这是他参加抗日斗争的第二个著名战役。是年3月，日军为了打通津浦铁路，实行南北会合，疯狂地进攻鲁南，欲先夺取台儿庄而后占领徐州。日军矶谷第十师团、板垣第五师团由津浦铁路、潍台公路（潍坊至台儿庄）两路夹攻台儿庄。国民党第五战区司令长官李宗仁，坐镇徐州全面指挥20余个师的兵力在台儿庄及其周围地区进行防守战。孙连仲的第二集团军及其所属的池峰城三十一师负责守卫台儿庄城寨，进行正面作战。当时关麟征五十二军属汤恩伯二十军团管辖。二十军团在台儿庄战役中是侧击军团，它的任务是在台儿庄东北面攻击敌人，配合台儿庄正面作战。

战斗打响后，3月24日，关麟征五十二军向盘踞在津浦铁路台枣支线的日军矶谷第十师团的濑谷旅团发起进攻。台儿庄东北地区只有少数小丘，一片平原，攻击部队缺乏地形掩护，况且五十二军基本上是轻武器，火力不如对方，但关麟征并未因此畏惧不前。他发现日军白天作战活跃，晚上却龟缩营房不敢外出。针对这种情况，他命令战士昼伏夜出，利用敌人黑夜不敢活动的弱点，挑选胆大心细的战士用汽油在日军营房纵火焚烧，并组织机枪手用密集火力射击。日军黑夜受到突然火攻不辨东西，不摸虚实，仓皇应战，胡乱射击，结果自相残杀，死伤无数。日军赤柴联队就是这样被关军消灭的。

正当五十二军进攻日军节节胜利的时候，3月31日下午，由临沂南下的日军板垣第五师团沂州支队约4000人配备野炮、坦克突然袭击五十二军指挥部，敌人炮弹已落到指挥部附近。当时五十二军的兵力全部投入战斗，关麟征身边只有一个警卫营的兵力约300人。敌人近在咫尺，形势十分严峻。在这危急之际，关麟征命令警卫营营长徐文亮，带着身边仅有的300人，跑步到距敌人约1000米的地方，然后散开向日军射击，做佯攻状以迷惑敌人。这样，就为他迅速抽调部队支援赢得了时间。及至黄昏，二十军团援军赶到，七十五旅也及时赶回，关麟征迅速指挥这些生力军对敌人进行反攻，把日军板垣第五师团沂州支队包围在爱曲村一带。敌人仓皇应战，伤亡众多，该支队的骑兵被关军全部消灭于傅庄，沂州支队残敌逃窜。由于关麟征临危不乱，沉着镇静，大胆采取各种手段排除险情，使五十二军指挥部安然无恙，并乘胜歼灭敌人。

4月1日到2日，关麟征乘胜向盘踞在兰陵、洪山一带的日军进击，歼灭敌军500余人。残敌慌忙退却，大大减轻了台儿庄外线进攻的压力，有力地支援了台儿庄城寨的正面防守战。

4月5日至6日，关麟征五十二军、王仲廉八十五军挥戈南指，加紧对包围台儿庄的日军进攻。白天枪炮轰击，晚上纵火夜战，使敌人日夜不宁，先后毙敌1000余人，并将台儿庄东面的甘露寺、杨楼、陶墩等据点收复。这一胜利，遂使台儿庄东北面所受的日军威胁全部解除。

4月6日，五十二军、八十五军已从台儿庄北面包围了敌人；张金照三十师、张珍一一〇师占领了台枣支线的泥沟车站，切断了日军的后方供给线；第三集团军曹福林部从微山湖方面形成了对台儿庄西北面的包围；防守台儿庄城寨的池峰城三十一师不仅收复了曾一度被敌人占领的城寨，而且还主动出击。这样，遂使进攻台儿庄的日军完全陷入中国军队的反包围之中，再加上日军后方交通中断，粮食弹药无法补充，战斗持续两周，伤亡惨重，军无斗志。眼见反攻的时机已经成熟，李宗仁遂于4月6日20时下令全线反攻，二十一师和第二集团军在台儿庄清扫残敌，五十二军、八十五军等在外围围歼敌人，并跟踪追击。日军仓皇逃遁，中国军队在台儿庄战役中获得辉煌胜利。

台儿庄战役后，关麟征部队奉命开至峄县以东、邳县①以北的虎山、长山、艾山、连防山一带防守。4月下旬，关麟征率军把日军冈崎支队包围在码头镇西面的北涝沟。关亲自指挥部队勇猛围歼堵击敌人，使日军死伤累累，伤亡惨重，仅日军四十一、四十二两个联队伤亡即达1400多人，获得重大战果。

关麟征因台儿庄作战有功，升任第三十二军团长。当时，在黄埔军校毕业生中任军团长的仅胡宗南和他两人。当时国内军事评论家对在台儿庄战役中担任防守任务的孙连仲和负责进攻的关麟征有"孙钢头"和"关铁拳"的称誉。这年夏天，蒋介石在武汉珞珈山举办的军官团的一次讲

①今江苏省邳州市。

演会上说："中国军队如果都像五十二军那样作战坚强，打败日本军队是不成问题的。"

徐州会战结束后，关麟征三十二军团经徐州以北向归德(商丘)撤退。关军行至豫皖两省交界处砀山与杨集之间，欲通过一座桥时遇到了困难。因为桥西已被日军占领，敌人用八挺重机枪封锁桥上通道。五十二军几次组织兵力冲锋都未能突破敌人的封锁线。关麟征勃然大怒，遂将从蒙古定远营中得来的良马16匹集中起来，并挑选勇敢机智的士兵驾驭，他一马当先，率领战骑突然向西面桥头飞驰而去。桥头敌人的机枪尚未开火，16匹战骑已经冲到，机枪手张皇失措，弃枪而逃，五十二军后续部队全部冲过桥去，到达归德。关麟征勇猛战斗的佳话传遍国民党军界，从此他获得了"关猛"的雅号。

武汉保卫战

8月，关麟征三十二军团来到江西、湖北参加武汉保卫战。当时日军冈村宁次十一军所属第九师团进攻赣北、鄂东南一带，三十二军团奉命开赴瑞昌、阳新的磨山、亭子山、蛤蟆洞一带布防，阻击日军的进攻。关麟征针对实际情况，进行分析：日军拥有优越的武器，火力较猛；关军则值徐州会战之后，有作战经验的中下级军官和老兵伤亡较多，新补充的兵员又训练不足，缺乏作战经验；但湘鄂山区山高林密，有利于防守。为此，他命令官兵依山地形势在每个山头修筑工事，众多山头之间组成一个棋盘阵地，若一个山头受敌攻击，其他山头的军队可以立即配合出击歼灭敌人。他又命令以营为单位，采取循环轮换的方法守卫山头工事，每营官兵每次守卫山头以24小时为一班。他的这种防守战术，既加强了战士作战的责任感，又能使部队轮流休整，从而增强了战斗力。所以敌人在进攻关军防守阵地的19天中，寸土未得，遗尸累累，士气低落。日军广播说："我皇军在瑞昌附近遭遇强大的对手。"

9月，关麟征又奉令在湖北阻击敌人前进，掩护武汉军民和物资疏散，是役结束，他随即率军转赴湘北。

11月，关麟征命令在湖南醴陵休整的第五十二军主力急速开赴湘北岳阳以南地区，阻击日军南下。此后，中日军队在湘北沿新墙河对峙。

1939 年 5 月，关麟征升任十五集团军副总司令，下辖第五十二军、第七十九军、第三十七军三个军，驻防湘北。

第一次长沙会战

1939 年 9 月，日军第十一军司令官冈村宁次率领日军十万余人，并配备飞机、战舰分别由通城、岳阳(沿粤汉铁路)、洞庭湖三路进攻湘北，矛头指向长沙，我国军队进行了保卫长沙的第一次湘北会战。这次会战是关麟征参加抗日斗争的第三次著名战役。

关麟征奉命以十五集团军副总司令代行总司令职权坐镇湘北，指挥张耀明五十二军、陈沛三十七军、夏楚中七十九军和一个游击纵队迎击进犯湘北的日军。

十五军团所辖各部队，凭借工事、河流、湖泊等天然屏障进行坚决抵抗，各级将校亲往第一线指挥，将士与来犯敌人几度肉搏，反复冲杀，仅连排级军官牺牲者就达 100 人之多。广大士兵更是奋不顾身，英勇杀敌。在雷公山防守的覃异之师史恩华营，在日军步兵、炮兵、坦克、飞机协同进攻下，坚守阵地五昼夜，最后全营将士壮烈牺牲。他们的顽强抵抗，起到了消耗敌人有生力量、阻滞敌人前进的作用，为部队后撤赢得了时间。

在部队后撤过程中，上级又将彭位仁七十三军、李觉七十军、欧震第四军划归关麟征指挥。这样，关麟征指挥的部队达到六个军，再加上地方部队共计 20 余万人。这么多的部队，如果在撤退过程中争先恐后，极易成为乌合之众；若敌乘机追击，就会造成严重的后果。针对这种情况，关麟征重申：军事纪律必须人人遵守、个个服从，如有阳奉阴违、消极抗战、带头逃跑者，军法从事，决不宽容。

由于指挥官关麟征未雨绸缪，组织严密，措施具体，一支庞大的军队，在后撤过程中，部队各级长官走在最后，井然有序。随军记者认为，国民党军队能这样有条不紊地撤退，这是抗战中少见的，他们对关麟征领导组织军队的才能深为钦佩。

10 月 2 日，当部队退至长沙以北的金井、路口畬、永安市、捞刀河等地时，前方传来营田、汨罗江等地守敌伤亡很大、向北逃窜的消息，关麟征根据敌人这一动向，命令部队反攻追击。三十七军由汨罗渡河向铁路正面攻击敌人，五十二军于平江附近向敌人进攻，七十九军向湘鄂公路方面的敌人侧背攻击，其他各军和各地方部队亦进行全面反攻。十五集团军各部猛烈反攻后，日军狼奔豕突，全线溃退，向南江桥、新墙河方向逃窜。至10月7日，日军退至岳阳、临湘、通城一带。是役失陷的土地全部收复，第一次湘北会战，以我国军队胜利、日军失败而告终。

关麟征因作战有功，是役结束，升任十五集团军总司令，成为黄埔军校毕业生中担任总司令的第一人。上级还记功一次。后湘、鄂、粤、赣四省群众组织代表团赴前线慰问十五集团军，全国发来的慰问函电达十万份之多。湘籍旅美华侨李国钦，从旅居华盛顿的侨胞中募集十万美元寄来慰问保卫长沙的抗日将士。是年，关麟征年方34岁。

1940年，关麟征部队在广西枫州休整，7月，关部奉命改番号为第九集团军，他仍担任第九集团军总司令。9月，日本占领法属越南后，进一步截断了滇越国际交通线，我国西南边疆紧张，关麟征奉命率部队开赴广西西南部保卫边疆。第九集团军驻防滇南时辖五十二、五十四军等部队，由广西进驻云南南部文山，担负滇越铁路以东马关、麻栗坡、西畴、富宁一带边防任务。

此时，中美盟军之间还发生了一件不愉快的事，而关麟征将军则以不卑不亢的态度妥善处理。缘因美军顾问人员，由开远至文山途中，乘车被匪洗劫，人员虽无损伤，但物资全部被抢。美军人员向兵团部提出强硬抗议，声言"如不能破案，美顾问人员将行撤离"云云。兵团对此极为重视，但对美方的无理要挟，则表不满。关将军在某次中美官员宴会中，致辞时曾特别指出："匪徒抢劫事件，我感十分遗憾！但在美国境内亦非绝无，如为此而小题大做，影响中美合作之精神与情感，殊不应有。须知我们今日的共同目标，乃在击灭纳粹，谋求世界人类之永久和平，区区小事，何至有撤离之说？本人除督饬尽力破案外，希能互为谅解。"此后未见美军人员有何反应，数日后劫匪五人被缉获。

关麟征将军鉴于抗战期间的种种所失、所见、所虑，决定在兵团部打破部队界域，均衡战力，加强各师间精诚团结。遂以团为单位，在师与师间互相对调，第二师所属的第四、五、六团，除留第四团外，第五、六两团，分别编入第二十五师及第一九五师，而由第一九五师之胡晋生团编为第五团，第二十五师之平尔鸣团编为第六团。彼此调配糅合，长短相补。合个别之优点，为整体之优点。当时滇南战况沉寂，兵团部队趁机加紧训练。针对以后作战需要，第一是着重射击教育，部队各种武器，均须举行比赛，用比赛方式掀起训练高潮，以促进全部的精进。比赛前先予各部队以相当的训练时间，比赛后绩优者重赏，低劣者重罚。其次是近战（含刺枪与手榴弹投掷）、夜战行车、匍匐前进，以及各种体操、器械操等战技与体能锻炼，均逐项于部队各阶层间举行比赛。在战斗训练方面，除使各部队熟习基本的战斗诸动作外，关将军根据其作战经验，及想象防区未来战况，以其杰出的构想，创立防御日军进攻的"三合阵地"。所谓"三合阵地"，即诱敌人进入我三方面阵地所控制的地带，而予以歼灭。这三方面阵地：一为主阵地的正面火力；二为阵地两翼，或斜交阵地中的侧面火力；三为利用主阵地前方高地，面向我方的斜面，构成反射击，发挥反面火力。关将军预期文山为必守要地，把握时机，依当地形势，构筑三合阵地，诱敌深入，然后予以歼灭。阵地创建完成后，由兵团部验收，然后令部队反复从事演练。此种战术，在山地防卫作战时，特别有效，但平地防卫，则又另当别论。

不过，这期间，也有关陈（诚）之失和的事情发生。原来第五十四军是陈诚的嫡系部队，1943年军政部长何应钦将五十四军军长黄维因故调职，关麟征在何的支持下，派张耀明接掌五十四军。陈诚的亲信、五十四军副军长傅正模联合该军军官向上呼吁控告，关陈矛盾激化。关陈矛盾实际上是何陈矛盾。陈诚由湖北飞昆明，规划远征军事宜，关往见陈，提到五十四军时，两人拍桌互詈，从此关陈失睦，最终导致关麟征在国民党军界失意。

1944 年冬，国民政府军事委员会为配合同盟军作战，在昆明成立中国陆军总司令部，何应钦兼陆军总司令，负责云南、贵州、广西等西南各省军队的统一指挥和整训工作，这三省的国民党军队统编为四个方面军。1945 年年初，关麟征部队并入第一方面军，卢汉任第一方面军总司令，关麟征任副总司令，仍率部守卫滇南，直至抗日战争胜利。

1945 年 5 月，国民党召开第六届代表大会，关麟征去重庆出席这次会议，并被选为国民党第六届中央执行委员会委员。

曲折的四年

抗日战争后期，蒋介石更加重用陈诚，1944 年冬陈诚出任军政部长，掌握国民党军事大权，国民党非陈系人物不断受到陈诚的排挤和打击。抗日战争胜利后，1945 年 10 月，国民党宣布关麟征为东北九省保安司令长官，由于陈诚制造障碍，关未能赴任，改任云南省警备司令。

1945 年 12 月 1 日，国民党云南省党政当局制造了"一二·一惨案"，昆明四位教师、学生惨遭暴徒杀害，群情激愤，蒋介石把国民党云南省党部主任委员和代理省主席李宗黄及关麟征"停职议处"，并把关调离昆明。

1946 年 7 月，关麟征去成都任国民党陆军军官学校教育长。11 月，他又被选为"制宪国民大会"代表。不久由于美国军事顾问团的建议，改变由蒋介石兼任政治或军事学校校长的制度，委任专任校长。1947 年，关麟征升任陆军军官学校校长。他在军校任教育长和校长期间，实行了"废除体罚，尊重人格""赏由下起，罚自上先""改革教学，时间第一""人事平等，经济公开"等变革，对军校有所建树。

1948 年 8 月，关麟征被任命为陆军副总司令兼任军校校长。1948 年后期，蒋介石要他出任陆军总司令，报纸已登载消息，关亦前往拜会参谋总长顾祝同，商讨交接事宜，但是南京国防部以"溪口电话手令遗失"为由而使之告吹。不久，南京又传出酝酿关出任京沪杭警备总司令，消息传遍南京、上海军政界，后来又以"关麟征不懂上海话"为由而作罢。关麟征几次被捉弄后，心灰意懒，情绪消沉。

1949年1月，蒋介石"隐退"，李宗仁担任国民党政府代总统，关麟征才被李宗仁任命为陆军总司令。关把军校校长交张耀明担任，前往任职。这时有人说"关麟征向李宗仁靠拢"，他知事不可为，忧谗畏讥，乃决定避开是非旋涡。是年秋天，他辞去陆军总司令职务。

1949年，关麟征先把一家老小送至香港，又看到国民党政治腐败，分崩离析，日暮途穷，与他有矛盾的陈诚在台湾身居要职，掌握大权，若去台湾，也不可能得到重用，于是毅然做出不去台湾的抉择。1949年11月，关麟征偕夫人从成都乘飞机离开大陆，飞机抵达香港加油，他告诉同机旅伴说"去探望病中的父亲，随即来台"。于是和夫人走下飞机，此后一直隐居香港。

虽然一直隐居香港，但他也曾对妹妹说："我是炎黄子孙，我盼望祖国早日统一！"

1980年7月30日，关麟征在香港家中因心脏病猝发，突然昏迷，立即送伊丽莎白医院抢救，医生护士在抢救过程中发现他胸前伤痕累累，感到惊讶，关夫人介绍说："这些伤痕全是他抗日浴血奋战所伤。"在场医护人员和亲友深为感动。8月1日，关麟征因抢救无效逝世。中央人民广播电台、《人民日报》和全国各大报纸都登载了他逝世的消息和简历。徐向前元帅向他在香港的家属发去了唁电："噩耗传来，至为悲恸，黄埔同窗，怀念不已，特此致唁，诸希节哀。"举殡之日，黄埔军校各期留港同学及亲友数百人执绋，新华社香港分社、全国政协和徐向前元帅等送了花圈。

第二节　"最好的参谋长"——李达

　　在著名的中共抗日将领中，有一位长期担任参谋长职务的传奇将军，他不仅在抗战中任部队参谋长，而且几乎在中共建军史上的各个战争时期，都出任过参谋长一职，累计任职时间长达40年。他曾经辅佐过五位后来成为共和国元帅的指挥官，是中国建军史上辅佐元帅最多的参谋长。他足智多谋，战功显赫，有着超强的军事指挥才能和领导才能，为中国的革命事业屡建功勋。他就是新中国成立后被授予上将军衔的李达。

　　抗日战争爆发后，李达任八路军第一二九师参谋长，后兼太行军区司令员。他跟随刘伯承、徐向前等同志，率领第一二九师东渡黄河，开赴抗日前线。以袭击、伏击、阻击等战法，先后在长生口、七亘村等地重创日军。随后，他协助刘伯承、邓小平率领第一二九师，转战晋冀豫、晋冀鲁豫抗日根据地，精心制订作战方案，部署战役，事必尽责。他作为刘伯承、邓小平的主要助手，参与指挥了著名的反六路围攻、反九路围攻、开辟冀南、白晋战役、百团大战、1942年夏季反"扫荡"、沁源围困战、安阳战役等一系列战役和战斗。

　　他被一起战斗过的老同志称为"足智多谋的参谋长"，他也被工作搭档刘伯承、陈毅等元帅称赞为"称职的好参谋长"。1993年7月，在他逝世后，卓琳代表邓小平出席追悼会，称赞他是"最好的参谋长"。

李达，原名德珊，后改德三，字天德。1905 年 4 月 19 日生于陕西省眉县横渠镇崖下村的一个贫苦农民家庭。因家贫如洗，小时便给地主打短工，饱受凌辱。后来在亲族的资助下，在本村私塾上学，过目不忘。学习之余，常领着同学"布兵打仗"，演唱秦腔。私塾先生李东明常对人说："德三以后必成大器。"

1920 年，李达以优异成绩被保送横渠高级实业小学，在校学习刻苦，常以张载"艰难困苦，玉汝于成"的名句自勉。他与同窗好友董铎、严协和组织读书会，阅读进步书籍，畅谈国内外形势，积极支持当时眉县的"交农运动"。1922 年，李达小学毕业，先后考入西安私立东道中学和省立单级师范学校。他对那些品行低下的同学，常以古人格言警告说："见女色而起淫心，报在妻女。"同学们称他为"圣人"。在此期间，他受到进步思想的影响，于五卅惨案后，积极参加了反对北洋军阀的游行示威活动。

1926 年，李达从省立单级师范毕业后回到家乡，在横渠镇公所任文书，经常尽自己所能，伸张正义帮助劳苦人民。某天，横渠镇齐家堡村练头吴通家来人告急：吴通在执行公务时痛打了土豪劣绅，被县民团团长周集派人抓去，以"扰乱乡里，有碍教化"罪，准备处死。李达闻讯后，立即骑马赶到 25 千米外的刑场，面对周集慷慨陈词，说明吴通平时乐善好施，颇有正义感，很受乡邻敬重，痛打违法的土豪劣绅何罪之有？据理辩驳，并愿代吴通一死。周集理屈，以"事出有因，查无实据"放了吴通。从此，周集对李达怀恨在心，处处寻找报复的机会。不久，借扩军之名，命令李达两天内去从军。当时，冯玉祥率领西北军正在甘肃准备策应北伐，李达也早有前往从军之意，于是在第二天告别家人，西去甘肃，被录入驻平凉的西北军第二陆军军官学校，毕业后历任排长、连长。

足智多谋，参谋渐长成

1931 年，李达所在的二十六路军被调离陕西，前往江西进攻中国工农红军。因该军不满蒋介石的反动统治，遂在二十六军参谋长赵博生（共产党员）和旅长季振同、董振堂率领下，于 12 月 24 日在江西宁都起义，李达从此成为一名光荣的红军指挥员。次年9月，他经王震、甘泗淇介绍加入中国共产党。

李达先后任中国工农红军第五军团连长、湘赣苏区独立第一师参谋长、第十七师参谋长兼团长、第六军团参谋长，参加湘赣苏区第四、五次反"围剿"，获二等红星奖章。1934年红六军团实行战略转移，他率军团部分部队，几经辗转，冲出重围，与贺龙所率第二军团胜利会师。后调任第二军团参谋长，参加指挥了龙家寨、梧溪河、忠堡、龙山、板栗园等战斗，为创建湘鄂川黔革命根据地做出了重要贡献。在长征途中，他先后担任红二军团和红二方面军参谋长，出色地完成了各项任务，成为任弼时、贺龙、关向应在军事方面的得力助手。

其作为参谋长（常谓参谋人员）需要做到"四勤"，即腿勤、笔勤、眼勤、脑勤，还要做到"胆大包天""心细如发""守口如瓶"。他自己恰是具备了优秀参谋长的素养：记忆力惊人；足智多谋，善于使用地图；心细如发，凡是大战必亲自下基层部署安排；为人忠厚谦和，深得将士爱戴。

李达记忆力超人，尤善记人名，凡见面一次，即能记住其姓名，数年不忘。抗日期间，八路军一二九师办轮训队，开学时，将军到队按名册唱名一次。半月后轮训队结业，百余人集合，李达站台前，见人唱名无一差错。

李达指挥作战，十分重视运用地图。红军时期，部队攻克湖南大庸城，李达见有石印局，即派人翻印二十万分之一的地图，下发部队。抗日战争时期，亲自组织人员制图，并派出一个侦察排配合，北起九里关、南至漳河畔，运用简易测绘法实地丈量，将该地区村庄、人口、水源、资源等做了标记，彻底弄清了晋东南、太行山和晋冀鲁豫连接处之地形，使原来的地图更加完善。后又指导制图股完成了《最新华北明细图》，绘制了分层设色的《太行军区形势图》。

毕节，黔西重镇，地处云贵交界，为国民党和地方军阀两不管地区。1935年，红军二、六军团入黔，移师毕节，欲建根据地。任弼时问计于李达，李达展地图细察，力阻之。将军曰：一、毕节地势，雄视云南，云南不会不管；二、毕节公路，四通八达，蒋介石调兵方便，也不会不管。果如所言，不出十日，云南孙渡、湖南陶广和贵州部队，相继进军毕节。二、六军团急撤出毕节，西行而去。任弼时叹曰："李达有先见之明。"

记述者皆称李达身材高大、枣红脸庞、肥耳垂肩、慈祥可人、性情温和，临大事而不惑，罹大难而不畏，极少动怒。凡遇不遂心事，只轻言三字："乱弹琴！"早在红军时期，在军中即有"活菩萨"之称。

这有着菩萨面、菩萨心的参谋长，每逢大战，必亲临基层部署，丝毫不乱。将士见之，即心中踏实。

"李达同志原在红二方面军工作，1937年年初才调至由红四方面军的四军、三十一军和陕北红军一部组成的援西军。他没有'山头'的观念，对各部队不分亲疏、一视同仁，很快就与来自四面八方的同志们打成一片，连以上的干部他差不多都叫得出名字来。抗日战争爆发后，李达同志协助师首长刘伯承、张浩、邓小平、徐向前打了好几个漂亮仗，如七亘村、黄崖底、神头岭、响堂铺等战斗，使一二九师威名大震。那时，他常到基层部队来，特别是每逢打大仗之前，他都要来部队布置战斗任务，检查战前的准备工作。久而久之，逐渐形成了一个规律：李达参谋长出现在哪个部队，哪个部队就肯定会有行动，或是打大仗、硬仗，或是执行最重要的任务。刘邓首长的许多意图，都是李达同志传达实施的，所以，各部队的指挥员见到了他，无论面临的任务多么艰巨，心里也就有了底。"[1]

正是这样足智多谋又温厚细腻的参谋长，在抗战爆发后的八路军一二九师中先后协助师长打了多起堪称抗战经典的漂亮战役。

东渡抗日，战术益成熟

1937年7月7日，日本以制造"卢沟桥事变"为起点，发动全面侵华战争。根据国共两党谈判达成的协议，中共中央军委于8月25日发布命令，将中国工农红军主力改编为国民革命军第八路军。其中，红四

---

①杜义德：《杜义德文集》，北京：长征出版社，1997年版，第331页。

方面军第四、第三十一军和陕北红军一部改编为八路军第一二九师，刘伯承任师长，徐向前任副师长，倪志亮任参谋长，张浩任政训处主任，1937年年初就任援西军参谋长的李达，此时任参谋处处长。

9月6日，第一二九师在陕西三原石桥镇举行出师抗日的誓师大会。因倪志亮还未到职，李达以参谋处处长的身份承担了参谋长的职责，协助第三八六旅旅长陈赓主持大会。为壮声威，李达专门调集了几十名号兵，组成了一支临时军乐队。誓师大会冒雨举行后，第一二九师移驻陕西富平县庄里镇，准备东渡黄河开赴抗日前线。

这时，国民政府军事委员会委员长西安行营主任蒋鼎文派高级参议乔茂才持蒋介石签署的命令来见刘伯承，要求第一二九师经陇海铁路（兰州至连云港）转平汉铁路（今北京至汉口）北上，赴石家庄一带作战。出面接待乔茂才的李达，向刘伯承做了汇报。刘伯承觉察到，这个命令未通过八路军总部，包藏着企图割断八路军三个师之间的联系、假日军之手消灭第一二九师的阴谋。刘伯承决定自己不见乔茂才，继续由李达出面与其周旋。李达对乔茂才推说：刘师长不在。接连几天，他除陪同乔茂才吃饭外，绝口不提公事，乔茂才自觉没趣，只得灰溜溜地回西安去了。

9月30日至10月6日，李达协助首长组织第一二九师从陕西韩城县芝川镇渡过黄河，开赴山西抗日前线。这时，山西已成为华北日军的主攻方向之一，太原即将处在晋北和晋东两路日军的钳击之中。八路军总部命令第一二九师向攻打娘子关的日军侧后挺进，寻机歼日军。10月18日，师部率第三八六旅进抵平定东南地区。刘伯承抓住战机，于10月20日至11月8日对陷娘子关后西进太原的日军，组织实施了长生口、七亘村、黄崖底和广阳等伏击战斗，歼日军1000余人。在七亘村战斗之前，李达随刘伯承在预设战场观察敌情，两次与日军小部队遭遇。李达指挥警卫排和参谋人员击毙数名日军，掩护刘伯承脱险。

11月8日，太原失守后，中共中央军委令第一二九师到晋东南开展游击战争，创建以太行山为依托的抗日根据地。为实现由正规战向游击战的战略转变，刘伯承等决定师部开办游击训练班，李达受命主持训练班的工作。11 月中旬，训练班在辽县（1942 年改左权县）石匣村开课。李达除主持训练班工作外，还担任讲课教官，并邀请刘伯承、张浩等为学员讲课、做报告。游击训练班后来逐渐发展成第一二九师随营学校，为第一二九师和晋冀鲁豫抗日根据地培养了大批军事、政治干部。

1938 年 12 月，一二九师参谋长倪志亮调晋冀豫边区担任游击司令员，经刘伯承和同年 1 月接替病重的张浩的新任一二九师政治委员邓小平的推荐，八路军总部任命李达为一二九师参谋长。李达随刘、邓首长带领一二九师主力从太行东下冀南，以巩固我冀南抗日根据地。1939 年 3 月，李达随师首长回到太行区。4 月 3 日，李达组织第一二九师直属队、第三八六旅一部及师随营学校，在山西黎城上赵栈村接受了八路军总司令朱德的检阅。

1939 年 5 月，《新华日报·华北版》的记者访问了李达，发表了《李达参谋长访问记》。在谈到一二九师在冀南日军、顽军并立的复杂形势下的坚决斗争时，记者称："一种沉着和坚毅的表情，流露在李达参谋长的脸上。"

7 月至 8 月，李达按照刘伯承、邓小平的意图，部署实施了第一二九师部队对平汉、正太（正定至太原）铁路的分段破袭战。同时，他参与指挥部队收复山西榆社、武乡两个县城。在紧张的战斗间隙，他还组织召开第一二九师军事研究会，研究、探讨日军和八路军战术的得失。12 月下旬，第一二九师主力在第一一五师第三四四旅配合下，发起邯（郸）长（治）战役，李达参与指挥。战役历时 18 天，攻克黎城、涉县两座县城，拔除日伪军据点 23 处，歼日伪军 700 余人。战后，李达对战役进行了认真总结，归纳出多条经验教训，包括：参战各部队要注重协同动作，游击战与运动战相互结合，广泛组织游击小组形成游击集团，广泛地使用地雷并改进地雷的制造技术，等等。刘伯承、邓小平认为这份总结具有指导意义，除批示下发各旅、团外，还推荐给《新华日报·华北版》。
［1940 年 1 月 5 日，《新华日报·华北版》以《收复黎城涉县战役中得到的经验教训与几个重要问题的说明》为题发表］

1940 年 8 月下旬，由八路军副总司令彭德怀亲自指挥，八路军发动百团大战。根据八路军总部赋予第一二九师的作战任务，李达草拟了第一二九师的作战计划，组织司令部人员绘制了正太铁路西段情况图和晋东南情报图，编写了工兵、爆破等有关技术资料，印发给部队。8 月 18 日，李达参加第一二九师在山西和顺县石拐镇召开的作战会议。刘伯承、邓小平传达朱德、彭德怀的战斗命令后，李达介绍了日军在正太铁路沿线和晋东南的部署情况，详细说明了第一二九师担负的破击任务。会上，李达还布置了通信、侦察、警戒、防空、防毒等具体工作。8 月 20 日，百团大战第一阶段作战开始。第一二九师直接参战的十个团猛攻正太铁路西段沿线的车站、据点，游击队、民兵和群众扒走铁轨，平毁路基，炸断桥梁；配合作战的另外 28 个团分别从冀南、太行、太岳等地向平汉、白晋（白圭至晋城）、同蒲（大同至风陵渡）铁路沿线进行破击。守备正太铁路西段的日军独立第四混成旅团遭到沉重打击，旅团部驻地阳泉的门户狮脑山也被第一二九师控扼。独立第四混成旅团团长片山省太郎苦于兵力不足，将阳泉的日本籍铁路、煤矿员工也武装起来，拼命攻打狮脑山。但连攻五天，均被第一二九师坚守部队击退。

8 月 24 日，刘伯承、邓小平研究扩大战果问题，李达参与研究并起草了第一二九师扩大战果的计划。他还依据各部队上报的情况，整理了《破路经验介绍》下发各参战部队，用以指导部队参加第二阶段破袭作战。9 月 22 日，百团大战第二阶段开始。第一二九师奉命破击榆（社）辽（县）公路，相继收复榆社、辽县县城。李达协助刘伯承、邓小平制订作战计划，部署部队：以四个团组成左集团在榆社方向作战，以三个团为右集团在辽县作战；冀南、太行、太岳军区部队继续执行对同蒲、平汉等铁路的破击任务，配合主要方向作战。榆辽战役从 9 月 23 日开始至 30 日结束，歼日军近千人。

百团大战第三阶段的作战，主要是反击日军报复性"扫荡"。自 10 月 6 日至 12 月 5 日，李达协助刘伯承、邓小平指挥反"扫荡"，在弓家沟伏击战、黄烟洞保卫战、关家垴攻坚战中，使日军伤亡惨重，最终不得不撤兵。

百团大战结束后，第一二九师部队除个别执行游击作战任务的团以外，全部投入整训。整训的军事部分，由李达负责。李达针对部队在百团大战中存在的战斗动作不熟练、射击技术不精、白刃格斗能力不强等问题，强调在整训中要总结实战经验，切实改进战术技术。为提高部队的战术素养，他组织部队进行了小分队袭取据点、野战进攻及伏击、遭遇战术的演习；技术训练方面，强化刺杀、投弹、射击的练习。经过整训，有效地提高了部队的战斗力。

为改变司令部工作薄弱的局面，经刘伯承、邓小平批准，李达于7月组织召开了第一二九师团以上单位参谋长会议，并做了《关于司令部建设问题的报告》。报告报送延安后，其第五部分《健全司令部工作的具体要求》被《八路军军政》杂志发表。1941年年底，李达还主持了一期第一二九师参谋训练队，要求作战参谋必须学会识图、绘图、背图。背图，就是不看地图，也能将战区军用地图上标出的山川、城镇、村庄、道路、桥梁、地物等叙述出来。

1942年5月，日军第一军司令官岩松义雄指挥2.5万日军的兵力对八路军总部和一二九师师部发动了一次大规模的"扫荡"。"扫荡"前，日军派出两支"特别挺进暗杀队"，化装进入我根据地，执行暗杀我八路军和一二九师领导人的任务。其中一支"特别挺进暗杀队"发现了八路军总部的驻地，于是日军调集主力包围。在突围途中，八路军副总参谋长左权壮烈牺牲。日军为消灭一二九师师部，再次以重兵围攻。李达鉴于八路军总部被围的教训，向刘伯承建议将师部分为两个梯队，分头行动，以减少被敌包围的可能性。刘伯承同意了李达的建议，将指挥所作为第一梯队，将司令部的其他人员和后勤部门、边区政府等人员组成后梯队，其中包括边区政府主席杨秀峰、太行区党委书记李雪峰、一二九师政治部主任蔡树藩以及刘伯承夫人汪荣华、邓小平夫人卓琳等。

6月8日夜，李达随前梯队安全突围。但天亮时，仍未发现后梯队。李达让人护送刘伯承师长先走，自己带领一个营的兵力，冒着随时被日军消灭的危险，终于在第二天将被敌包围的后梯队接应了出来，与刘伯承会合。李达不畏生命危险，冲进日军包围圈去营救后梯队的事迹，受到师广大干部的高度赞扬。突围之后，根据刘、邓首长的指示，李达起草了《非战斗机关军事化的问题》，下发部队执行。鉴于八路军总部被围、左权副总参谋长牺牲的惨痛教训，李达提出了四项措施，指导一二九师所属部队的统率机关战斗化。这一建议，对于我军现代化条件下的统率机关建设，仍具有重要的指导意义。

1943 年 5 月，日本侵略军大本营鉴于太平洋战争吃紧，决定从中国华北战场抽调三个师团，南下太平洋战场作战。动作之前，为确保占领区的治安，日军出动万余人，对太行山区的中国军队进行了一次大规模的"毁灭性扫荡"。国民党第二十四集团军很快就被日军击溃，集团军总司令兼河北省主席、冀察战区总司令、第四十军军长庞炳勋，以及新五军军长孙殿英、师长刘月亭等，均在战败后向日军投降。日军旋即将这些投降的部队改编成伪军——"和平剿共军暂编第二十四集团军"，下辖暂编第五、第六、第七军，以及太行保安队等部。

7 月，伪暂第五军军长刘月亭被任命为"前敌总指挥"，率部在日军第三十五师团三个步兵大队的支援下，侵占了八路军太行根据地的林县县城及周围地区，使太行军区面临的局势骤然变得严峻。对此，八路军总部发来命令，要求太行军区在冀南军区部队的配合下发起林南战役（又称豫北战役或第一次豫北战役），坚决反击庞、孙部伪军的进攻，保卫和扩大根据地。刘伯承师长、邓小平政委商议后，决定由参谋长李达负责指挥这次战役。

李达根据八路军总部的命令和刘邓首长的指示，精心制定了《林南战役纲要》并得到批准。随后马上召集作战会议，进行部署。

在作战会议汇总时李达分析说："庞、孙投敌不得人心，连重庆方面也不敢公开支持他们。最近情报部门有一份材料说，孙殿英请国民党第一战区司令长官蒋鼎文发往重庆一份电报，声称自己的投降是打入日、汪内部，做地下工作。连蒋介石侍从室的军统头目唐纵也认为孙殿英不能自圆其说，是'当了婊子，还想立贞节牌坊'。原二十四集团军所属的第二十七军，大部未随庞、孙投敌，即使追随庞、孙投敌的部队中，也有一些并不服从其调动。庞、孙伪军目前是兵不满额、军心涣散、士气低落。但是，庞、孙的总兵力是我军兵力的三倍，加之他们已在太南驻防多年，部队中本地人不少，又实施'修筑碉堡，固守村落'战略，进行'打八路求生存'的欺骗教育和反游击战训练，所以我们决不能轻敌。"

停顿片刻，李达走到作战地图前，指点着敌人的布防说："对伪军，我们必须集中兵力造成相对优势，先歼灭其一部再逐次各个击破；对日军，我们要用小而有力的部队进行钳制和围困，使其不能与伪军互相呼应。一旦日军出动救援伪军，就要阻滞他们的行动，坚决打！"

根据这一作战思路，李达将部队划分成东集团和西集团。东集团由第一、十、十三、三十四、七七一团和警备第二团组成，任务是向林县城北的姚村、城东的横水、城东南的东姚进攻；西集团由第二、三、二十、三十二和第七六九团组成，任务是向林县县城和城西南的合涧镇、原康等地进攻。部署第一二九师特务营和太行军区第五军分区部队组成汤安支队，在水冶、观台一线设置防线，阻击安阳可能出援的日伪军。由抗大第六分校师生组成武工队，在东姚、临淇、原康地区发动群众开展游击战，袭扰敌人。李达最后强调说："对这次作战的要求，请同志们牢记一句话：'兵贵神速！'"

8月16日，东西两集团由平顺、壶关地区出发，远距离奔袭林县县城及其周围地区。17日夜，东集团包围林县县城东北的南北陵阳、东西夏城等伪军据点，以吸引林县县城伪军的注意力。东集团部队采取的战法是：打破常规，不与敌人的前哨据点纠缠，只以小部队监视他们，而以主力出其不意地插入敌人纵深，从东、西两面同时进击林县县城东北，包围了伪军的南北陵阳、蒋里、东西夏城等据点。这一大胆的行动完全出乎敌人意料，令其各部陷入混乱。

18日凌晨，西集团乘势包围林县县城，突入城内，战至18日夜，除县城南关日军据点外，攻克林县县城及其外围据点，歼伪军指挥部及保安司令部。同时，东集团亦歼伪暂编第四师第十团、伪暂编第四师师部、伪独立旅等部。

李达决定先打头道营的日军。考虑到日军火力猛、我军装备差，为减少伤亡，李达叮嘱指挥员入夜再战。8月19日零点，西集团的第二十团，在第七六九团一个营、第三十二团三个连的配合下，向头道营日军据点发起进攻。日军火力点喷出道道火舌，使进攻部队受阻。这时，战前准备的爆破组出动了。他们利用夜色和日军的射击死角，把炸药包迅速运送到日军的碉堡前，将这些火力点一一炸飞。日军支撑不住了，拆开一段围墙逃往城南关据点。我西集团部队随即将其再次围困。8月19日全天，日军出动飞机助战。李达指挥东、西集团部队冒着敌机轰炸的危险，指挥部队与鬼子兵激战。东集团部队攻克了南北陵阳、曲山、姚村等据点，将伪暂第五军第四师师部及第十团、伪暂第五军独立旅全歼。西集团部队在继续围困城南关日军的同时，攻克了马圈、西坛等伪军据点。

战至此时，林县县城及其周围地区除城南关日军据点外，已基本上被八路军控制。指挥部里，有人建议一鼓作气将城南关的日军据点打下来。李达没有马上做出决断。刘伯承师长总是强调作战时指挥员要深入前沿实地观察，李达多年来身体力行，已经习惯成自然，每次战前都要到前沿阵地上观察一番。这次也不例外，他亲往城南关阵地，冒着敌人时断时续的射击，仔细察看了日军据点的虚实。

李达认为：这里的地形易守难攻，工事掩体坚固，加之日军兵力有一个大队，火力很强；而我军攻坚手段差，火力不足，硬攻难以奏效，只会徒增伤亡。李达指挥作战深受刘伯承影响，刘伯承向来不主张死打硬拼，讲求以小的代价换取大的胜利。有把握取胜才打，没把握打胜就撤，再另外捕捉战机，绝不做无谓的牺牲。他思索了一阵，决定不攻城南关。

西集团大部撤至城外待命。回到指挥部，李达面对地图审时度势，下一步作战的方案已成竹在胸。他命令东、西集团同时南下，乘胜扩大战果。8月20日，各部队南下。庞、孙伪军在八路军战士的猛烈攻击下，兵败如山倒，非逃即降。仅两三天时间，东集团部队即攻占东姚集、李家厂，横扫鹤壁集、西鹿楼以西地区，前锋已进至汤阴。西集团部队兵出临淇，收复合涧、原康，攻克西平罗和南平罗。

东西两集团乘胜南下，追歼伪军残部。24日，由安阳出援的日军千余人进抵林县，从辉县出援的日军400余人到达临淇。26日，两路日军会攻原康，遭到西集团的阻击，被迫于当晚渡淇河撤至林县县城。

恰巧这时秋雨连绵，山洪暴发，渡河的日军被洪水吞没了百余人。第七六九团和第二团原计划继续追击，因河水暴涨，给部队渡河造成困难而停了下来。

林南战役共攻克敌据点80余处，歼灭日伪军7000余人，收复了林（县）南、辉（县）北数千平方千米的国土，扩展了太行根据地的面积，处于东可切断平汉路、南可控制黄河渡口的有利态势。

李达成功地指挥了林南战役，展现了稳重扎实的统领风格，为下一个阶段的独当一面奠定了基础。

1943年10月，根据中央精兵简政的政策，八路军总部和一二九师师部合并，太行、太岳、冀南、冀鲁豫四个军区直属北方局和八路军总部领导。李达兼任太行军区司令员，李雪峰为政治委员，黄镇为副政委兼政治部主任。参谋长出身的李达，在兼管太行军区后，在太行军区司令部的建设上多有建树，受到中央军委的表扬。

太行主事，参谋善统军

1943年10月，李达到任时，太行山区先后遭受旱灾、水灾、蝗灾，有35万灾民断粮，还有从豫北、冀西敌占区和黄河以南国民党统治区逃来的十几万灾民，都急需赈济。李达向中共北方局代理书记邓小平汇报后，领导太行军区部队迅速开展生产节约运动。

在节约方面，减少了部队粮食定量。每人每天的定量，减少二两（旧制计量单位，十六两为一斤）：战斗部队由一斤五两减至一斤三两，县区游击队由一斤三两减至一斤一两，后方机关由一斤二两减至一斤。干部战士的津贴费、菜金，各连队的办公费和杂支费均暂时停发。省下来的粮食和经费，全部交给边区政府赈济灾民。李达考虑到，司令部机关应该以身作则，还可再节约一些。他召开司令部机关干部、战士大会，做出决定：鉴于目前灾荒严重，全体司令部人员将已经减少的粮食定量标准，每人每日再减少三两。李达还决定从自己做起，撤销军区首长的小灶。他和太行区党委书记兼太行军区政委李雪峰商定，跟机关干部战士们一起吃大灶。当时他们最常吃的是野菜和小米熬的稀粥，高粱面、玉米面、黑豆面、糠、树叶掺在一起蒸出来的馍。由于这种馍又黑又硬，被大家称作"砖头"。

为吃"砖头"，还闹出过误会。由于太行军区是晋察冀、山东、华中等根据地通往延安的必经之路，来往路过的干部比较多。李达虽指示军区有关部门预备一些细粮招待过往客人，但毕竟是连年遭灾物力有限，难免让客人也跟着吃几顿"砖头"。一些客人为此产生不满和误解，认为太行军区不好客、不热情、不尽人情，有的人到延安以后向刘伯承提了意见。刘伯承自然知道李达的难处，一边向这些同志道歉，一边做了解释，这才挽回了"影响"。被怠慢了的客人们不但体谅了太行军区的困难，而且为太行军区领导干部与群众同甘共苦的精神所感动。

在生产方面，李达指示以太行军区名义发出通知，要求各旅、军分区、团设立指导和帮助群众耕地的组织，连队成立助耕队，排以下设助耕小组。李达签发通知时又添上一句话：助耕部队要严守群众纪律，不准吃受助群众的饭食，不准遗失损坏农具。在这之后的两年，李达多次带领军区机关人员帮助群众修筑清漳河、浊漳河水渠，加固堤坝，平整河滩地，运肥送粪。其中从温村到庄上村的水渠长十余千米，被河北涉县人民称为将军渠。为扑灭蝗灾，太行军区成立了"打蝗司令部"。李达要求部队把捕蝗灭蝗当作战斗任务来完成，哪里蝗灾重就到哪里去。部队采取扑打、火烧、置水盆诱杀、挖蝗虫卵等办法灭蝗，很见成效。他还指示临近敌占区的军分区，派出部队帮助敌占区遭受蝗灾的群众灭蝗，并向他们传授打蝗方法。

10月30日，中共太行军区司令部支部召开全体党员大会，总结秋季生产工作，并通过一项决议，要求共产党员从四个方面学习李达艰苦奋斗、战胜困难的模范作风，即：一、坚决贯彻执行党的号召，在生产节约整风学习中处处以身作则；二、生活严肃紧张，战斗化、大众化，没有任何不良嗜好；三、对工作积极负责，细致耐心，有秩序，有条理，贯彻始终；四、爱护群众利益，遵守法令，关心战士生活。

12月，李达起草《1944年的战争指导问题》，提出1944年太行军区的总任务是："高度发展真正普遍而坚强的群众性的游击战争，而辅之部分有力的运动战，打破敌人各种进攻，并主动进击敌人，以保卫壮丁、保卫粮食、保卫生产、保卫根据地，积蓄力量，准备反攻。"从1944年年初开始，日军陆续从晋冀鲁豫地区抽调兵力，增援太平洋战场和进行打通中国大陆交通线的作战，许多重要据点交由伪军守备。李达认为：日伪军的部署变更，形成了一个可资利用的机会。他与李雪峰等军区领导研究后，制定了局部反攻的指导思想：继续夺取与逼退某些距敌占区较远、兵力薄弱的日伪军据点；向东发展，尽可能多地俘虏伪军，缴获其装备，扩充人民军队，扩大解放区。2月，李达指挥太行军区主力向盘踞根据地腹地的山西省武乡蟠龙镇日伪军发起攻击，收复已围困八个月的蟠龙镇。接着又指挥部队向榆社至武乡交通线出击，3月29日收复榆社县城，并扫清交通线两侧日伪军据点，同时对左权县县城进行围困。4月初，他又指挥军区部队一部向盘踞于水冶镇至林县县城公路沿线的伪军发起攻击，打击从城内外出抢粮之伪军，拔除城外据点，切断公路，断绝城内补给，迫其于14日弃城东逃。太行军区部队随即收复林县县城及水冶镇以西沿线据点。

为支援国民党军正面战场作战，积极向日军占领的城镇和交通线发起攻势，邓小平传达毛泽东4月22日关于开展豫西工作的指示，要求太行军区和太岳军区迅速向河南发展，收复陷于日军之手的豫西地区。贯彻毛泽东和邓小平的指示，李达于5月调集太行军区第四、七、八军分区部队围困陵川县城，数千群众自动赶来助战。5月29日，日军两个小队及伪"和平剿共军"一个团沿公路来陵川解围，遭太行军区部队伏击，被全歼。李达命令参战部队不要急于攻取陵川县城，要继续在打援上做文章。参战部队依令而行，连续截获运往陵川县城的粮弹物资，阻止了前来增援的日伪军一部。

与此同时，李达等太行军区领导迅速抽调两个团，组织豫西抗日独立支队准备南下，由皮定均和徐子荣分任司令员、政治委员。为减少部队开辟新区的困难，并尽量减轻豫西人民的负担，李达决定把军区历年积蓄的银圆拿出一部分，给独立支队做经费。9月初，独立支队从林县出发，下旬，击退伪军河防部队渡过黄河，接着突破日伪军的围攻，进入嵩山、箕山开展敌后游击战争。至10月底，建立了偃师、巩县、伊川、登封四个县级抗日民主政府和伊（川）洛（阳）办事处，初步打开了豫西的抗日局面。

日军击败国民党军、打通平汉铁路南段以后，马上调回部分兵力"扫荡"晋冀鲁豫各抗日根据地。李达分析：日军集中兵力"扫荡"根据地，其后方据点和交通线反显空虚，我军正可采取刘伯承惯用的战法——敌进我进，突入敌之纵深。他随即指挥太行军区部队向日伪军占领的城镇和交通线推进，在平汉铁路线上乘虚袭入石家庄、内丘和邢台车站；在正太铁路线上，袭击了寿阳县西南的马首、上湖车站及获鹿以西的微水车站；并攻克平定以北的义井镇，袭入和顺城，攻克功德旺、薄壁镇等据点。这一年，李达指挥太行军区部队先后作战4000余次，攻克、逼退日伪军据点和碉堡300余个，毙伤俘日军2000余人，毙伤俘伪军10000余人。

自日军奇袭珍珠港，太平洋战争爆发后，美军除在太平洋战场与日军角逐外，开始利用设在中国的军用机场轰炸日军目标。一些美国空军的轰炸机被击伤或击毁，飞行员跳伞降落在太行山区。美国方面提出：为了营救飞行员和观测气象，希望在八路军控制的太行根据地设立观察组。经中共中央同意后，美军观察组从延安来到了太行军区。

1945年1月上旬，李达与美军观察组惠特尔西上尉长谈，向其详细介绍了太行军区对日军作战的情况。尽管太行抗日根据地物质上有许多困难，李达等太行军区领导还是决定，在生活上尽量照顾美军观察组，双方建立了良好的协作关系。

李达到美军观察组看望美军人员时，发现他们不习惯吃中餐，就与生产部长张克威商量，尽量给美军观察组供应一些肉、蛋、奶。张克威执行了李达的指示，可机关的一些同志却想不通，提了不少意见："眼下根据地这样困难，连军区首长都经常吃黑豆饭，凭什么对美国兵特殊优待？""八国联军侵略中国，不是也有美国一份吗？"

李达听到反映，耐心地向同志们解释说："美军观察组来太行也是为了抗战嘛。把他们的生活搞得好一点儿，对抗战是有利的。"

有一次，美军观察组的一名军官来拜访李达司令员，看到李达吃的是粗粮，非常惊讶。他回到观察组一说，全体成员都很感动，他们开始主动帮助八路军做一些事。从此，共产党、八路军的高级干部从延安来前方，或是从前方回延安，都可以搭乘美军的便机了。

在李达指挥的安阳战役中，美军观察组呼叫了从西安起飞的两架美军轰炸机，在安阳城投弹轰炸了日伪军。这次轰炸的规模虽不大，却使日伪军大为震惊。因为多少年来都是日军飞机对抗日军民狂轰滥炸，想不到如今八路军竟也有了空中支援。美国空军配合八路军作战，这是历史上少有的。

后来，美军观察组撤离太行时，将一些当时比较先进的通信器材留了下来。这些通信器材为晋冀鲁豫军区部队所用，在解放战争中发挥了很大的作用。回想起李达优待美军观察组的往事，许多当时不甚理解的同志服气地说："还是李参谋长水平高，有远见。"

李达主掌太行山军区，不仅不失参谋长善谋远瞩之本色，更在长期的斗争中，展现出了卓越的统率指挥能力。

1944年中到1945年6月，八路军太行军区在局部反攻日伪的战斗中，取得了一系列胜利。在此基础上，太行军区决定扩大战果，发动安阳战役，痛击日伪。

1945 年 5 月 8 日，德国军队向盟军投降。中国战区已经开始向日军发起反攻。

八路军总部于 5 月 29 日发出指示，要求华北八路军各部队对敌展开更积极的攻势，"在主力兵团中确立正确作战观念，发扬顽强与攻坚精神"，在以消灭伪军为主的作战方针指导下，组织大规模的战役战斗，锻炼提高指挥员对正规战的组织指挥能力和部队的战术技术水平。

李达根据这一指示，与太行军区的几位领导同志一起研究制订了夏季攻势作战计划，即《夏季攻势作战实施纲要》。

几年来，日伪军一直在安阳以西地区修筑据点和碉堡，构成了一条针对太行军区的封锁线。这次安阳战役，目的就是要彻底摧毁这条封锁线。战役的作战对象，是驻扎在平汉铁路西侧的日军独立第一混成旅团一部和大汉奸李英的伪剿共第一路军两个旅、孙殿英的伪第六方面军暂第九师等。

李英是号称"东方佛朗哥"的伪皇协军第一军军长李福和的侄子。1938 年 8 月，李福和与日军长谷川少将、中峰大佐、植田大佐、小川少佐等，同时被反正的皇协军军官徐靖远、黄宇宙等击毙。李英一再向日军表示效忠，从而取得日军的信任，将李福和的伪军部队全数交给李英统领。李英自恃有日本鬼子撑腰，骄横跋扈，帮助鬼子"扫荡"，处处与八路军和抗日群众为敌，作恶多端，还经常口出狂言，不可一世。

李达集中了太行军区第三、四、五、七、八共五个军分区九个团的兵力。另外，还调集了林县、安阳、安汤、林北、磁武、涉县六个县的 6000 余名民兵和 2.5 万余名自卫队员。参战部队分成三个支队，第一支队和第二支队担任主攻，第三支队为预备队。

在向各支队负责人布置任务时，李达强调了这次战役与过去战役的不同：安阳战役主要是打运动战和攻坚战，以游击战为辅。要有意识地锻炼部队的攻坚能力，为即将到来的全面反攻做准备，为大部队联合作战积累经验。为打好这一仗，李达花费了几个晚上的时间，结合 1945 年上半年对敌攻势作战的经验教训，撰写了《关于进攻作战的一些问题》，指出部队现存的五个带有共性的薄弱环节和五条改进措施。这篇文章作为给参战部队的指示下发后,在安阳战役中发挥了重要的指导作用。

战前的准备工作相当充分,李达要求营以上指挥员和突击队的连排干部,都要到准备攻打的敌军据点前观察敌情,做到胸中有数。他自己也带领三个支队的指挥员到距离敌人只有 500 多米的阵地前沿,观察地形和敌军的布防情况。所有参战部队都按要求进行了十天的攻坚和村落战斗训练,各团还针对本部队的任务,进行了夜间袭击、野战动作、土工作业等演习。三个支队均不间断地派出侦察人员,到敌据点左近与敌占区侦察,随时掌握敌情变化。

为分散敌人的注意力,使其摸不清我军的主攻方向,李达商请冀鲁豫军区协同作战。冀鲁豫军区部队应约于 6 月 30 日至 7 月 3 日在平汉路东侧发动攻势作战,以六个团和五支游击队插入安阳与成安之间的日伪军纵深,使安阳敌军从北面受到严重威胁。

另外,李达还命令未参加此次战役的太行军区第一军分区和第二军分区,以其主力在元氏、获鹿、赞皇地区先期发动攻势;第六军分区在武安、沙河方向破击平汉路。这一系列行动,果然把日伪军搅得晕头转向,战役发起前,一直没有察觉我军即将在安阳发起较大战役的意图;战役已进行了一两天,仍未判明我军的主攻方向究竟在哪里。

6 月 29 日凌晨 2 时,安阳战役第一阶段的战幕拉开。一支队率先行动,夜间强行军 30 千米,突然向驻曲沟集的伪剿共第一路军第三旅旅部发动袭击。此谓"掏心战术",一交手就先打敌人的指挥中枢,而暂时置敌人的战斗部队于不顾。经五个小时战斗,伪第三旅旅部即被攻占,旅长杜有桢被俘。伪军部队群龙无首,随即被各个击破。

第二支队攻打驻水冶镇的伪第二旅旅部,战斗于 30 日 1 时打响。伪军旅部连同碉堡里驻有的日军一个"指导班"全部被歼灭。

这时,李达接到报告:安阳城内的日军已经出援,正向曲沟集运动。他马上命令预备队第三支队担负打援任务,到达距安阳十千米的北曲沟设伏。并亲自指示,日军援军中的士官训练队成员是日军中的骨干,装备好、战斗力强，但现在他们没有坚固工事做依托，正是歼灭他们的好机会。把这股敌人打掉，会在日伪军中引起强烈震动，一定要全歼！

下午，第三支队打进北流寺村中，战士们与敌人逐屋争夺，一登上屋顶，就把成筐的手榴弹运上去，一枚一枚地投向顽抗的日军。经数小时激战，百多名日军官兵除五名被生俘、五名自杀外，全部被击毙。不可一世的大泽大队长也丧了命。

7月1日，战役进入第二阶段，按照李达的部署，第一支队向南夺取北当山、九龙山、东善应等伪军据点；第二支队向北进攻石官、东鲁仙等据点；第三支队向众乐、李家岗等据点进攻。经过两昼夜激战，三个支队将安阳城以西、观台镇以南、鹤壁集以北地区内的日伪军据点尽数拔除。

第三阶段作战于7月4日开始。部队经过前一阶段的连续作战虽有些疲劳，但士气仍高昂。第一支队向南扩展战果，挺进汤阴县境内。7月5日支队主力强攻鹤壁集，全歼了伪第六方面军暂第九师第二十六团。继而又乘胜追击，在三天时间里攻下了赖家河、黑塔、北唐仲、时丰、大湖、鹿楼集等伪军据点。

观（台）丰（乐）铁路一直被侵华日军用来运输六河沟煤矿生产的煤，这对于日军的侵略行动有着至关重要的经济价值。李达命令第二、三支队破击观丰铁路，断其经济后路。近万名民兵和自卫队员配合支队官兵拆除、搬走铁轨，烧掉枕木，连路基也给铲平，把观丰铁路变成了一条支离破碎的死蛇。李达也来到破路现场，鼓励战士、民兵、自卫队员尽量多拆除铁轨。因为这些铁轨运回太行山以后，可以再行锻造，制成枪炮打击侵略者，或制些农具帮助农民恢复生产。

观丰铁路沿线的伪军据点，也被第二、第三支队悉数拔除。驻防伪军或被歼灭，或逃往观台、丰乐。观丰铁路被彻底破坏后，李达和李雪峰于7月7日命令各支队停止作战行动。7月9日，安阳战役结束。

安阳战役取得了辉煌的战绩：共毙、伤、俘日伪军3000余人，收复国土1500余平方千米。

安阳战役的胜利鼓舞了抗日根据地的广大军民。人民群众兴高采烈敲锣打鼓为部队庆功，不少村镇的父老乡亲送来猪肉、羊肉、烧酒、纸烟慰问部队。边区政府决定：参加安阳战役的部队一律免除三个月的粮食生产任务，每个指战员奖励十斤粮食。这在当时已是很了不起的奖励措施了。

1945年8月6日、9日，美国向日本广岛、长崎投掷了两枚原子弹；8月8日，苏联政府对日宣战；9日，苏联红军出兵东北进攻日本关东军。日本帝国主义四面楚歌，最后崩溃的日子到来了。

8月10日晚上，李达正在军用地图前考虑太行军区部队的进军方向，作战参谋来报告：美军驻太行军区观察组的李翻译收听到国外英语广播，日本政府已经向同盟国发出乞降照会。稍后，《新华日报》记者组也收听到了新华社播发的消息，以及朱德总司令发布的大反攻一号命令。记者组将朱德总司令的命令记录下来，急送李达。命令要求：解放区武装部队向其附近城镇交通要道的日伪军发出通牒，限期向我军投降，如遇拒降抵抗，即予坚决消灭。

8月12日，李达、李雪峰向太行军区周围的日军和伪军发出最后通牒。通牒要求：

一、所有日军部队接获本通牒后，应立即停止抵抗行为，并于一定时间就地指派代表，与各地驻防之我军接洽投降事宜。

二、所有日军部队应在原地听候处理，不得移动，全副武装应立即缴出，不得缴予八路军以外之部队，否则本军概不负责。

三、不得武装居民，其已武装者，应立即缴械。

四、不得破坏武器、仓库、资财、交通、企业以及一切公共建筑等，或转卖与第三国人员。

五、不得虐杀盟国俘虏与中国人民。

凡日军部队遵守上述条款者，本军当根据优待俘虏条例给予生命之保护；倘有意违者，即坚决消灭之，或按战争罪犯予以严惩。

8月15日，日本政府宣布无条件投降。

解放战争时期，李达先后任晋冀鲁豫军区参谋长、中原军区参谋长、第二野战军参谋长兼特种兵纵队司令员和政治委员，参与指挥了上党战役和邯郸战役。

中华人民共和国成立后，李达任西南军区副司令员兼参谋长，后兼云南军区司令员，参与领导歼灭国民党残余武装力量和土匪及争取和平解放西藏的工作。1953年参加抗美援朝，任中国人民志愿军参谋长，参与组织指挥了夏季反击作战。1954年后，李达历任国防部副部长兼中国人民解放军训练总监部副部长、国家体委副主任兼国防体育协会主任、中国人民解放军副总参谋长、中央军委顾问。

李达1955年被授予上将军衔和一级八一勋章、一级独立自由勋章、一级解放勋章；1988年7月被授予中国人民解放军一级红星功勋荣誉章。

第三节 光头将军——刘玉章

1926 年 3 月，就在后来以"关铁拳"闻名的陕西人关麟征担任步兵科第六连上尉连长的同时，一个朴素的陕西农家子弟刚刚被编入黄埔军校第四期学生总队步兵科第二团第一连。此时，同是 7 月，黄埔军成，挥师北伐，关麟征以宪兵团副团长的身份参加北伐，而这个羞涩的陕西娃也提前由军校毕业，于 10 月进入北伐军东路军总指挥部特务营第二连担任代理排长，从此开始了一个农家子弟年少时从来没有想到过的军旅生涯。这一投笔从戎之举，竟开启了他 50 年的戎马生涯。从长城抗战到日本无条件投降，他身经百战，以"光头悍将"的绰号而驰骋抗日战场，再一次见证了陕西楞娃的勇、猛、狠、准之军事才能。但在军伍生涯之前，他竟是一个不折不扣的书生，国文根基深厚，写得一手漂亮、古朴的文章。

此录其自传《戎马五十年》之自序，以见一斑：

岁月不居，时序如流。忆余自投笔从戎迄今，忽忽已五十年于兹矣。戎马生涯，于役南北。抚今追昔，感喟良深。盖余以矢志报国，投效于革命阵营之中，喜请缨之愿达，愧志业之未酬。碌碌岁月，马齿徒增。而征尘战影，时萦梦寐。师友袍泽，则咸以余身经百战，壮怀激烈，往事前尘，颇多可记，辄以撰述回忆录相嘱。盖一则或可补当时战史之缺遗，以助国人之视听。一则追述战迹，察往知来，以为现从事于戎行者之参考，于其练军作战，或可有所借鉴。屡加督促，盛意殷拳，何敢以不文辞。慨征战以来，昔之同袍战友，流血牺牲，断肢裂肤，委骨草莽者，何可胜数。若不表彰，留资纪念，共申景仰之忱，又乌足以扬忠烈而励末俗。此固后死者之职责，亦本书撰述之另一初意也。往事萦回，万绪千端，何可倾述。惟记其大略，以示不忘，并资惕励。世变方亟，国步艰虞，吾人有生之年，皆当有以自效。报国之责，固无时或已，此又余素志也。

"悟已往之不谏，知来者之可追。"邦人君子，幸赐明教，实深企幸。

正是这样的书生从戎，又所幸战功累累而能身全意坚，并执笔著述以遗后人，才使我们能拨开层层历史的尘埃，对那场卫国战争中做出卓越贡献的陕西将领们多一些认识。

辛亥年，革命风起云涌，陕西的"反正"也如火如荼。陕西兴平县①安顺乡九岁的童子刘玉章（号麟生）还是按照旧俗入了白家宫村私塾，启蒙就读。先念《弟子规》《三字经》《孝经》，后继续读四书、《诗经》等书，天资聪颖的麟生，四年即读完了以上各书，均能滚瓜烂熟，背诵如流。塾师即为其开讲书中奥义，并陆续讲授古文和诗词，诸如《论说入门》《论说指南》《古文嚼凤》《古文观止》《东莱博议》等。少年麟生正读得兴致盎然，不料学制改了，学生要读官方颁行的初级国文课本，顿觉索然无味，遂入县草堂寺师从理学家刘遇仙，习得文章练达。麟生从小身体健壮，就读草堂寺时，曾习少林拳术，同学中几乎无人敢与其角力，可谓德智体全面发展的优秀青年学生。1921 年，他考入西安敬业中学为插班生，临近中学毕业时，有黄埔一期学生黎明甫等三人，从广东回到西安，在学校内秘密鼓吹革命，宣扬主义，更对黄埔军校的光辉灿烂讲述尤多，使其心向往之，遂萌生投笔从戎之念。

1925 年，22 岁的优秀生刘玉章做了人生一个重大的决定。远离家乡，投奔南国。迢迢万里，这在交通困难的情况下，实在是一件不太容易的事。

①今陕西省兴平市。

迟至1928年，泾阳人冯润璋发现从上海坐邮轮和火车抵达日本东京去留学的全程票价还不到20元，竟比回陕西的旅费还要便宜，因此只好放弃回家的打算转而去留学了。彼时国内旅行的费用也就可想而知。

当时的中国社会，地方军阀丛生，青年学生的"学而优则士（军人）"蔚然成风。南方孙中山创办黄埔军校，欲揽天下有志青年共举革命大旗，打倒军阀。在中原等地招录学生，一经录取即资助往广东入学黄埔军校。刘玉章显然得此一时期之天时地利，不仅途中得到朋友资助，到达开封参加考试，也仅考了一道时事的国文题目："独裁制与委员制孰优孰劣？试胪陈之。"在揣度"独裁大概是指一人的专权理政，委员制是说几个人商量办事"后，尝试答卷，竟如愿被录取。随即从招生办事处领取了20元旅费，先从开封到上海，再搭船前往广东，穿上灰色制服，正式成为黄埔军校第四期学生，站在他戎马一生的起点上。

"怒潮澎湃，党旗飞舞，这是革命的黄埔……"每日伴随着康慨激昂的校歌，身体强壮又食量大的陕西人刘玉章慢慢适应了南方人每天轻量的早餐带来的饥饿，更以己身感触之深，在后来带兵中，从不严格限制进餐时间以免影响官兵健康。也唯恐点名、放哨操练中出现差错而被开除，认真谨慎地遵守着学校的一切规章制度和努力学习着各项军事知识。有一次晚会，因为不小心碰到坐在凳子上的一位同学，对方却不依不饶，出言羞辱，练习少林拳的刘玉章忍无可忍，向对方脸上打了一拳。吃了禁闭后，深为惶恐，此后即遇事极力容忍，但革命信仰坚定，竟练得个踏踏实实、勇而不骄、心无旁骛的本领。在以后的军旅生涯中，凭着这点儿实在劲，一路自排长至师长、军长。多年后，他忆及那段黄埔时光，还视之为其一生之黄金时代。

屡伤不言败

1926年金秋10月，刘玉章黄埔军校毕业，被分配到北伐的东路军总指挥部特务营第二连当见习官，代理排长。1927年1月，奉调至第三师第八团五连，担任指导员兼排长并初次参加作战。8月，在龙潭战役中首次负伤，腿部中弹，伤愈后身先士卒，负伤不退，作战勇敢，实授第三师第八团第一连上尉连长。

1928年4月，蒋介石复任国民革命军总司令，继续北伐——第二次渡江北伐。刘玉章调任国民革命军第二师（师长顾祝同）第五旅第十团第一营少校副营长兼第一连连长。1929年3月，率部参加蒋桂大战。

1930年春末夏初，刘玉章又率部参加蒋、阎、冯、李的中原大战。于曹县附近与阎、冯军作战中，临危受命，义无反顾，及进至第一线后，令部队卧倒，刘玉章站起向二、三连官兵高喊："营长命令：第二、三连归我指挥，准备冲锋！"当第二次重喊尚未完毕时，即中弹倒地，一时痛不可忍，反复翻滚于麦田中，仍嘱该连戚明仁排长，代负指挥之责。不幸戚排长站起准备冲锋，尚未举步，即中弹阵亡。幸赖士兵多为久战斗士，沉着老练，在连排长伤亡殆尽、无人指挥的状况下，仍能各自奋战，将敌军击退。刘玉章随后被送至曹县，在一所天主堂医务所换药。后辗转送南京中央模范医院，出院归队之时，刘玉章的头发大部脱落，第二次负伤后，竟在朋友中得了个"刘光头"的绰号。

1932年3月，自黄埔毕业以来，刘玉章深感终年奔驰战场，虽在战斗中获得诸多经验，但在个人学术修养方面，则无暇亦无机会进修。遂以此时职务比较清闲，部队也在整训期中，申请进入南京中央陆军军官学校高等教育班受训。毕业后，出任第二师（师长黄杰）第四旅（旅长郑国洞）第八团第三营少校营长，驻防洛阳。此期间，刘玉章完成人生婚姻大事，回家乡省亲。不料，拜见父母与新婚燕尔之趣，随即为华北地区出现的日本军事行动所打破。

刘玉章也奉命率部开赴长城抗战第一线。在抗战前线，刘玉章时时站在所部第一线，竟三次负伤，而皆幸免于难，屡返战场，是一步步从抗日战场上成长起来的将军。

古北口之战

1933年3月，日寇窥伺古北口，情况日益紧急，刘玉章率部随第二师急行军继而强行军赶至长城古北口以南之南天门，接替先期到达古北口附近布防的关麟征师长的第二十五师防务，与日军对峙。其时春寒料峭，官兵兼程急进，饥寒交迫，疲惫不堪，落伍者络绎于途。某些营，到者竟不及半数者，刘玉章营幸尚有四五百。

此前第二十五师由古北口向南天门转进时，有一班士兵七人，在将军楼子古堡中，誓死不退，日军劝降亦坚不屈，终于全班殉国。日寇惊服壮烈，特为我殉国英雄，立碑修墓以作纪念，题为"支那七勇士之墓"。这一段可歌可泣的忠勇事迹，既成为第二师将士之激励，也再现了局部抗日时期的抗日国军之英勇无畏精神。

4月20日，中日谈判破裂，日军向南天门之线再兴攻击。刘玉章营的预备队阵地，首当其冲成为第一线。日军一个纵队，连续两日对其猛烈攻击均未得逞。第三天，该营右翼可为依托的制高点，被日军攻占，骤然形成对全线的极大威胁。于是该营以预备队实行逆袭，向该高地之敌猛烈反攻，同时因伤亡过重，向团长请求增援，但连续两日增派四个连，此时团已再无兵力可派，乃由第七团抽调两连，做第三次增援。总计增援兵力，先后已达两个营之众，连同迫击炮连，共为11个连。除迫击炮连李友于连长外，其余十位连长，非死即伤，战斗激烈，伤亡惨重。刘玉章仍严饬其部速返原阵地，继续奋战，不得擅离。至26日，奉命率部随第二师撤出南天门阵地。该战役，第二师伤亡官兵3000余人，尤以刘玉章第三营牺牲最为惨烈，官兵伤亡达三分之二。刘玉章也右臂中弹，送至华北医院医治。伤愈后一度参加庐山军官训练团，随后返回北平，向部队报到。

1937年日军进攻卢沟桥，发动全面侵华战争。

陆军第五十二军（军长关麟征）下辖第二十五师、第二师，奉命开赴保定布防。刘玉章此时在第二师（师长郑洞国）第六旅第十一团任副团长。该团奉命驻保定东南的高阳构筑工事备战。然工事尚未完成，日军就开始南犯，平津已进入日寇侵占的范围。

日本的全面侵华，是有备而来。而国民政府军却缺乏应有的军事准备和训练，战争初期，就有不少部队长们惊慌失措。而刘玉章却以其英勇无畏、尽职守责又善于思考变通渐渐于抗日战场上展现出其稳重又灵活的军事才能。就在第四旅奉调由保定地区转进时，因为各友军部队挤在一条路上，除第五十二军的两个师外，尚有第四十七师及其他部队，情况比较混乱，而部队间协调不到位，少数部队长竟脱离部队单独乘骑争先飞奔。刘玉章目睹之后，十分痛恨。如对初次遭遇日军战车而惊恐后撤的第二营营长宋梦法就忍不住痛骂。又见第四旅第七团团长（司徒某），竟然一口气独自逃至石家庄，以致行踪不明，使全团失去指挥掌控，刘玉章（此时任第二师第六旅第十一团副团长）挺身而出，在此困难情形下，整队收容，南行约 15 千米，休息时略做精神鼓动，说明部队混乱之危险性，称部队不论大小，绝不可乱，尤其在转进的过程中，乱则风声鹤唳，战斗力全失，是最为可怕的。遂使第七团在团长先期逃窜失踪之下，稳定下来。两天后，刘玉章即因功奉调升第四旅（旅长为赵公武）第七团团长，率部进驻磁县布防，日军也跟踪追蹑，磁县旋即告失陷。漳河水浅河窄，不足以构成重大障碍，第二十五师在此就曾有过激烈战斗，很快被突破防线。刘玉章团随即受命反攻，试图收复阵地，战斗一开始，即受到日军优势火力的压制，进展极为不易。刘玉章遂采取"向危险方向前进"的原则，始终亲莅阵前，某营紧急，就赶到某营；某连前进缓慢，即赶到某连，东奔西驰，到处做"精神预备队"，但是仅能消极阻止，仍无积极进展。

刘玉章虽作战勇猛，屡屡负伤，却也不是莽汉一个。在战斗间歇中，他善于琢磨，时时总结、反思，积累带兵作战的经验。这次反攻中，虽以"精神预备队"的方式，在第一线激励了将士英勇作战的士气，但反攻的效果并不如意。刘玉章遂对两次部队行进的经验进行总结，并在第七团做出严格规定：对各营规定行动路线、时间，以及后方集合地点，要求迄夜12时许，各营均准时到达，不得有误。次日，因作战英勇、撤退有序受到旅长赵公武将军的嘉许。刘玉章也深刻体悟到，在战场上，"临危见胆识，患难知人心"。凡战必亲临第一线指挥，身先士卒，对部队既要严格有序，又要爱护有加，才能把握指挥统御之诀窍。因此，他虽然到第七团不久，但很快就获得长官信任、部下爱戴。在此后的抗日战场上，其所部将士皆以长官为表率，英勇杀敌，严整有序。

徐州会战两负伤

1938年2月，刘玉章部徒步行军由河南舞阳、周家口经安徽颍县、亳县转至徐州以北，参加徐州会战。

徐州是津浦、陇海两大铁路干线的交会点，又临近京杭大运河，为华北、华南和华中之间的交通枢纽，战略地位十分显要。若控制住徐州，就能确保横贯东西的军事大动脉陇海线畅通，利用该铁路线继续进行东西南北的战略物资和人员大规模调运，还能阻断南北日军占领线和占领区的贯通，并有利于实施对杭州和济南两大方向日占区的夹击反攻。反之，若徐州被日军占据，日军全线贯通津浦线，就可以利用铁路运输和机械化优势，轻易进行南北兵力和物资调运，可以从整个铁道线任意选择薄弱环节进行推进，大大提高作战能力。特别是通过和陇海线的配合利用，更容易向平汉线推进，进攻郑州和武汉地区，打击中国军队的主力部队和抵抗能力。

徐州会战实际上由两大阶段构成：一是以台儿庄战役为核心的鲁南会战，这阶段中方取得了轰动中外的重大胜利；二是台儿庄大捷之后，日军以徐州为中心部署的徐州会战，涉及山东、江苏、安徽、河南，这一阶段中方被迫突围。其中，鲁南会战包括临沂保卫战、滕县保卫战、临城争夺战和台儿庄大捷等主要战役和战斗。

当时日军在鲁南广大地区，仅有一个师团之兵力，采取点线分散配置，形成"备多力分"，因此，国军在这一区域的作战，系采取攻势防御，对日军不断予以袭击。我军抵达台儿庄，与韩庄的日军对峙。约一周后，刘玉章团奉命，向峄县挺进。前进途中发现峄县东约5000米之九女山已为日军占据，地形险要，易守难攻。在稍行侦察后，即展开攻击。敌居高临下，我军无法进展，且死伤甚重，全团兵力几已全部使用，最后仅有的特务排，亦投入战斗，终未奏功，入夜停止。翌日，奉命变更任务，改向枣庄前进。枣庄东方，一般地形平坦，另有一孤立的小山，面积约500平方米，标高约百米，形似僧帽，有日军一部据守，初步判断其兵力约一个排，曾由第十二团攻击，未能攻取，且伤亡惨重。次日复由刘玉章团续行攻击。刘玉章依敌情地形，并参研第十二团攻击详情，集合全团干部，分析认为，敌人兵力单薄，但地形开阔，不利于白昼行动，决定实施夜袭。当晚开始行动，各营连均能按照指示，静肃行进，午夜时，抵达山顶，殊意竟一片空寂，了无动静，始知敌军已趁夜撤离，劳而无功。此后，由于日军在鲁南方面增加两个师团，一为板垣师团，一为矶谷师团，第五十二军遂变更原采取的攻势防御为阵地防御，全军在邳县以北地区东西向，占领阵地，构筑工事。刘玉章团则在该地区利用地形及当地民众关系，巧妙旋回活动，每于黄昏之后，埋伏公路两侧，俟机奇袭。但连续守候三夜，无所获。随后因奉令归还建制，刘玉章考虑在日军战线钻隙的情况下，昼间无法实施，唯有于夜间潜行，依照之前的转进经验，刘玉章对部队进行严格部署，有序夜行。一夜之间，行约百里，越过日军占领区，顺利进入我军的防御阵地。

旋即在一夜疲劳之余，奉命接替第二十五师大袁庄、涧下沟的阵地。此时刘玉章团兵力仅余第一营的 300 余人，第三营不足 200 人，第二营比较完整。彼时，张官庄、小袁庄、连防山及虎皮山一带阵地，已先后失守，大袁庄阵地地位突显，刘玉章遂派第三营接替。派第一营接替涧下沟防地，团部率第二营，驻白果树村。

以夜奔疲惫之部队，争夺业已失守之阵地。在抗日战场上，这样艰难的任务比比皆是，也因此写下了无数可歌可泣的惨烈牺牲之战歌。刘玉章一向英勇无畏，但是也不想自己和团部动辄蛮拼蛮干。他的个性是宁吃亏而不肯服输的。他相信没有冲不破的难关，即使在无办法中也必须把握现实，悉心研究，想出一个办法来。他认为，抗战时期的国军装备训练以及干部素质，都远不如日军。要在战场上胜敌，只能有赖于指挥官的经验与智能，与适时适地的临机运用。刘玉章判断大袁庄阵地极为重要，日军次日晨必重点进犯该阵地，遂决定振作部队信心、积极部署、加强工事，还特地亲至各营直接向部队讲明内容，其要点如下：

一、敌情：日军本日未实施攻击，当是在实施整补并调整部署中，明日拂晓，必将继续进犯，依例先行炮击，掩护其步兵行动。

二、工事：为防敌之强大炮火而减少伤亡，必须加强工事。工事构筑可利用的时间，只有今夜，要不惜辛劳，赶筑完成，所谓多流一点儿汗，少流一点儿血。各工事位置，应选定于村落边缘、房屋内侧的墙角部分，以侧斜射为主并注意隐秘。在墙角内侧，地面上30厘米处开掘射口，并于墙外侧伪装；墙内射口处，掘散兵坑，上覆门板等，板上加土，即使房屋倒塌，坑内仍可安全，并可防火。另砍伐树枝等，阻塞接近我工事之一切通路，并用火力封锁，使敌无法骤然冲入。

三、火力：射击采取"两短集火"要领。所谓两短是"距离短""时间短"。把握此"两短"，集中发扬最大威力。特别规定：敌人未进入百米内，严禁射击，违者邻兵即将其刺杀。班排长须严格执行此一射击军纪，凡能自动刺杀敌尚在百米之外我先发射者，晋升两级。

四、信心：第三营人数虽少，但歼敌全凭火力，如郭永连，虽只有战斗士兵12人，但四挺轻机枪齐全，每枪分配三人，火力并无减少。其他各连，缺员少，战力更强。只要我们坚定沉着，严守射击纪律，有效利用自动火力，敌人同样是血肉之躯，必可将其歼灭于阵地前。在防御工事内，人少反可增大活动空间，减少损害，更不失为一种优点。

五、保密：一切作为，要绝对秘密，尤其在规定发射距离前，不得暴露，因为违反规定的射击，就是替敌供给情报，报告自己的位置；负伤者不得喊叫，保证入夜后后送。

次日拂晓，果不出所料，日军先以猛烈炮火轰击大袁庄，刘玉章严令第三营坚守，不得后退一步，否则军法从事。迨敌炮兵射击告一段落后，敌兵约一个营，分三纵队并列，向大袁庄前进。到距离我军阵地前20-25米时，事先部署的守军集中全部武器火力，以排山倒海之势，万箭齐发，日军一时仓皇不知所措。卧倒的卧倒，奔跑的奔跑，乱成一团。战斗持续数分钟，日军遗尸约200具，内有中队长三人。缴获步枪80余支，手枪十余支。此一战令刘玉章对自己"建立信心""确遵指令"的战略和"两短集火"的战术思考坚定了信心。

台儿庄大捷，配合友军参加鲁南作战结束后，刘玉章部随第二师第四旅向徐州转进。徐州会战也进入第二阶段。旅部行军序列中，第八团在前，旅部居中，刘玉章团殿后。次日拂晓，突然遭受左侧占据刘庄的日军袭击，处于队伍之尾的刘玉章团第一营首当其冲。刘玉章乘马被击中而坠地，随即利用一坟墓掩护，用口令指挥部队迎敌。入夜后，正在命各营整顿，重新部署，准备对敌实施夜袭之时，身边围墙被敌炮击倒，刘玉章被覆压，旋被挖救，仍忍痛继续指挥作战。至拂晓，进驻徐州北车站附近的村落。因连日行军作战，疲困之余，在进驻民宅后，即呼呼入睡。不久，大批敌机来袭，将住处两隔壁炸毁，刘玉章再次被覆埋于瓦砾中。后经卫士奋力拖出扶起，右大腿被弹片炸入，全身尚有伤十数处，仍带伤指挥部队与敌激战，终将敌击退。

1938 年 5 月，徐州会战结束。战后不久，刘玉章因功获国民政府颁发"因鲁南抗战诸役，最为勇敢，卓著战绩"华胄荣誉勋章一枚。

刘玉章与抗战时期其他陕西将军相比（譬如关麟征将军），除同样都有英勇无畏之精神，求胜之坚定意志，凡战必身先士卒、纪律严明的风格外，还因为刘玉章职务尚低，时时处在作战第一线，随时有牺牲的可能，但却不蛮勇蛮拼，而能善思善学，钻研战略战术，每每一役，必有反思和总结，并在随后作战中付诸实践。也似天佑，竟能屡屡负伤而能保全，于抗日战场上始终坚持。

在获颁华胄奖章时，刘玉章团正驻咸宁，军校四期的同学刘梦廉从陕西率领新兵千余人，补充入刘玉章团。不久，团部即奉命向江西瑞昌开拔参加武汉会战。沿途夜行军中，刘玉章就一面行军，一面训练教育新兵。而训练这批新兵的内容，正是其于徐州会战后思考研究的一套经验。兹录于下，以飨读者：

> 我们在过去抗战诸役中，经常伤亡惨重，经悉心检讨，体认到日军的训练，尤其战技，确高我一等。"兵在精，不在多，将在谋，不在勇"。依此自忖，必须求得有效的对策。所谓"失败是成功之母"，经研究后在防御部署及战斗方式上应行改变，其概要如次：一、团防

御主阵地，仍须妥为编成，力求坚强，而确能固守为目的。二、团前进阵地必须：（一）最少选择三个以上据点，尽可能亦做坚强之设施。（二）兵力使用至最少限度，依状况，少至一班，多则一排，但火力应尽量加强，不受编装限制。（三）官兵必须视同主阵地之观念，应有与阵地共存亡之决心，射击应确遵"两短集火"之要诀歼敌。（四）此部队，除由团长亲自指定外，并当面做特别指示，以增强信心。三、前进阵地部队派出前，对该官兵精神讲话要点：（一）前进阵地存在，主阵地不但能确保，并可继续加强其工事及设施，由小部队掩护大部队（主力）之安全，其责任当较主阵地尤为重要。（二）由我们每次作战经验之事实所见，凡人数愈少则愈为安全，因为：1.活动空间范围大，易利用良好地形地物。2.目标愈小，敌炮火愈不易命中。3.敌人不会使用大量炮火轰击小目标，而得不偿失。（三）临时增配武器，虽人数少但火力增强，使敌认为小部队，但以少攻之则不克，以多攻之则付大代价而不值。（四）对守阵地，以我血的经验："只要你不退，敌人绝不敢来，也绝不可能来。"

该团以后在武汉会战的瑞昌之战中，即开始以此种部署实施，收效颇为显著。

1939年9月，刘率部参加第一次长沙会战，先后在新墙河、汨罗江南岸及长沙以北地区阻击日军。刘玉章因战绩升任第五十二军第二师少将步兵指挥官（彼时部队建制撤销旅一级）。

1941年春，刘玉章奉命担任长沙警备司令，以第二师及第二十五师各一个团为基干，编为警备部队。是年秋，日军进犯广西昆仑关，第五十二军移师广西增援。警备任务解除，警备部队亦同时归原建制。1942年春升任第二师师长，随军移驻云南文山。在文山，关麟征将军为打破兵团部的部队界域，均衡战力，及加强各师间精诚团结，乃以团为单位，在师与师间互相对调，将刘玉章第二师所属三个团，除留第四团外，第五、六两团分别编入第二十五师及第一九五师，而将第一九五师的胡晋生团编为第五团归第二师，第二十五师的平尔鸣团编为第六团归第二师。与一般视此举为打击异己的看法不同，刘玉章视这种调整为"彼此调配糅合，长短相补。合个别之优点，为整体之优点，实为统御上的卓越措施"，足见其质朴、忠厚之品格。

对于当时兵团部趁滇南战况沉寂而进行的军事训练，刘玉章与关将军有着共识，并在训练中敦促部下积极操练，毫不懈怠。其中，兵团部针对以后的作战需要，第一着重射击教育，部队各种武器均须举行比赛，用比赛方式掀起训练高潮，以促精进。比赛前先给各部队以相当的训练时间；比赛后绩优者重赏，低劣者重罚。其次是近战（含刺枪与手榴弹投掷）、夜战行军、匍匐前进，以及各种体操、器械操等战技与体能锻炼，均逐项于部队各阶层间举行比赛。刘玉章特别重视射击教育，他深感在历次对日军作战中，日军往往以战技精良、弹不虚发，使我军遭受重大伤亡。战斗中除短兵相接外，主要为射击，白刃战的机会究属不多。故令部队在行军时，必须携带各种射击教育器材，利用大小休息时间，使士兵练习握枪把、瞄准、击发等动作。刘玉章曾用打趣的口吻鼓励士兵说："你们休息不过是坐着，练习射击可以躺着，躺着休息不比坐着更好吗？"结果在屡次比赛中，第二师成绩显著。

1945 年 8 月 15 日，日本正式宣布无条件投降。9 月，刘玉章师奉命进入越南接受日军投降，驻军海防。10 月底，奉命由美国第七舰队的特遣运输舰队从越南涂山港北运。11 月抵达秦皇岛，出山海关，与第十三军合作攻占绥中、新城、锦西等地，至 11 月 26 日入锦州。后撤至台湾，刘玉章一直担任台湾防守之要职。1967 年，升任台湾"警备总司令"。1981 年 4 月，病逝于台北。

第四节　老虎将军——王劲哉

1938年春天的台儿庄大战，李宗仁以40万绝对优势兵力与日军决战，战斗异常残酷。日寇动用飞机、大炮、坦克强行占据台儿庄三分之二地盘，李宗仁部死守三个月，弹尽粮绝，斩杀日寇两万人，取得台儿庄大捷。就在全国军民沉浸在胜利的喜悦中之时，第五战区却凶机四伏，日军为报一箭之仇，派出大部队追杀李宗仁。5月13日，时驻防商丘一带一支部队的师长，奉命率数千将士，开赴鲁西曹州（今菏泽市）前线参战。当时，日军由济南分几路进军，已包围了徐州，同时西进曹州、考城，直扑开封，企图切断陇海线，以绝徐州李军的退路。激战至18日，该师有力阻击了日军，掩护李宗仁将军顺利脱险。该师部队也损伤惨重，史称曹州解围战。此一役，令蒋介石对这支部队刮目相看，遂将该师由杂牌军改编为蒋介石的嫡系部队200个正规师之一，授予的番号是1932年1月28日的淞沪抗战纪念日，即国民党中央陆军第十三军第一二八师，划入豫鄂边区总司令汤恩伯的第三十一集团军序列。而该师的师长，正是有王老虎之称的陕西籍将领王劲哉，此人也是当年在"西安事变"中激烈主张杀蒋的一员猛将。王劲哉是何许人也，竟让蒋介石能在此抗日之际，不计前嫌，愿意授予其如此殊荣，加以笼络呢？

王劲哉，原名王步礼，1897年出生于陕西省渭南县①阳郭镇康坡村

---

①今陕西省渭南市。

一个贫农家庭。自幼胆识过人，非比寻常。据其家族后人称，王劲哉弟兄共四人，劲哉为长。家里所在的旱塬上，坡陡沟深，常有狼、獾等凶猛野兽出没。每当日落西山，村民们就赶紧闭门关窗，而小名虎子的王劲哉对此却不以为然。为此，其父总是骂他："浑小子，当心被狼叼去。"每次，他都不服气地顶嘴说："走着瞧，看是狼啃我还是我啃狼。"

后来，他在一个远近闻名的猎户手里，讨得一副套狼的铁夹子，偷偷安放在野兽经常出没的松林里。一日，在家睡觉的他，听见村民呼喊"夹住狼了，夹住狼了"，就拿起一把锄头，没命地朝安放夹子的松林跑。到现场后，看着村民们只敢评头论足，不敢上前打狼。他着急地喊："打死它，打死它。"见仍没人响应，就挥起锄头，向狼头猛打一气。最后，野狼被他打死了，人们都说他"有能耐，胆子大"。虎子想起在父亲面前夸下的海口，就借旁人的斧子砍下一条还有余热的狼腿，猛啐一口说："怎么还是臭的？"其父见状，猛一跺脚："老王家怎么出了个你这样的精怪！"

及长，这个父辈口中的"精怪"果然有着富有传奇色彩的一生。

从西安单级师范学校毕业后，好玩枪弄棒、习拳练武的王劲哉决不愿做个教书先生，随即入陕军马青苑团任排长，后入陕西陆军讲武堂学习军事。

1925 年后，王劲哉先是进入陕西靖国军任连长，后加入杨虎城的第十七路军，从营长一直升到西北军第三十八军第十七师第四十九旅旅长之职。1930 年在干县剿匪中，王劲哉因战功卓著升为团长。1932 年 9 月，十七路军陕西警备师师长马青苑在天水叛杨。杨急调陕甘边部队第十七师（师长孙蔚如）征讨，王率第九十八团疾驰陇南，于徽县、成县等地打败了警备师主力。攻打定西城时，王劲哉搭云梯攻城，三上三下，口叼大刀，城上敌匪惊呼："没见过这么厉害的兵！"慌忙弃城逃走。第五十一旅旅长赵寿山赞他"像老虎一样"。从此，王劲哉在军中赢得了一个响亮的外号——王老虎，并被杨虎城提升为第十七路军第三十八军第十七师第四十九旅旅长，辖部九十七团、九十八团、补充第一团共三个团。

1936年"西安事变"发生时，王劲哉力主杀蒋。然而，在张学良送蒋介石回南京后，王劲哉于1937年1月某晚，率所属基本部队第九十八团及补充第一团的一部分官兵脱离第十七路军，宣布隶属中央。因事出突然，故第九十七团及补充第一团大部分官兵未能接到命令，因此随其投效中央的官兵不到2000人。所部先赴西安市以南的王曲地区，旋即奉命调驻河南省巩县、荥阳地区，奉命改任新编第三十五师师长，兼任开封警备司令，受国民党中央军刘峙指挥。

此后，王劲哉在抗战杀敌和自保除异之间留下了众多话题，令后人对其功过评说难以一致。其骁勇善战足令日军胆寒，其残酷无情亦令异己者齿寒，成为陕西籍抗日将领中最为传奇的一位将军。

初试开封，解围曹州

王劲哉率部驻防开封城，即以辣手整顿地方风气。

此时国军前方将士正为抗日浴血疆场，伤亡惨重。部分伤患官兵集中在开封郊区军医院治疗，开封成了一部分伤患治疗运转中心。此间，有少数伤患官兵经常进出开封城垣，在公共场所滋事，军宪劝告无效，商民不堪其扰。王劲哉见此，即对各医院伤患官兵，先礼后兵，善意劝导，仍是效果不佳，随即施出杀手，先后下令捉拿为非作歹者数百人，在开封广场集中起来，让士兵一一用刺刀捅死。此举震慑之效果很大，王劲哉随即于开封城内外张贴公告：

1. 凡进出开封城的伤患官兵，必须持有其医院证明并注明日期时限。

2. 一般官兵凭其部队官兵外出证，经城门卫兵验证放行。

3. 违者予以拘留，通知原发证单位派员带回；如无证，伤患及一般官兵不准进出城垣。

4. 分派纠察队经常巡逻各街巷公共场所，遇有滋事官兵，即行拘捕，移送宪兵部队处理，或通知其原发证单位派员带回。将以上办法报请上级备查，公告通知，自某月某日起执行。

在公告执行之日，仍有少数官兵以身试法，城门卫兵即将其拘留，经过数日，官兵彼此互传，消息不胫而走。伤患及一般官兵出入城垣者，果然锐减，滋事者亦不闻矣。从此城郊秩序井然，商民无忧，人人称赞，蒙上峰嘉奖，开封也成为模范城市。王老虎之威名为开封人人知晓。

"卢沟桥事变"后，全面抗战迅速展开。日军在北方战场占领平津，南方战场攻下上海、南京后，又准备南北夹攻，会师徐州，打通津浦线，使南北战场连成一片。沿津浦线南下的日军进入山东境内时，时任第三集团军总司令兼第五战区副司令长官、山东省主席的韩复榘在德州等地陈兵堵截，遭受一定损失后，竟决定不战而退仓皇西撤，使日军如入无人之境，未费一枪一弹，占领了济南。蒋介石遂决定于1938年1月在开封召开军事会议，欲逮捕韩复榘。

在抓捕韩复榘的过程中，王劲哉不顾同是西北军出身的交谊，冒死激战韩复榘手枪队，协助抓捕了韩复榘。韩复榘后被处死。此举，也让王劲哉以服从中央大局而深得国民党高层赞许。

1938年夏，第三十五师奉命移驻商丘。是年5月，奉命开赴山东省曹州支援第五战区司令长官李宗仁所部撤退，阻击日军。这就是开篇王劲哉师获得蒋介石给予中央军身份的一役——曹州解围战。是役日军以精锐部队土肥原部强渡黄河攻菏泽，时守军商震部因不支而先行撤退，菏泽失陷；王劲哉师原奉命援菏泽，攻至菏泽城外，因为上级联络不够，未能将菏泽失守的消息及时通知王部，致该师陷于菏泽城外，腹背受敌、夹攻猛击，及至发现菏泽城上为日军时，已伤亡惨重，旋即撤退。这成为王劲哉自带兵作战（从20世纪20年代起）以来第一次尝到战败的苦味。

蒋介石因此以第三十五师有功，手谕将国军于上海抗日的荣誉纪念日一二八作为该师番号，第三十五师随即改编为第一二八师，辖三八二、三八三、三八四共三个旅。其中，第三八二旅为原辖各部整编，三八四旅为中央收编的陕西古鼎新部，该旅官兵均为陕籍，此为中央易于协调的措施。

但这一殊荣，在王劲哉看来，其实不过是蒋介石对他的一种安抚，其心叵测。显然这一役给王劲哉带来了极大的刺激，因为此后他对中央的种种举措皆表现出了极度猜疑和警惕，甚至不惜频频杀掉各种疑似中央派来的人员。

转战汉沔，雄踞汉江

1938 年秋，已经列入豫鄂边区总司令汤恩伯第三十一集团军的一二八师奉命参加武汉会战。武汉失陷后，一二八师奉命渡过长江进驻汉川、沔阳地区，王劲哉奉命兼任汉沔地区游击指挥官，随后于沔阳仙桃镇成立汉沔地区游击指挥部，重新整编部队。

汉沔游击区介于长江、汉江之间，为一锐三角形区域，南有长江，北临汉江，东系武汉，西为荆沙，皆为日军所据，对游击区形成四面楚歌之势，且湖沼密布，河流纵横，著名的大湖有洪湖、排湖、沙湖、青草湖、刁汉湖等。该区有日军、伪军、我党军队，还有出没无常的湖匪。陆上交通只靠沿河堤而行；水上交通依赖舟楫摆渡，兵源、物资补给均极困难。在军事上而言，该三角地区为一死地。

所谓置之死地而后生，王劲哉为消灭肘腋之患，安定防区，既为自保也为保国土，遂对少数日军进行突击消灭，对大部日军避免接触；与共产党的军队互不侵犯（初入汉沔时，王拒绝共产党合作抗日的倡议，反将中共天汉地委掌握的一支千余人的武装缴械收编，并杀害了该部 30 余名干部。1940 年春，王在进攻新四军李先念豫鄂挺进纵队被击退后，经中共豫鄂边区委领导人陶铸、杨学诚等多方面的统战工作，在 5 月与新四军达成了各守防地、互通情报、互相支援、共同对敌的谅解），对其他伪军及湖匪之类，认为可招抚者即予收编，否则就痛剿消灭。1939 年至 1940 年间，先后收编伪军潘尚武部为独立第一旅，苏振东部为独立第二旅，招抚潜江地区游击队倪辑五部为独立团，对伪军汪步青部正洽编中，又奉国民党中央命令，将中央收编的河南巨匪薛豫屏部归为该师三八三旅。经过一年余的收编痛剿，终得与各方共处，立足鄂中。随后，王劲哉开始了对鄂中的苦心经营，此后数度被日军攻击，均能沉着应战，击退进犯，一时雄踞江汉平原，令日军大伤脑筋。

第一，大力补充兵源及培养干部人才。1939 年一俟立足，王劲哉鉴于部队力量有名无实，且素质太差，如不加强军事教育，不但无法自保，将来更难以应付日寇强敌，遂决心成立军事训练大队于仙桃镇。大队部设于甘露寺，王劲哉自任大队长，参谋长李德新兼任大队副，下设学生、军士、军官三个中队。因教育长、中队长、教官人才难求，故先成立学生队，就地招收青年知识分子组成学生队。学生队毕业之后，再成立军士队，对部队中的优秀军士轮流调训。该师司令部移驻峰口之后，再成立军官队，对排、连、营长轮流调训。学生队第一期毕业后，第二期开始改名称为急基队，派员赴陕西招收 15 至 20 岁的学生来沔为训练对象。施以六个月至一年的军事教育，毕业之后先分派各部队充任排长，其余军士、军官队队员与各部队营以下军官和军士轮流调训。军士、军官两队于 1941 年以军事告急停办，急基队则仍继续训练，直到随师战败，同归于尽。此举大大提高了该师干部素质，充实了战斗力，令该师以有限的兵力，在四面楚歌的环境中，能独立生存近五年。

第二，颁布训词，凝聚军心。1939 年进驻仙桃镇，王劲哉为使官兵有一个共识目标建设"精神"，随即拟训词十条：重良心、尚道德、明大义、尽职守、爱团体、信命令、知待遇、要效忠、亲人民、卫国家。公告官兵，朝夕诵读。先是官兵必修之精神训练，以后连学校的师生和地方政府的公务人员也要读训条，几乎成为监、沔、天、汉各县的精神教育基础。

第三，自力更生，设修械厂、被服厂以自足。战争时期，国事维艰。该师进驻鄂中之地后，补给不能续接，更因所辖各部队成分复杂，除几个基本部队枪械较为精良之外，收编各部的枪械既杂且劣，十分之一都不管用。王劲哉派人潜入武汉，暗中接洽汉阳兵工厂未随政府西迁重庆的技术人员，并购妥部分修理机器，秘密运至沔阳，修械厂各种机具如安装妥当，不但能修理步枪，还可以生产迫击炮弹，可惜被数月后日军的进攻中断。一二八师官兵的服装，本由中央制发，但自从进驻汉、沔地区进行游击之后，一切军备补给十分困难，只好就地设厂招商制发。为杜绝承包商对被服粗制滥造的现象，王劲哉曾亲

第二章 血战中原，将军骁勇不言败

临被服厂抽验，果然发现偷工减料现象，遂召承包商负责人面诘，说明事实，随即将其处决。

一二八师独居"群雄"环伺之中，既要保存实力，又需守土抗战，王劲哉再次拿出了经营开封的做法。只可惜居开封极为短暂，但效果明显，如今深居鄂中，为生存计、为长远计，王劲哉都决心以硬手参与到地方事务治理当中。

其一，设立革新组织，联结地方军政，包括设兴革委员会、成立妇女劝勉队、兴办中学等。自1938年秋汉沔游击区指挥部成立，游击区防地涉监、沔、天、汉四个县，但沔阳县是主要根据地。但是，因为沔阳县县长由中央委派，王劲哉以政令无军事协助而无法推动、军事无地方配合而施展困难为由，遂与地方政府协商，成立了沔阳县兴革委员会，聘地方德高望重的士绅，再派军中的代表人出任委员，建言地方兴利除弊之事，然后军、政配合执行。因该地区地处僻远乡间，民智尚未大开，尤以湖沼僻地渔民、农民为甚，不独有少女缠足、儿童无校读书，更有不知我国抗日为何事者。于是招收知识妇女，成立妇女劝勉队，简称劝勉队。在渔民、农民较暇季节，派队员赴各僻远乡村，对民众进行宣传工作，如抗日的意义、妇女放足、幼童上学、孝敬父母、敦亲睦邻、注意清洁、破除迷信、支援国军等。凡到之处，由地方政府或当地驻军事先通知，届时集合群众，先以打鼓、敲锣、唱歌、演戏引起群众的兴趣，再穿插上一段宣传的短剧，每次以两小时为限，很受乡民欢迎。鉴于沔阳县城原设有初级中学，有名无实，经兴革委员会建议，派员勘定三官殿为建校地址，大兴土木，数月即告落成，聘教师、招学生开学。王劲哉携员亲自参观学校，为兴学当地之义举。

其二，破除地方陋俗，严惩贪污，严戒鸦片。自古在中央专制集权的官僚机构中，腐败现象就难以革除，虽国事艰难，文武官员贪污之事，仍时有所闻。一二八师各级官员中，也难免有见利而以身试法者。王劲哉深为痛恨，为防微杜渐，一有所闻，必查虚实。如属确实，即予严惩，并公布两句警语："吃饭不做事的人，是国家的罪人！营私舞弊的人，是我们的敌人！"通令官兵及地方政府官员谨记。时中国民间，嗜好鸦片者无数，军队也多有瘾君子。王劲哉深知鸦片为害之深，深恶痛绝，在其辖区决心禁烟，并率先从该师实施，以儆效尤。凡贩卖、吸鸦片者，均处以重惩或死刑。令出法随，曾有一旅长夫妇因吸鸦片被囚于地牢，一团长、一营副、一排长、一顾问被杀，从此其辖区内再无人敢以身试法。其中，一顾问即王劲哉年轻时的老师刘汉文。刘为王在讲武堂上学时的教官，由陕西远道而来投靠王。王劲哉就让刘做了师部顾问。刘汉文有吸食鸦片的癖好，自恃为王劲哉的老师，不听劝诫。王劲哉即令士兵用刺刀将刘捅死。一团长则是指王劲哉多年的伙伴李宝瑜（蔚）团长，因嗜鸦片在峰口司令部被王枪毙。

　　正是在王劲哉的铁腕整治下，沔阳一带建立了新秩序，竟开创了当地夜不闭户、路不拾遗的良好社会风气。不到两年，王劲哉所部已发展到万余人，编为九个旅十八个团，占地六县二十镇，以仙桃镇为中心，势力扩及襄河以南、长江以北，东自武汉、西抵沙洋的整个襄河以南地区，雄踞江汉平原。

抗击日军，奇迹生还

　　王劲哉部日益发展壮大，渐渐成为日军的眼中钉。1940年1月，驻武汉日军出兵围攻第一二八师，攻陷仙桃镇。王率部撤至百子桥苦练夜战，于3月下旬夜袭仙桃镇，予日军以重创。当年初夏，日军攻陷施家港，王师又于当晚夜袭敌营，将其击溃，并收复了施家港。1941年夏末，李先念获悉日军将大举进攻第一二八师的情报，立即写信通知王，并送去日军进攻部署地图。王很受感动，立即布置防务，严阵以待。数日后，日军河野部队以5000步兵、2000骑兵，在40辆坦克和30架飞机的配合下，向第一二八师陶家埫阵地发起猛烈进攻。王指挥部队与日军血战七天七夜，直至肉搏，终于击溃了敌军。此役歼敌1800余人，缴获大量武器装备，取得了重大胜利。王劲哉长期控制着江汉平原这一战略要地，对侵入华中重镇武汉的日军构成严重威胁。1942年2月，日军欲与国民政府军进行常德地区大会战，因为一二八师所驻之地恰为日军之背，日军为保障后方安全，避免腹背受敌，遂以其第十一军万余之众，在60架飞机的掩护下，对一二八师发起了"江北歼灭战"。此前，日军已经收买了王部旅长古鼎新为内应。2月21日，日军对以百子桥为防御中心的第一二八师实施猛烈的包围攻击。王率全师官兵凭垒固守，顽强抵抗。但终因日军兵力强大，加之古旅叛变，引导日军突破阵地，激战至25日，第一二八师全军覆没。王受伤被俘，关押于汉口通商银行。面对日军的威逼利诱，他宁死不做亡国奴。1944年，日军又将王押往南京，关押于旅馆内，直至日本投降。至于这期间日军为何未对此中国战场上的敌对悍将痛下杀手，反多以礼遇，才令王劲哉有神奇逃脱之机一事，后来王劲哉的部下撰文回忆，才得以揭晓。

原来，两军交锋，必有伤亡，无论伤、亡都已丧失战斗能力。王劲哉因此心生一计："将我俘获轻伤的日军官兵，有利用价值者，送上级处理。对重伤和死亡官兵的尸体，因留之无用，且处理上增加困难，不如送还日军，使他们收到这些重伤、阵亡官兵之后，产生兔死狐悲之心，借以瓦解他们的士气，同时也可以表示我军的宽大仁慈。"因为日军对他们阵亡官兵的尸体极为重视，以能收尸化灰送回日本国土为安心。王劲哉此举，竟然收到了未曾意料的效果。当年一二八师败于日军之时，王劲哉等受伤被俘，日军不仅将他们送汉口治疗，对该师被俘的一般官兵，也未加以残暴伤害。1945年日本战败投降后，据其高级军官说："一二八师王师长，在战时送还我们受伤者和阵亡官兵的尸体，他是有正义道德感的人，所以我们也不伤害他被俘虏的官兵。"

一二八师覆没后，国民政府以为王劲哉以身殉国了，追认他为陆军二级上将，授一级青天白日勋章一枚，全国的电台报纸同时举行悼念活动。这个时候，王劲哉却在南京的日本监狱。

抗战胜利后，王劲哉几经周折，由南京到汉口，因恐不容于何应钦，辗转返回陕西，又遭胡宗南逮捕，拘押于军法处，准备解送南京。王趁机逃回渭南老家，派人与西北野战军第四纵队司令员王世泰联系，托王转送致毛泽东的信，希望去陕北。毛泽东回信表示欢迎，并由中共陕西省工委派人将王接到陕甘宁边区，让其担任陕西自卫军纵队司令员，并于1948年在绥德经中共中央西北局批准吸收其为中共特别党员。

1949年，王劲哉移任渭南军分区副司令员。新中国成立后，王劲哉离开军队，调任陕西省人民政府参事室主任参事，其后还曾担任陕西省第一、二届政协委员、常委，1968年病逝。

第五节　敢死队长——仵德厚

随着放映机声响起，镜头缓缓流淌出来：

1938 年春，侵华日军新任派遣军司令官畑俊六陆军大将，接替了松井石根的统帅权。为一举打通津浦线，他打算与华北方面军南北夹攻，合围徐州。与此同时，国民革命军第五战区司令官李宗仁，冒着硝烟炮火，急速抵达徐州，亲自布置战略，与敌人进行决战。李将军力排众议，起用了代人受过、被民众斥为"汉奸"的张自忠，同时，将川军王铭章师收编进自己麾下。不久，在津浦路北线的韩复榘集团军为保存实力，擅自放弃重镇济南，致使津浦线大门洞开。日军主力矶谷部乘虚南下，连克泰安、济宁、大汶口……蒋介石闻讯，将韩复榘骗至开封扣留，后押赴武昌枪决。日军板垣师团为策应津浦线上矶谷师团的正面进攻，占领青岛后，沿胶济线进逼鲁南军事重镇临沂，与中国守军展开激战，台儿庄会战的序幕拉开。临沂激战，庞炳勋集团伤亡惨重。李宗仁命张自忠部队增援。由于张自忠部队及时赶到，与庞炳勋部队前后夹攻，打得日寇溃不成军，保住了阵地。3 月 15 日，日军矶谷师团不待东南两路日军的配合，抢先入关，直扑滕县，与王铭章的川军一二二师展开激战。由于汤恩伯没有及时增援，致使滕县失守，王铭章以身殉国。

日军攻克滕县，又全力向徐州进犯。李宗仁决定扼守要塞台儿庄，在这里与日军展开大规模决战。他迅速向孙连仲、张自忠、汤恩伯几个集团军下达了命令，并做了周密部署。经过与日寇空军、坦克部队几个回合的拼杀，孙连仲部伤亡惨重，三十一师池峰城部张静波营长又因负伤临阵脱逃。池峰城激愤之中决定破釜沉舟，与日寇决一死战。他炸掉唯一的退路——运河浮桥，忍痛处决了张静波。屡遭挫折的日军改变部署，随后占领了台儿庄四分之三。但抄后路的汤恩伯却依然按兵不动，李宗仁以军法严令汤立刻出兵，汤恩伯不得不率部队从侧后方向日军进攻。同时，台儿庄一线中国守军全线反击，日军矶谷师团陷入重围。中国军队乘胜进击，全歼日军于台儿庄外。第五战区司令长官李宗仁向国民军事委员会发出电报，台儿庄大战告捷。

这是电影。

1985年，正值抗日战争胜利40周年之际，广西电影制片厂将抗战初期震惊中外的台儿庄会战搬上荧幕，为世人展示了一幅振奋中华民族精神的、惨烈而悲壮的历史画卷。这部影片的上映，不能不说是抗战题材影片的一个突破。1988年6月11日，电影《血战台儿庄》在香港首映，万民争看，轰动香港。

时隔30年后，一位90多岁、一只眼失明，还有点耳背的乡村老人，坐在记者面前，情绪激动却十分细致无遗地描述着70年前的一幕幕画面：

到了1938年3月23日那一天晚上，敌人已经冲进台儿庄，从台儿庄的西北城区，占领了台儿庄城里。那一天晚上，天薄暮的时候，就派我们三十师增援台儿庄，这时候得了命令，我部署了以后，当时就挑了敢死队，挑了40人，冲进城去了。杀声、枪炮声、炸弹声，震耳欲聋，那个时候敌人也喊，自己人也喊，每进一个地方都要跟敌人血战。有时候院子里面没院墙，敌人就撂个手榴弹，撂个手榴弹还没炸呢，我们马上拾起手榴弹，又撂过去，把敌人炸得那边没有声。

敌人喘气了，发动全线攻城，我们的迫击炮打，打得敌人……以后的时候，部队的全部人起来预备，和敌人冲杀，到了以后，敢死队冲杀，发现前面是土围子，他们在那儿搭起了人梯，来战斗，到了最后，拿着手榴弹，拿着大刀片，还在那个地方跟敌人战斗。把那土围子取走以后，部队冲杀，在冲杀的时候，杀声、炸弹声、枪炮声，那乱七八糟，可以说那简直是杀声震天，双方都在那儿白刃战嘛。

这不是电影。

2004 年，凤凰卫视《冷暖人生》节目组采访了当年血战台儿庄的敢死队队长仵德厚将军。

其实，最早采访仵德厚将军的是北京的作家方军，就在他 2003 年找到这位居住在陕西省泾阳县龙泉镇雒仵村且生活清贫的农村老汉时，仵老汉真诚地对他说：“从来没有作家、记者采访我。你来了，是对我在国难当头挺身而出、为国血战的人生经历的肯定。我忘不了你的恩情！”作家方军说：“他居然反复使用‘恩情’这个词汇，令我吃惊不已。”

同样的惊诧，2004 年凤凰卫视《冷暖人生》节目组的人员也感受到了。

《冷暖人生》主持人陈晓楠的解说词称：“直到今天，如果你去北京图书馆查阅有关台儿庄战役的记录，你会在某些书上发现这样一个名字：敢死队队长仵德厚。不过我猜想，那本书的作者一定不敢想象，这个队长依然健在，也一定无法想象，他现在到底生活在哪里。仵德厚是在几年以前才知道自己被载入史册了，他说他当时非常地激动，也非常欣慰，哪怕那本书上写的只是这短短的半句。他对我们其实也说了同样的话，他说他完全想不到，到现在了，还有人过来和他聊人生的这一段经历，他说这是对他人生一个莫大的肯定，他要感谢我们的恩情。他甚至还用了这么重要的一个词：恩情。以前的那一切对他来讲，他说完全历历在目，他甚至记得身边的每一个人是如何牺牲的。而当年那个手抢大刀片、腰束手榴弹的敢死队队长仵德厚，专家说，他已经成了台儿庄战役当中幸存并且依然健在的最后一位指挥官。”

凤凰卫视《冷暖人生》节目由此引发整个华人社会开始寻找幸存的抗战老兵，并以当代人的方式纪念在那个已经远去的时代中，曾经为民族、为国家浴血奋战、出生入死的将军和勇士们。

这么多年来一直坚守着人生最大的荣光、却默默生活在社会底层直至凋零的老兵们，对于今天尽享和平时代、早已淡漠甚至遗忘那段历史的人们，并无怨言。他们只是感恩于今天的人们愿意听他们在离世前述说那些曾一起并肩作战、又魂断沙场的兄弟们的故事。

三秦大地何其有幸，多少当年驰骋抗日沙场的三秦健儿，为民族、为国家做出了最大牺牲，把荣誉书写在中华之浩浩史册上！

老兵不死，唯军人之精神耳！

其实，从2003年作家方军的文章，到2004年凤凰卫视的《冷暖人生》节目，再到2011年凤凰卫视的《老兵不死》，媒体人用最真实的记录为我们展现了仵德厚这样的抗战老兵的真实记忆。这也是目前陕西抗日将领中唯一一个在生前回忆抗战并留有影像记录的将军。其用真实和感人的语言描述下的一幕幕，无须画蛇添足。

1910年，仵德厚出生于陕西省三原县。

1926年3月，仵德厚加入冯玉祥的西北军。

1927年4月，仵德厚随冯玉祥离陕开赴中原参加北伐战争，于豫北地区同奉军作战，战后升任副营长。

1930年6月，中原大战，西北军战败，部队被蒋介石收编，仵德厚赴南京步兵学校校官班学习。

1937年，"卢沟桥事变"发生后，仵德厚时任第三十军第三十师第八十八旅一七六团第三营营长，他奉命开赴北平外围房山以北杨尔峪东的4057高地，阻击日军南下。关于那场抗战，老人细细描述如下：

"当时我是三十师八十八旅一七六团三营营长，驻在淮阴板闸一带整训……由于我的部队在全军校阅中获得第一名，所以，军部发给我营五灯收音机一台，并在全军通令嘉奖。

"7月8日，在收音机广播中听到我二十九军在卢沟桥英勇抗击日寇的新闻后，全营官兵义愤填膺，个个同仇敌忾、热血沸腾、摩拳擦掌，请求赶快开赴前线杀敌救国。

"8月上旬，我军奉命开往北平一带参加抗日战争。官兵听到这个消息欣喜若狂。当我营8月13日抵达徐州时，正值上海淞沪会战中。'我军击落日寇30余架飞机'的号外大喊、盈满街头，极大地激发了全营官兵的战斗情绪。战士们人人斗志昂扬、精神振奋，期望早日开往北平前线杀敌卫国。在徐州集结完毕，于8月17日乘火车开赴北平琉璃河站下车后，开往房山一带待命。我团奉命在房山东北杨家峪以北高地占领阵地，构筑工事，阻敌南下。我营当日下午占领4057高地左右阵地。进入阵地后加强工事，天明后，战斗就打响了。

"我营阵地左翼为一七五团，我们的共同任务就是全力阻止侵华日军南下。日军的战术是先群炮轰击，然后是集团冲锋。每天轮番冲锋三四次。而且，日军不断从后方调来大口径重炮参加战斗。这一仗，我们一直坚持到9月中旬。后来，我接到命令：'部队向北平南口方向撤退，掩护汤恩伯部队向南转移。'这样，我们才开始撤出战斗。

"我营四个连，官兵621人，撤出战斗时还剩112人。

"战斗中战友被炸飞的人头落在我怀里一次，飞过来的肠子挂在我军帽上一次，炸断的大腿砸在我身上一次。15天里阵地上是枪炮声滚到一起，震耳欲聋，飞沙走石，血雨腥风。700多日本鬼子战死在我们的阵地前沿，每天都可以听到日军冲锋或者撤退的鬼哭狼嚎！

"我们营部的阵地上打得只剩下我和通信员赵怀碧。一发炮弹打来，把我埋了，烟雾弥漫中我听到赵怀碧大喊：'营长！你还活着吗？'我挣扎着爬到阵地前操起重机枪向冲到眼前的日本鬼子扫射，敌人又被打退了！战友们一个个光荣牺牲了，在武装到牙齿的外国侵略者面前，我们全营官兵没有一个是孬种！"

仵德厚激动地说起他们营几乎每一个人牺牲的情景。他说："七连彭少飞副班长在白刃战时大喊着，英勇杀入敌群。他夺回日军歪把子机枪一挺，三八步枪三支。当他拖着伤体摇摇晃晃走回工事前一步，侵华日军一发炮弹飞来，在他脚下炸开了。"

仵老汉深陷回忆中，还瞪圆眼珠，努力嘶吼着："兄弟们！上刺刀！跟我上！"

仵德厚继续说："部队撤退了。天天是日本飞机跟踪投弹、扫射。在河北平北县为了阻击日军南下，我们又与敌人激战两昼夜。紧跟着，我们在山西娘子关南峪车站一带与部分日军接触。当时，我正用望远镜观察敌情，突然飞来一弹击穿我的左手，打碎了望远镜。抗战初期的日本关东军部队真是训练有素，从我们互相发现到鬼子端枪射击，连十秒钟都没有。"

1938 年 3 月，时任三十师八十八旅第一七六团第三营营长、敢死队队长的仵德厚所在师接到增援台儿庄的命令。当时团长袁有德下令："日寇从西北城角窜进城内，城内我军官兵已经大部伤亡，你率领全营从西门冲进去，将城中日军消灭！与城东禹功魁营取得联系，共同守住台儿庄！"3 月 26 日，仵德厚率三营官兵乘船渡过台儿庄运河，来到第三十一师师长池峰城设在运河岸边一个大桥底下的指挥所。仵德厚中校当时组成 40 人的敢死队，手抢大片刀，腰束手榴弹，他一马当先，带头由台儿庄城西门冲入与日军血战。敢死队队长是这场白刃战的幸存者之一，于是才有了文章开头那段老人回忆的画面。

台儿庄大捷后，第六战区副司令长官、第二集团军总司令孙连仲亲自来到台儿庄城外，为仵德厚授予金质甲种一等嘉禾奖章、华胄荣誉勋章、宝鼎二等勋章。仵德厚因作战有功升任团长。1938 年 3 月的《中央日报》上有仵德厚的名字，不过，错被记者写成"许德厚"。直至今日，北京国家图书馆中关于台儿庄战役的书籍中，还可以查到敢死队队长仵德厚的大名。

1938 年，武汉会战。仵德厚当时已经升任第三十师一七六团的团长。8 月下旬，第三十师奉命开往湖北武汉，归第七十一军军长宋希濂将军指挥。仵德厚回忆道：

"当时，中国军队由于处处设防，分兵把守，且未掌握强有力的预备队，没有充分发动群众，破坏对方的交通线，因此，未能重创日军。在日军已达成对武汉包围的情况下，为保存力量，中国军队不得不于10月25日弃守该城。日军26日占领武昌、汉口，27日占领汉阳。武汉保卫战，是抗日战争战略防御阶段规模最大的一次战役，中国军队英勇抗击，消耗了日军有生力量（日军承认伤亡共三万余人），迟滞了日军行动。日军虽然攻占了武汉，但其速战速决、逼迫国民政府屈服以结束战争的战略企图并未达到。此后，抗日战争进入战略相持阶段。

"武汉战役是我军人生涯中最残酷的经历，有几'最'：一、是我指挥作战人员最多的一次，共七个营的兵力。二、是战斗日期最长的一次，35天。三、是最激烈、最残酷，也是伤亡最多的一次。全团2800人中撤出战斗的仅有300余人，还包括炊事兵、担架卫生人员。四、消灭日寇最多的一次，在我们阵地前沿，有3000多日本兵丧命。在友军接防我团阵地前，我们没有放弃一寸阵地。五、最残酷的是，侵华日军使用了毒气弹！由于防毒面具不多，许多战士在掩体里就失去了战斗力。

"战斗空隙之时，宋希濂将军和苏联顾问多次亲临阵地视察，苏联顾问发现我的指挥所设在迫击炮第一线阵地后，就说：'这违反了作战原则。'我告诉他：后面高地上还布置有两挺重机枪和两门迫击炮呢。苏联顾问点头赞许后和宋希濂将军离开了。"

日本发表的侵华战争史中记载："第十三师团和第十一师团与中国政府军宋希濂部在武汉激战45日，遭到中国军队顽强抵抗，损失严重。"

战后，军事委员会全军嘉奖第三十师一七六团，并授予仵德厚及有功官兵华胄荣誉勋章。

1941年，仵德厚到中央军校成都分校高教班学习，毕业后任国民党第三十军二十七师少将副师长。

提起在抗战中一起出生入死的战友们，年迈的仵德厚老泪纵横："自己想起来，也觉得，每一次战斗下来的时候，自己觉得和自己在一块儿的弟兄，多年的弟兄，最后牺牲了，他们是为国家，他们死得有价值，我没有死，我没有达到我的目的。几千人跟着我干，跟着我送了命，我自己怎么能不难过？提起战斗，当时自己能忍耐着就过去了，最后一想起来，唉，自己每吃饭就想起来，都是同在一块儿的弟兄，受伤三四次，回来仍然战斗。我说中国人民有这样的好儿女，中国亡不了。"

仵德厚的妻子，是个地道的大家闺秀，她的爷爷为清朝翰林，曾是皇帝的老师。他们是在战火纷飞的抗战中由孙连仲将军介绍认识并喜结连理的，婚后一周，仵德厚就上了抗战前线。结婚30年，但是他们在一起的时间不到两年。仵德厚的夫人是一个传统的中国女性，三年困难时期，带着三个孩子住在娘家的仵夫人，执意要去数百千米外的仵德厚的家乡，因为她怕一家人吃不上饭，有个三长两短，会饿死在外地。在她的信念里，这是对不起仵家的，她说死也要死在夫家。于是，这个曾经的大家闺秀，只身带着三个未成年的孩子跋涉数百千米，来到一个完全陌生的村庄，在这里苦苦等待仵德厚的归来。但是，在十年牢狱、十余年劳改后回到家乡的仵德厚，却没有见到妻子最后一面。这位从不为自己的过往和苦难落泪的将军，对妻子充满深深的歉疚："自己回想起自己一生，没有没受过的罪，没有没受过的苦，结果呢，一辈子没有跟妻子在一块儿过过年。这一生，我对得起国家，就是对不起我的家庭，对不起妻子、孩子，孩子没有一点儿积蓄，自己两袖清风。

今年有香港凤凰卫视的几位把我带到这儿来，我今生没有再拜你的时候了，这是最后一次。我到你坟上来看你，我对不起你，一生也是30年的夫妻，能在一块儿才几天。孩子们是你养大的，我没有照顾你们一天，你临走，我连面都没有见，我对不起你，也很伤心。"（仵德厚最后一次在妻子坟前的告白）

1948 年 7 月至 1949 年 4 月解放军围攻太原时，仵德厚任国民党第三十军二十七师少将副师长，率部驻守太原。城破被俘后，被判徒刑十年。

1959 年，仵德厚十年刑满释放，被指定到山西省太原东太堡太原砖厂当工人。

1975 年，毛泽东签署发布"凡在国民党县团级以上军警宪特一律释放，与家人团聚"的命令，仵德厚得以返回家乡，65 岁的仵德厚开始学习放羊种地，后来进村办砖厂做工养家。

2003 年，接受作家方军采访，次年受凤凰卫视采访，始为人知。

2007 年病逝于家乡，享年 97 岁。

关于对一生遭遇的总结，仵德厚老人有一首顺口溜：

十五离家六五还，在外流落五十年。儿女养育全未管，父逝妻亡未得见。抗日战争整十四年，每战都在第一线！以死卫国意志坚，收复台庄保武汉。半生戎马半生监，两袖清风遣农田。感谢党的政策好，我得温饱度晚年。

第三章　书写传奇，军人沙场显峥嵘

第一节　瘸腿将军与"支那第一恐怖军"——张灵甫

1926 年阳春三月，黄埔军校第四期学生队成立，新生们集合在操场，聆听校长讲话。在一排排青春飞扬、略显稚嫩的面庞中，也有来自陕西的几个年轻的楞娃，他们是第四期学生队步兵科第二团第一连的刘玉章、李孝友、高鹏，第二连的张灵甫，第七连的胡琏，第九连的高吉人、雍济时等。先两年考入黄埔军校第一期学生队的关麟征正担任第四期学生总队步兵科第六连上尉连长，与他同期的还有杜聿明、

张耀明、董钊等人。这群来自陕西的青年们，此时并没有想到，日后在抗日战场上，大家都能不负军人之使命，忠勇有谋，纷纷立下赫赫战功，为民族、为国家做了大贡献，更留下一世英名。

这其中，最俊朗的一个，就是后来在抗日战场上，逢恶战必冲在第一线，被大家亲切地称为"瘸腿将军"的张灵甫。

张灵甫，名钟麟，又名宗灵，字灵甫，后以字行。1903年出生于陕西省长安县东大乡东大村的一户农家。父亲张鸿恩，憨厚朴实，是个种庄稼的能手，被乡里群众称为"种庄稼的状元"。母亲靖秀英，料理家务，哺育儿女。张宗灵幼年时，在东大村村南私塾启蒙，读四书五经。十岁那年，进入小学念书。1921年，考入陕西省第一师范学校。历史名城西安深厚的文化积淀，使这位聪明好学的农村青年进入了一个全新的世界。特别是文庙（即现在西安碑林博物馆）里的一千多块碑石，令他叹为观止，常常一边抚摸，一边细细品味，流连忘返。平时，他经常临摹何绍基字帖。每逢假日，便带着毛笔墨砚，到文庙去临摹唐代各著名书法家碑帖，有时误了吃中饭，就买一个烧饼充饥。时任西安靖国军总司令的于右任，慕名到学校看他运笔挥毫后，连称："奇才，奇才，后生可畏！"毛泽东的俄语翻译师哲也曾在回忆录里写道，张灵甫"在西安与我同窗，他的好字令我羡慕"。

1923年中学毕业后，张灵甫回家乡担任了一段时间小学教师。由于关心国事、酷爱历史，并受新思潮的影响，张灵甫不甘身处穷乡僻壤，千里迢迢来到北京，考入北京大学历史系。远在西安的家人并不清楚张灵甫在北大除了读书到底还做了些什么。在他后来的同事、部下的印象中，他平时沉静内向，很少口若悬河滔滔不绝，只是偶尔发起脾气来雷霆万钧。但他后来不仅写过诸如《遭遇战之研究》《山地战研究》《日军作战心理的分析》《在劣势装备下如何实施河川战》《我带兵的经验》等军事专论，而且在硝烟弥漫的抗战间隙，还写过若干与打仗风马牛不相及的评论文章，有一篇的题目竟然是《评文妖郭沫若》。如此看来，北大时期的张灵甫虽不是学生运动的积极分子，却是个潜心读书的好学生。

然而时局的纷乱，使得这位嗜书的读书郎难以静心坐下来做学问。他曾丢开书本长叹道："大丈夫当拨乱反正，旋乾转坤，措国家于磐石之安，登斯民于衽席之上，而盱衡大局，非武力不足以除强暴，非破坏不足以言建设，吾宁长事铅椠乎？"

1925 年，刚读了一年北大的张灵甫愤而投笔从戎，到河南开封参加了胡景翼的国民二军军官训练团。据称这个高一米八七、相貌堂堂的关中大汉兼饱读诗书的名牌大学生，居然因为人家嫌他长得太高大了——怕他随时会扛了枪跑掉，或者目标太醒目，而频频投军无门，最后好歹找到了乡党胡景翼统率的西北国民二军的驻豫军官训练团，才算实现了从军的想法。

是年秋，黄埔军校在开封秘密招生。张灵甫经于右任介绍，通过考试被录取，入黄埔军校第四期入伍生总队。1926 年 3 月，他就与前文所述的陕西乡党们一起正式升入黄埔军校第四期学生队步兵科第二团第二连。7 月，国民革命军正式挥师北伐。10 月，第四期学生提前从军校毕业参加北伐战争，张灵甫被分配到国民革命军第一军第二师第一团第二营第三连当了一名排长。

11 月，初上战场，张灵甫就显露出其才华。当时他所在的部队在江西德安县南浔铁路附近与孙传芳的主力卢香亭部作战，面对敌强我弱的形势，张灵甫向营长建议，由他带领一支尖兵队趁黑夜偷袭敌营。营长批准了他的建议，于是，张灵甫带领他那个排夜袭敌营。卢香亭部毫无防备，被张灵甫的偷袭打得乱成一团，主力部队乘势发起进攻，一举转败为胜。在混战中，张灵甫的右腿负伤，但他一声未吭，咬着牙一直坚持到战斗结束。此役后，张灵甫被提升为第三连连长。

在此后的几年中，张灵甫参加过蒋介石与各派系军阀之间的混战，虽是学生出身，却骁勇善战。1934 年，31 岁的张灵甫被提升为第一军（军长胡宗南）独立旅第一团中校团长。

但是不久后，张灵甫蒸蒸日上的军事生涯竟一度戛然而止。

因意外，张灵甫过了不到一年的牢狱生活。1937 年，"七七事变"

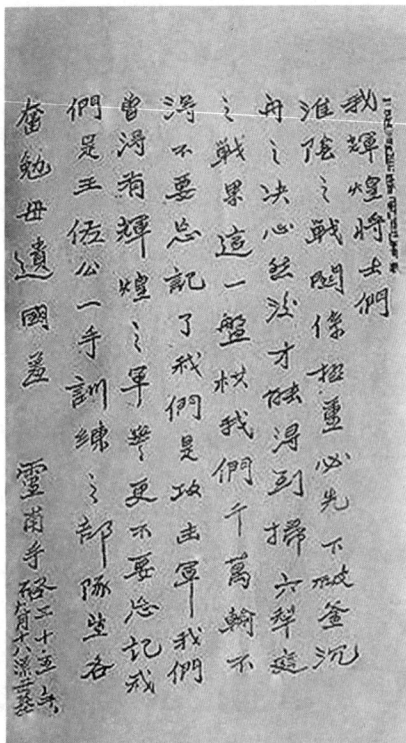

张灵甫致将士书

的发生让事情出现转机。抗战爆发后，国民政府下令所有服刑官兵除政治犯外一律调服军役，戴罪立功，并保留原军衔。出狱后的张灵甫担任新成立的第七十四军第五十一师第三〇五团团长，开赴上海，参加淞沪保卫战。出发前，张灵甫给兄长写了一封绝笔家信。信中说："此次对日之战，为国家民族争生存，兵凶战危，生死难卜。家人当认我已死，绝勿似我尚生。"从上战场的那一刻起就将自己的一切置之度外了。

在著名的"八一三"淞沪保卫战中，张灵甫作为三〇五团团长参加对日作战，以勇猛果敢、指挥有方而著称。嘉定之战，这个平日在家人印象中沉默寡言、气定神闲的张灵甫，一上战场就成了连命都不要的拼命三郎。面对日寇的疯狂冲锋，张灵甫光着膀子从战壕里一跃而起，抱着机枪就跳出战壕，身先士卒，带领一百多名敢死队员对日寇迎头痛击，杀得日寇丢盔弃甲，抱头鼠窜。后又率领该团连续打退敌人七次冲锋，打死打伤日寇800多人。

1938年6月，张灵甫率部随第五十一师投入武汉会战。奉师长王耀武之命，他率团对驻守江西德安张古山的日寇进行反击。

武汉会战是一场惊天地泣鬼神的大会战，国民革命军投入了自己的精锐部队，与日军在长江两岸武汉外围展开对决。蒋介石、陈诚、白崇禧、李宗仁和所有中国军人都做好了牺牲的准备。这次大战，日军前后投入兵力35万余众，中国参战部队则达100万人，整个战事从长江沿线展开，扩及大别山麓、赣北南浔铁路以及武汉近郊，纵横数千里。会战最终以中方失败而告终，但在江西德安万家岭一带，日军一〇六师团遭毁灭性打击，损失兵力一万余人，打破了日军不败的神话。参加万家岭战斗的是中日双方的主力部队。中方是薛岳指挥的第一兵团，下辖第四、六十六、七十四军，主战部队是国民党的王牌军第七十四军，下辖第五十一、第五十七、第五十八师。第五十一师师长是蒋介石嫡系王耀武，而张灵甫此时已升任该师第一五三旅旅长。

讨论德安作战方案时，师长王耀武没有退路，他深知张古山一仗，意味着只许成功不许失败。而张古山的地势，对在山上凭险据守的日军极为有利。谁都知道，在这样的山势前，靠仰攻拿下山头是要付出极大伤亡代价的苦差事。由谁来担纲主攻？在师部召集旅团长们讨论作战方案的时候，王耀武意味深长的目光落在刚刚佩上少将将星不到一个月的张灵甫身上。

一直以来，师长王耀武对张灵甫的有勇有谋欣赏有加。这个文质彬彬的陕西楞娃，打起仗来可从来不含糊。最让王耀武欣赏的是，他勇而不莽，还足智多谋。这场关系成败的恶仗，恐怕只有张灵甫去打，王耀武心中才有几分底气。

"师长，张古山就交给我吧！"张灵甫也主动请缨，语气自信。他也的确是有备而来。

事先他不仅对着地图将张古山的地形琢磨了一番，又带着团长们在附近做实地勘查，发现此山南陡北缓，仔细观察之后，张灵甫分析，日军的不备之处当在后山绝壁，于是心生一计。

熟读古书的张灵甫，对师长王耀武说："三国时蜀将姜维据守剑阁，拒十万魏兵于险关之外，魏将邓艾遂以精兵偷渡阴平翻越摩天岭，下江油直取成都而一举灭蜀，此谓出敌之不意也。我们今天可仿效此战法，以智取代替强攻。"接着说出自己的打法，"为避免重大伤亡，不宜对各山头直接正面仰攻硬冲。正面应仅取佯攻之态，同时选出精兵编成突击队，绕道后山，无人烟处料敌疏于防备，突击队攀岩附葛摸到山顶进行背后偷袭，成功后，正面部队即转入真正攻势，前后夹击，当收事半功倍之效。

唯万家岭战场日军具有绝对空优和炸射频率，攻山拟夜间进行。"

王耀武听闻这套出奇制胜的计策，心中大喜，大加赞赏，遂在一五三旅已有的三〇五和三〇六两个团的基础上，马上为张灵甫再另配一五一旅的三〇二团以加强攻击力。这等于说王耀武把大半个师都交给了张灵甫，让他一共指挥三个团主攻张古山。

10月7日晚20时许，第五十一师进入了预定的攻击位置。

依照张灵甫的事先指令，担任主攻的三〇五团已经挑出一批精兵组成了突击队。一小队人马借着暮色的隐蔽，朝日军阵地的后山方向悄然行进，他们沿着后山绝壁，在黑暗中披荆斩棘，奋力向上攀登。

前面响起了枪声，这是正面部队在突击长岭北部的高地，张灵甫意欲先夺取这个由日军五个中队据守的高地作为支撑点，进而向张古山冲顶。日军通常不作夜战，而国军胆敢在夜里主动挑战日军的更是罕见，因此高地上的日军不像白天那样警觉，晚饭过后，除留下少数警戒人员外，其余准备轮换歇息。张灵甫指挥一三五旅主力突如其来的进攻，把日军打得措手不及，月黑风高的山地，人影都看不清，鬼子们一时间乱作一团。等他们从混乱中反应过来躲进工事里放起枪来，长岭北部的山头已经遍布冲上来的大批中国士兵。这正是张灵甫所要的近距离对战效果，虽然日军单兵作战的素养远高于一般中国的士兵，但是在日军火力不占优势的情况下，轻武器对轻武器，张灵甫对自己训练出来的士兵也具有相当的自信，何况他在人数上占有绝对的优势。仓促间，高地上600余名日本守军虽然进行了顽强的抵抗，但终究寡不敌众，被迅速歼灭。

拿下了高地，张古山几乎触手可及，张灵甫命第三〇五团连续作战，拂晓出击张古山。张古山上的日本守军约有800人，长岭北高地的战斗有足够的时间给他们敲响了警钟，日军不敢懈怠。参加佯攻的士兵们开始呐喊着向张古山作势进攻，严阵以待的日军不知是计，见对方来攻，果然注意力都被吸引到了正面，正乒乒乓乓打得起劲，猛然间听到背后枪声大作，三〇五团的突击队从后山登顶成功。张灵甫的这把尖刀，适时插入山上日军的后背，突击队员们与守军拼上了刺刀，正面进攻的部队趁山上日军自顾不暇之际，一口气冲上了张古山顶。日军腹背受敌，阵地全面崩溃，张灵甫的两面夹攻战术如愿奏效，约800名鬼子死的死、逃的逃。

一夜之间，张灵甫指挥一五三旅攻占了最难攻克的万家岭战场制高点，王耀武在师部彻夜守着电话，当得知张灵甫攻占了张古山后，他长长舒了一口气。这时，在一线抵近指挥的张灵甫仍不敢有丝毫放松，他很清楚，夜间偷袭成功，只能算是扬长避短获得的暂时性胜利，残酷的战斗还在后头。那时他的士兵手里的武器连"中正式"步枪都很少，绝大多数还是"汉阳造"的笨重双筒步枪，轻重机枪更属宝贝，每个团只有两三挺重机枪，各团的一个迫击炮排还被王耀武抽调到师里集中使用。①而日军陆空火炮的绝对威力，张灵甫在上海、南京、豫东早已领教过，所以白天能不能顶得住敌人优势火力的冲击，老实说，他心里并没有十分的把握。张古山是松浦师团最后的退路，日军一定不会善罢甘休，天亮之后必将会有更严酷的恶战，他告诫部下枕戈以待。

果然，第二天清晨天刚亮，20余架日军轰炸机就钻出厚厚的云层，飞临张古山上空，飞机的呼啸混合着炸弹划过空气发出的凄厉啸音，震耳欲聋，顷刻间，张古山顶被炸翻了天，从远处望去，张古山笼罩在浓烟火海之中，简直是一座熊熊燃烧的火山。由于中国军队几乎没有防空能力，日机异常猖獗，肆无忌惮地做低空俯冲，对准山头轰炸扫射，而不顾虑被对方防空火炮击落的危险，阵地上的人连飞机机身涂的猩红的膏药旗都能看见。在敌机猛烈的空袭下，三〇五团伤亡惨重。张灵甫蹲在掩蔽工事里，炸起的碎石浮土几乎埋了他半截身躯，头上的钢盔不时被爆炸的气浪掀动着。透过呛人的硝烟，他眼睁睁看着自己的许多官兵在阵地上，还没出战就葬身于炸弹火海之中，而自

①文闻编：《我所亲历的武汉会战》，北京：中国文史出版社，2005年版。作者时任七十四军五十八师参谋。

己的部队对日军进行还击却得不到有效的炮火支援。作为一线指挥官，张灵甫心中酸苦杂陈。

上午10点，空袭方停，急于夺回阵地的日军第一〇六师团出动2000余人向张古山发起了轮番冲锋。张灵甫一身尘土跑上三〇五团防御阵地亲自督战。狗急跳墙的日军，不顾一切地弯着腰向山上猛冲，直逼三〇五团的阵地。当部分日军最终冲上山顶，三〇五团残余的官兵在旅长张灵甫和团长唐生海的带领下，上刺刀与敌人展开白刃战，拼了性命将日军打下山去。黄昏时分，日军一〇六师团再度对张古山发起强大攻势，炮火密集地倾泻到张古山上。经过前一夜和当日的激战，三〇五团已经伤亡大半，精疲力竭了，张灵甫也不能将部队硬挺在目标明显的山上白白挨炸；为避免更大的损失，以利稍后再战，他不得不将三〇五团残部撤下张古山。攻击中日军也丢下至少800具尸体。

阵地的丢失意味着前功尽弃，张灵甫并不认输，这一仗，他和王耀武都输不起，若松浦师团从他这里打开缺口跑掉，薛岳的整个战役计划将落空，这将是他军旅生涯的极大耻辱。入夜，张灵甫再次组织起400余名精兵进行顽强反击，于拂晓夺回了阵地。张古山阵地就这样在激战中几经易手，白天日军凭借空中优势和重炮攻下阵地，晚上张灵甫再指挥部队夜战。张灵甫不愧为一员善打恶仗的悍将，在他领军的凌厉攻势下，日军最终再次被赶下了张古山。10月10日下午，又一股穷途末路的日军千余人窜到张古山、长岭一带，再次在飞机和重炮的掩护下做孤注一掷的进攻，试图冲破七十四军的阵地突围逃命。激战中，三〇五团李石见营长重伤，该营阵地一度出现动摇，王耀武的师指挥部已经准备开始后撤了。张灵甫不服输，他立即赶往李营阵地，亲自整理残部，将勤杂人员全部编入战斗队，终于顶住敌人的进攻势头，稳住了阵地。在指挥部队继续死守张古山的同时，张灵甫命令三〇五团与三〇六团一部配合第五十八师向哔叽街发动两路夹击，经过五个小时的激战，将哔叽街的500余名日军也悉数消灭。两军交战勇者胜。五天里，张古山上直杀得尸山血海，任凭敌军再怎样狂轰滥炸，直至12日战斗结束，日军没能从张古山跑出一兵一卒。

10月10日，国军围攻胜利已成定局，蒋介石亲自起草嘉奖电给薛岳各部："查此次万家岭之役，各军大举反攻，歼敌逾万，足证各级指挥官指导有方，全体将士忠勇奋斗，曷胜嘉慰，仍盼再接再厉以竟全功……"（《蒋介石致薛岳等密电稿》1938年10月10日）①。

整个日军一〇六师团在万家岭会战中被中国军队完全打垮了，还搭上了前来解围的第一〇一师团的第一四九联队，冈村宁次在他的回忆录里也承认，该师团遭受到了"毁灭性打击"。战后，唐永良当时第第九战区第一兵团第二十集团军第三十二军第一四一师师长在率部游击敌后时路过万家岭，他在《我亲眼看到的万家岭战场残景》一文中，描写了他目睹的万家岭战场一年之后的凄惨情景："万家岭战场周围约十平方公里，都是矮山丛林，只有几个小时。在这十平方公里的土地上，布满了日军和我军的墓葬。日军的辎重兵挽马甲骨、钢盔、马鞍、弹药箱、毒气筒、防毒面具等等杂物，俯拾可得。"②

万家岭战役，是抗日战争初期国民党正面战场上继台儿庄战役胜利后的又一次重大胜利，对挫败日军突破南浔线的企图，延缓日军对南昌的进攻和保卫湘鄂赣边境，起到了十分积极的作用。

张灵甫不负众望，在万家岭战役中为第五十一师立下了头功，荣获云麾勋章。但五十一师在张古山血战中，四个团一共伤亡五名团长（包括代团长）、七名营长和2000余名忠勇官兵。

1938年中国军队在万家岭取得振奋人心的德安大捷后，田汉受时任国民党军事委员会政治部第三厅厅长郭沫若的委派专程采访了张灵甫等人，长篇通讯刊登在《中央日报》上，后又以张古山之战为蓝本，编写

---

①中国第二历史档案馆编：《抗日战争正面战场》，南京：江苏古籍出版社，1987年版。

②唐永良：《我亲眼看到的万家岭战场残景》；全国政协文史资料研究委员会编：《原国民党将领抗日战争亲历记——武汉会战》，北京：中国文史出版社，1989年版。

成话剧《德安大捷》在全国演出，鼓舞抗战士气。剧中张灵甫以真实姓名出现，从而名震天下。他与记者的对话让世人动容，当记者问张灵甫抗战胜利后最想做的事是什么时，张灵甫笑答："那时候，我已战死在抗日的战场上了！"

就在举国上下欢庆胜利之时，这位忠勇之士，却无暇沉浸在胜利的荣光中。

1939 年 3 月底，日军占领南昌，张灵甫奉命率领自己的部队赶到南昌西边的高安作战，主动向日军发起进攻。在先锋部队冲击受阻的情况下，在后方指挥的张灵甫再一次扮演了突击队长，他把钢盔往头上一扣，带着一个营的兵力增援前军。看到旅长带头增援，前军将士士气大振，打退了日军。

就在大家庆祝胜利的时候，战场上却出现戏剧性的一幕：张灵甫倒在了地上。大家仔细一看才发现，张灵甫在冲杀的时候，右腿膝盖被鬼子的机枪扫中。几个卫兵慌忙把张灵甫架到略安全的地带，查看伤势。可张灵甫对自己的腿伤不以为意，想找个卫生兵简单地包扎止血，还要拖着伤腿继续指挥。没办法，部下只好强行把张灵甫从火线抢下，送到后方医院治疗。直到这时，张灵甫才意识到自己的腿伤有多严重。

日军的子弹正好打中了张灵甫的右膝，造成膝盖严重骨折，战场上包扎得太匆忙也没注意消毒，结果伤口感染高烧不退，医生怕危及张灵甫的生命决定截肢。这下张灵甫可急了，没了腿以后还怎么领兵打仗？不管医生怎么跟他解释，张灵甫都听不进去，他甚至从腰间抽出手枪，拍在医生的桌子上说："锯腿还不如先一枪打死我。"后据他的夫人王玉龄回忆，后来张灵甫曾告诉她，当时就连睡觉的时候，张灵甫都把手枪放在枕头底下，就是怕医生趁他睡着的时候做手脚。就这么拖拖拉拉的，张灵甫的腿伤治了半年都没有起色。想去香港治疗吧，又担负不起昂贵的医疗费用。最后，还是蒋介石特批了养伤费才得以赴港，在玛丽医院接受英国专家的诊治。张灵甫的右腿手术相当成功，医生向他保证，只要静心接受治疗，肯定能够痊愈。可张灵甫却在休养的关键当口决定提前出院回到战场。起先，玛丽医院的医生还以为张灵甫提早回去，是因为付不起昂贵的医疗费，还好心劝他说："多休息半个月就能痊愈，费用有困难医院可以减免。"其实，张灵甫是在报上看到战时军人不宜出国养病的新规定，所以才不顾医生的劝阻执意出院回国。他对医生说："军人死且不惧，何爱一肢。军令不可违。"军人本色显露无遗。

伤未愈便提前归队，从此留下残疾，人送外号"瘸腿将军"。张灵甫作战勇猛在第七十四军是公认的，由于经常上一线指挥，负伤的次数也是相当地多。据王玉龄回忆，曾经就有过13块弹片一下炸到他身上。还有一次更加危险，伤在了额头，命虽保住了，右上额却留下一道难看的疤。都知道张灵甫外貌俊朗，平时对自己的军容仪表十分在意，额头的伤疤让他觉得破了相，为了遮挡这道疤，张灵甫的右额头从此多了一缕头发。就是这个连额头的疤都要遮掩的爱美将军，却对在抗日战场上变成了瘸腿而毫不在意。

1941年3月16日，日军第三十三、三十四师团及独立混成旅第二师旅团分三路合击赣西北上高，发动上高会战。张灵甫任第五十八师副师长随第七十四军作为决战兵团参加会战。在桥头、官桥街、堂浦、黄家浦构筑阵地，担负正面阻击任务。

上高会战历时18天，国军以绝对劣势的武器和不到敌一半的兵力，重创日军第三十三师团，第三十四师团及独立第二十混成旅团，伤亡更是高达70%以上。共计毙伤日军20000余人，生俘近百人，击沉汽艇十艘，击落重型轰炸机一架，缴获大炮18门、掷弹筒百多个、步枪机枪2000多支（挺）。日军在付出被击毙少将一名、大佐一名、大队长两名的惨重代价后，不得不退守南昌，第三十四师团参谋长樱中德太郎大佐兵败自杀。

据统计，国军牺牲8000余名，死亡总数略多于日军，但敌我双方团（大队）以上主官的死亡比例为四比一。4月4日，何应钦在和中央社记者谈话中指出："上高会战在今后作战指导上非常重要，其影响之大，莫可比拟。敌人采取分进合击态势，即可谓外线作战。我军始终固守上高一带既设阵地，依内线作战之原则，先击溃其夹击之一翼，然后转向其主力包围攻击，遂将其各路兵力悉行歼灭，可谓为开战以来最精彩之作战。"

战功卓著的七十四军在荣获国民政府第一号武功状和最高荣誉"飞虎旗"，第五十七师荣获"虎贲"称号，军长王耀武、副军长施中诚、第五十八师副师长张灵甫荣获勋章各一枚后，蒋介石还钦点七十四军为华中四大战区的主力攻击军。

1941 年 11 月，张灵甫升任第七十四军第五十八师师长。1942 年元旦，率部北上，参加第三次长沙会战。

1943 年 5 月，率部随第七十四军参加鄂西会战。

1943 年 11 月，参加常德会战。张灵甫亲率突击队救援常德守军七十四军五十七师，作战异常凶猛，"展示之激烈，实为野战所仅有"，迫使日军占领常德城当日即退出，为收复常德立下战功。战后张灵甫因功受到嘉奖，获得四等云麾勋章一枚。

1945 年 4 月，在湘西雪峰山战役中，张灵甫指挥第七十四军五十八师在铁山与日军主力血战获胜，获三等宝鼎勋章；抗战胜利后颁授胜利勋章，再获忠勤勋章。随军的美军观察顾问也对他的表现很欣赏，张灵甫还获得了美国金棕自由勋章。

1946 年 4 月，第七十四军奉命卫戍南京，张灵甫升任第七十四军中将军长兼南京卫戍司令。抗战胜利后，1946 年 5 月升任整编七十四师（即原国民革命军七十四军，抗战胜利后依中央命令，将"军"降编为"师"）中将师长，全师约 30000 人，成为国民党军五大主力之一。

1947 年 5 月 16 日，对战中国人民解放军华东野战军。在孟良崮战役之中，战死沙场，时年 44 岁。

2005 年，抗战胜利 60 周年之际，张灵甫的长子张居礼替父亲领受中共中央、中央军委和国务院颁发的一枚抗日纪念章。

第二节 统率中国远征军的铁血将军——杜聿明

杜聿明（1904—1981），汉族，字光亭，陕西省米脂县人，中国著名抗日将领，曾任国民革命军陆军中将。1939年11月任第五军军长，率部参与桂南会战，获昆仑关大捷。1942年3月1日，率第五军开赴缅甸，12日，任中国远征军第一路副司令长官（司令长官卫立煌未到任，由杜聿明代理），下辖第五军、第六军、第六十六军，同归史迪威将军指挥。1949年1月9日在淮海战役中全军覆没，于河南省商丘为中国人民解放军所俘。1959年12月4日获得释放。1981年病逝于北京。

1904年11月28日，陕西省米脂县吕家硷杜家湾举人杜良奎家传出了一声婴儿响亮的啼哭声，已经有四个女儿的杜良奎迎来了第一个男婴，取名杜聿明，字光亭。杜家是当地一个殷实之家，祖父母一生勤俭持家，积累田产400余亩，大部分都出租，或者雇工耕种。伯父杜良辅老成持重，负责管家料理事务。父亲杜良奎，清末举人，一直在西安长安大学堂执教，热心革命。参加了同盟会后，曾数度回米脂，鼓动县里的民团赶走了清政府官吏，并参加了反对袁世凯称帝的斗争。此后，杜家先后又迎来了一女一男两个孩子。

长男杜聿明从小深得长辈喜爱，衣食无忧，加之做老师的父亲不在身边，遂无拘无束、率性而为。和大多数男孩子一样，杜聿明自小喜爱玩弄枪支，还常偷偷到野外去打野鸡，并偶有猎获。12岁时，才被家人送至本县成家岔小学读书。校长李鼎铭是杜聿明的表哥，自幼受教于舅父杜良奎家中，遍读经史子集，兼及医学经典著作，精通地理、数学、天文、气象，曾自造地理仪、天文盘，计算日月食。因学有所长，闻名乡里。1903年考中廪生。1913年开始创办小学校，从事教育。杜聿明在学习上得到了这位严师的指点。

时隔30年后，这位表哥一度以无党派人士身份，先后当选米脂县参议会议长、陕甘宁边区参议会副议长、边区政府副主席。曾提出"精兵简政"议案，在边区广为人知。

但是，杜聿明才读了一年，家中祖父母相继去世，当家的伯父杜良辅也病故。父亲杜良奎一直在外教书，素来不问家务，杜聿明只好辍学返家，承担管家的重担。他虽是少年当家，却聪颖过人，居然很快掌握了一套经营家务、保全家业的本领。

16岁时，父亲杜良奎由榆林返家，见其因操持家务学业基本荒废，大为失望，决定将家务交侄儿杜聿成管理，杜便随父到榆林中学继续读书。榆林中学校长杜斌丞（著名爱国民主人士）是杜聿明的堂哥。杜在读书期间，爱好体育，并且很快学会了步枪射击瞄准要领。他立下这样的志向：要么学好英语，能够出洋去看一看世界强国，学一学他们富国强兵的方法；要么投笔从戎，自己能够训练出一支保家卫国的精兵。毕业考试，他的英语成绩不佳，遂决心做一个爱国军人。

1923年7月，杜聿明在榆林中学毕业。同年8月，与比他大两岁的曹秀清结了婚。曹秀清出生于富商之家，自幼聪明俊秀，父亲曹万滋对她关爱有加，让她幼年时就识字看书，学习诗文绘画。二人结婚后，琴瑟合鸣。在杜聿明的支持下，曹秀清在米脂女子学校上了两年学后，又到榆林女子师范学习。未待毕业，她便跑到天津，辗转经上海到南京，与久别数年的丈夫团聚。从此，她成为一名家庭妇女，随杜聿明栉风沐雨，南征北战，料理家务，教育儿女。她和杜聿明共有三男三女，长女杜致礼，二女杜致义，三女杜致廉，长子杜致仁，次子杜致勇，三子杜致严。

杜聿明从榆林中学毕业、结婚安家之后，并不想回去再料理家务，而是急于寻求出路。他在《新青年》杂志上，看到了黄埔军校招生的广告，喜出望外，经过慎重考虑，决心投奔黄埔军校，做一个爱国军人。但他的想法遭到家人的反对，尤其是他的父亲，坚决不放行。杜良奎虽然响应孙中山"驱除鞑虏，恢复中华"，早年参加同盟会，可他反对儿子弃文习武，投笔从戎，去当一介武夫！杜聿明于是提出要上北京报考大学，因为北京大学有他堂兄杜聿鑫，所以父亲勉强同意了。

在北京大学，通过堂兄杜聿鑫的介绍，杜聿明结识了一些在京的陕西老乡，他们是阎揆要、关麟征、张耀明、马志超、马励武、马师恭、杨耀、雷云孚等人。正在杜聿明一行备考北大期间，有一天阎揆要偶然在《新青年》上看到黄埔军校仍然招生的消息，奔走相告。杜聿明听到黄埔军校招生的消息后，格外兴奋，最初从军的想法再次升起，遂决定同乡结伴，奔赴黄埔报考军校。

1924年的3月初，杜聿明与堂兄杜聿鑫及陕西籍的同乡阎揆要、关麟征、张耀明等11人，从北京取道天津，搭乘英轮南下广州。得益于于右任（国民党元老，曾在陕西担任靖国军总司令）向蒋介石推荐，杜等全被录取，成为黄埔军校的第一期学生。于右任赠给他一副对联：安危天下重，博大圣人心。杜编在第三队第三区队第九分队，队长为金佛庄，同学有陈赓、李仙洲、侯镜如、黄杰、关麟征等人。

开学不久，学校开始办理入党登记。杜聿明同时收到共产党员和国民党员两份登记表，他接受了国民党党员登记表，成为正式的国民党党员。

杜聿明受训六个月后，被分配到何应钦第一教导团第一营第三连当见习官兼军需上士。他精心安排士兵每月六元的伙食费，带着炊事兵上街买菜，然后又跟着下厨房做饭，全连伙食办得很好，深受连长和士兵的称赞，不久擢升为第三排副排长。

1925年春，杜聿明随教导第一团参加第一次东征。东征军攻克淡水后，杜聿明受黄埔军校党代表廖仲恺派遣，前往河南开封协助胡景翼（国民军副总司令兼第二军军长、河南军务督办）办军官学校，途经北京时，将廖仲恺亲笔信面呈孙中山先生。

到达开封后，杜聿明在胡景翼的直接领导下，协助苏联顾问筹办军校。一个月之后，胡因病去世，新任军长岳维峻（原第二师师长）对苏联顾问和黄埔学生都不相容，杜等在河南没有容身之地，被迫返回陕北。

不久，国民二军高桂滋团补充营营长吴宝山，用重金聘请杜聿明为副营长兼第一连连长。未几，补充营在榆次被晋军缴械解散，杜被押至太原监狱。太原警备司令栾生达是老同盟会员，对黄埔学生颇有好感，将杜释放，还摆一桌酒饯行。之后，杜郑重地给广州革命大本营及黄埔军校分别写了书信，汇报自己的情况，请示行动。国民党中央组织部即回信指示：希望杜聿明仍留北方，争取机会和马湘联系，参加在北京碧云寺停厝的孙中山先生灵榇的守护。这时，正好高桂滋奉令率部开赴北京，担任京畿的卫戍勤务，重新组编的吴宝山补充营也随团北上。到达北京后，高桂滋将补充营改为特务营，派该营进驻西山碧云寺静宜园，守护孙中山灵榇。杜聿明仍任该营副营长兼第一连连长。

1926年7月，广州革命政府誓师北伐。杜聿明获悉这一消息，决心南下归队。他历尽千辛万苦到达南京，不幸被孙传芳的稽查队抓获，关进老虎桥监狱。一天深夜，他约同牢囚犯数人，越狱逃出，乘船到达武汉，在张治中任团长的黄埔军校武汉分校学生兵团担任第一营第三连中校连长。

宁汉彻底分裂后，武汉方面的倒蒋运动达到了鼎沸的程度。有一天，中央军校武汉分校在武昌阅马场召开大会，将枪决洪君器。洪是张治中的内弟，在学生兵团任职。洪的传令兵告密说："张治中、洪君器等企图将学生兵团带到南京。"于是，武汉当局逮捕了洪。会上，当众人高呼"打倒蒋介石、枪毙洪君器"的口号时，杜既不举手，也不呼喊。当天晚上，三连召开大会，对杜聿明提出质问，杜始终不回答一句话。最后，全连以大会的名义，决定将杜先行禁闭，待请上级彻底查办。有一天，他听到正在闲谈的一个守卫说："这些都是反动分子，很快就要枪毙掉。"当晚，杜冒死逃了出来，扮成商人模样，乘船前往南京。

杜聿明到南京后，找到了张治中，此时张任总司令部训练处校阅委员会主任委员。遂委任杜为校阅委员会中校委员。

1927年8月，蒋介石被迫下野，张治中出国考察，杜聿明跟着也失了业。他只好靠南京黄埔同学会每月12元的津贴维持生活。

艰难维持至1928年夏，张治中考察回国，任中央陆军军官学校训练部主任，遂任命杜聿明为该校杭州预科大队第二中队中校队长；次年年初，杜回南京军校任第七期第四队中校队长；同年冬又任新编第一师第二旅参谋主任。1930年年初，蒋介石成立教导第二师，张治中任师长，杜聿明任该师第二旅第五团一营中校营长，不久升为该师第六团上校团长。

1930年冬，教导第二师改番号为陆军第四师，杜为第十二旅第二十四团团长。师长徐庭瑶要求下属甚为严格，看到多数团队都是松松垮垮的样子，唯独杜团认真遵照其指示办事，教育训练各方面井井有条，操练娴熟，因而对杜大加赞赏。

1932年年初，徐庭瑶的第四师奉命开赴皖北大别山"围剿"红军，在霍丘被红军邝继勋部击败。在关键时刻，徐令第二十四团全力反攻，杜聿明率部穿插，突入霍丘，使红军损失重大。徐庭瑶为他记首功，并上报晋升杜为少将团长。这年冬，徐升任第十七军军长，杜被委为该军第二十五师第七十三旅旅长，不久升为该师副师长（师长关麟征）。

青年杜聿明从20岁投笔从戎，经过八年的辗转曲折，终于从军需、宣传、组织、教育各式岗位走到能打硬仗的二十五师的副师长之位。他的军旅生涯才刚刚开始，迎接他的就是一场旷日持久的、挽民族于危亡之中的恶战。他也终于可以在抗日战场上一展身手，以成志业。

古北口抗战

1933年2月，日本侵略军兵分三路进攻热河，第二十五师奉命从徐州、蚌埠一带开往通县集结，阻击敌人。3月10日，第二十五师在古北口南城东西两侧高地及龙儿峪构筑工事。

第二天，日军西义第一军第八师团及骑兵第三旅团迅速突破左翼第一一二师阵地，进占古北口关口，并乘胜向第二十五师阵地发起攻击。关麟征指挥所部张耀明第七十五旅反攻，在争夺高地时负伤，不得不撤出战斗。副师长杜聿明遂接替担任总指挥。

3月12日开始，日军弘前师团动用了飞机、大炮、坦克，并以3000多名步兵，向国军阵地发起猛攻。到了13日16点多，国军多个阵地落入敌手，杜聿明的司令部也被包围在关帝庙内。此时，通向各团的电话线都被炸断了，无法与外界取得联系。关帝庙的屋顶也被日军飞机丢下的炸弹炸了个大窟窿。二十五师一个军士哨七人继续抵抗，毙伤敌百余名后被轰击阵亡。敌将七具尸体埋葬，并立碑：支那七勇士之墓。考虑到二十五师已经伤亡惨重，军长徐庭瑶下令黄杰率领国军精锐第十七军第二师接替第二十五师在南天门的防务。当天夜里，黄杰就杀到了古北口，换下了遭受重创的二十五师。

三昼夜的激战，伤亡就近4000人，不过，二十五师也让日军遭受重创，毙伤日军2000余人。日军不得不承认，这一场战役是"激战中的激战"。

这年秋，杜聿明进入南京中央军校开办的高等教育班进修。学习期间，经同乡、黄埔一期同时毕业的马志超介绍，参加了复兴社。

1936年春，杜聿明从中央军校高级教育班毕业。经徐庭瑶向蒋介石推荐，杜聿明担任了国民党第一所机械化军事专科学校——新成立的南京陆军交辎学校的学员队队长（校长蒋介石兼）。年底，晋升陆军少将。

1937年5月，交辎学校战车营、交通兵第二团所属装甲汽车队合编，并补充了一批战车，建成国民党军第一个陆军装甲兵团，杜聿明为第一任团长。该团有战车营、搜索营、战防炮营共三个营，是中国第一支机械化部队。"八一三"淞沪抗战中，杜率领装甲兵团第一营的二、四两个连，在上海汇山码头协同步兵阻击企图登岸的日军。

12月，奉命将战车营一个连留在南京参加南京保卫战，余部由南京撤往湘潭。

强兵之识

1938年1月，装甲兵团撤至湖南湘潭整训，不久该团扩编为第二

○○师，杜聿明为师长。杜认为，对于一支军队来说，拥有优良装备只是条件之一，最重要的还须要能够使用这些装备的官兵，否则，优良的装备就是一堆废铁。因此，他集中全副精力大举练兵，决心在短期内将第二○○师练成一支能够驰骋疆场与日军打硬仗的劲旅。

杜聿明主张练兵首先练官，练官首先练自己。他自从任装甲兵团团长开始，就很注意这个问题，当师长后，对自己要求更加严格。为了掌握技术，他穿上工作服，刻苦学习驾驶和修理技术，常常钻到车底下修底盘；他还把新发现的问题，随时提出来和大家一起讨论。如：战车和步兵联合战斗如何协同，单车与群车之间的配合，战车射击和伪装，战车与炮兵协同等问题。杜善于学习，做到不耻下问，深入探索，终于由外行变成内行，逐渐系统地掌握了机械化部队的作战指挥要领。在他的带领下，全师官兵钻研技术蔚然成风，形成了练兵高潮。当时，国民党随军记者评论说："他虽非机械专科出身而钻研机械知识，极有心得。治军之暇，仍手不释卷。将来学问之造诣，兴事之成功，无可限量矣。"

杜聿明说："我们不但要加强作战指挥和战斗训练，还必须注意到加强精神训练，丰富官兵文娱生活。"他特委了一批政治干部，经常向官兵灌输爱国主义思想，要求连队成立小型俱乐部，创办黑板报，教唱军歌，经常组织球类、田径比赛。这些深受官兵的欢迎。

1938 年 12 月，第二○○师扩编成新编第十一军，从湖南湘潭移驻广西全州，杜聿明被委任为副军长（军长徐庭瑶）。不久，番号又改为第五军，杜升任军长。该军是国民党政府在抗日战争初期成立的唯一的机械化新军。杜提出："操场就是战场""平时多流汗，战时少流血"，要求新军具有"五除"（除骄、惰、伪、欲、恶）、"三习"（习精、诚、勤）的朝气。

这时，杜聿明把练兵的重点转移到步兵师的训练上来。杜认为，战场上决战的胜负，阵地攻防的得失，完全依靠步兵来完成；机械特种兵，只在火力协同，用火力的优势来压倒敌人，要达到攻必克，守必固，全部歼灭敌人于战场上，是要由步兵师来完成的。所以，他非常重视士兵的体格，并注重射击、刺杀、投弹、夜战、近战等训练。他每到各团、营，连看士兵训练时，都一一做示范，同士兵用步枪、轻机枪射击比赛，提出谁打得满分，当场发奖金；发现有发明创造的，当场讲评表扬，并传令各师派军官观摩。后来重庆军事委员会派员来校阅，第五军的军事训练列为全国第一。此时，杜聿明年仅34岁。

若干年后，自1931年开始就是其部下的张绪滋，仍能细致回忆其上司杜公的理军之才能，称杜公统御有方，综理密微：

> 杜公部属之中，其中亦有骄兵悍将者，有的是某某背景，有的是某国留学生，有的是什么特殊关系，杜公都能指挥自如，以德服人。对事之精细，诚如曾涤生先生说：综理密微。当其在北京北苑任二十五师副师长兼任旅长时，每次校阅、视察、检查内务，精细无比，故一时军中送杜公一个雅号：毛毛雨。因其周到细密，观察入微，集合官兵讲评时，不说空话，头头是道，使部下口服心服。杜公平时手不离簿，事无大小，一律记录，在湘潭二〇〇师时，我任第二科科长（戴戎光任第一科科长），每次出巡，即命跟随左右，他说我记，归来即整理视察所见，经杜公批阅后，马上变成命令，指示各部队遵行改正……

昆仑关大捷

抗战期间，为截断中国西南的国际交通线，从1939年夏起，日本侵略军集结兵力，准备开辟华南战场。11月17日，日寇在防城、北海登陆，进占钦州；19日，又突破小董防线，向南宁进击。杜聿明训练的第五军奉命从全州向南宁附近集中，准备攻击由钦州、防城登陆的北进之敌。

11月24日，号称"钢军"的日军第五师团第十二旅团（旅团长是中村正雄）进占了南宁，一个月后，又攻陷了桂南战略要地昆仑关。面对日寇气势汹汹的进攻，杜聿明冷静地分析了当时的战局，找出了敌人的弱点，向重庆最高统帅部提出了自己的建议："乘敌孤军深入后援未济之时，集结优势兵力，配合地方民众，迅速反攻，以击破侵敌而恢复国际之重要交通。"

12月15日，桂林行营主任白崇禧以蒋介石的名义发出"军作命第一号攻击命令"。命第五军作为桂南会战主力，反击邕宾路进犯之日军，重点攻克昆仑关，然后配合友军收复南宁。杜连声称"是"，毫无难色。

12月16日晨，杜聿明奉命率第五军担任对邕宾路的正面攻击，意在先行击破昆仑关及八塘附近之敌。杜召集团长以上会议，宣读作战部署：以郑洞国荣誉第一师从正面进攻；戴安澜第二〇〇师为总预备队；邱清泉新编第二十二师迂回敌后进入南宁以北，向六塘守敌攻击，以截断南宁、昆仑关交通联络，孤立昆仑关之敌。

12月18日拂晓，反攻开始。在战车、炮火掩护下，杜聿明第五军对昆仑关守敌进行了猛烈的攻击。郑洞国师与日寇展开白刃战，首先占领了仙女山。当晚各部乘胜进行夜袭，相继占领了老毛岭、万福村、441高地，最后占领了昆仑关。可是，19日午后，日军在大批飞机掩护下，进行反攻，昆仑关又被夺去了。此后，双方反复争夺，官兵伤亡甚重。

杜聿明在此期间，集中全副精力掌握战机。虽然敌人的炮弹纷纷落在指挥所附近，在杜的身边爆炸，但他极为镇定，从容指挥战斗。他随时传令嘉奖并用物质鼓励作战英勇的部队，以鼓舞士气。他每天随身携带一部电话机，一副望远镜，冒着敌军炮火的攻击和敌机的轮番轰炸，不顾个人安危，来到便于瞭望的前沿阵地，观测敌情战况，因而对昆仑关周围地形和敌阵兵力火力，能够做出合于实际的判断，并据以制订正确的作战方案。经过缜密的研究比较，并同各师长研究后，他决定采取"要塞式攻击法"，逐步缩小包围圈，一口一口地吃掉敌人。

杜聿明命令第二〇〇师副师长彭璧生率部从公路左侧越过昆仑关，形成包围之势；邱清泉师把战车埋伏在公路两旁的丛林地带；郑洞国师则加强右翼攻势，再度进入昆仑关内敌军纵深阵地，将敌指挥部及炮兵阵地摧毁。战斗整整打了18天，于31日以中国军队获重大胜利而告结束，史称昆仑关大捷。

昆仑关一战，日军损失空前巨大。据日本战后公布的材料统计，这次战役，第十二旅团班长以上军官死亡达85％以上，士兵死亡4000余人。旅团长中村正雄在九塘被郑洞国的第三团击毙。中村正雄临死前在日记本上写道："帝国皇军第五师团第十二旅团，之所以在日俄战争中获得了'钢军'的称号，那是因为我的顽强战胜了俄国人的顽强。但是，在昆仑关，我应该承认，我遇到了一支比俄更强的军队……"

昆仑关战役中国军队获得重大胜利，捷报传出，举国欢腾。全国各地的记者纷纷前来采访。当时的《中央日报》在题为《记杜聿明将军》的文章中称："我国机械化部队开始歼敌，则自杜将军聿明督率始。在昆仑关大捷后，敌人开始认识到我国军队已踏入世界近代军队行列。"

杜聿明在胜利之后，对于伤亡官兵的处理，有功官兵的奖励，都特为关心。部队经过休整以后，杜聿明在巍峨的昆仑关上，建立了一座"陆军第五军抗日阵亡将士纪念碑"，并亲笔写了400多字的悼念碑文。他对记者说："这次抗战胜利，各位在战场上都亲眼看到了，请如实宣传，用不着格外夸大，但有一点是需要着重宣传的，那就是要强调本军是民众的武力，民众是本军的父老，所以诸位要记载这一次胜利，千万要带一笔，本军的胜利，其实也是民众的胜利。"

远征缅印

1941年2月，杜聿明作为中缅印马军事考察团成员，赴缅甸、印度、马来西亚做军事考察。

在考察完毕的那个晚上，杜聿明依据为期100天审慎考察所得到的情况，进行了冷静的分析，然后，通宵达旦地在长达30万言的《中缅印马军事考察团报告书》上，执笔写下这样的结论："日本对于中国的国际交通线滇缅公路，将不是从中国境内截断，而是配合它对亚洲的政治战略整个策划的。日军侵略越南并与泰国建立友好条约表明，它即将向英国的远东殖民地进军，这样既可夺取英殖民地，又封锁中国，起一箭双雕的效果。"

有鉴于此，杜聿明提出中英两军为确保仰光海港之目的，应集结主力在缅甸边境预先构筑阵地采取决战防御。后来编成的《中缅印马军事考察团报告书》，其中最主要的部分就是由杜拟的中英缅共同防御计划草案。

当时正在缅甸的英国驻新加坡总督波普汉中将看了这份报告书，大吃一惊，问杜："像你这样富有理智而又刚强果断的将领，中国有多少？"

杜聿明自豪地回答："俯拾皆是。"

"那么，胜利属于你们！"身着戎装，胸前佩着数枚勋章的波普汉中将站起来，两脚一并，给杜聿明行了一个军礼。

1942年年初，日军第十五军饭田祥二郎率四个师团分两路向缅甸进攻。中国派出远征军，杜聿明为第一路军副司令长官。中国和英国军队集结后，策定作战计划，分三路南下迎击日军。杜聿明第五军为中路军，于3月9日接替英缅军在同古的防务。

杜根据所获敌人文件，了解到当面敌情及作战意图后，认为当面之敌，最多不超过两个师团，决心集中兵力，利用同古有利地形，击破当面之敌，进而协同英缅军收复仰光。杜的方案，得到了罗卓英（第一路司令长官）、美国史迪威（参谋长）的同意。

3月20日，同古诸战开始，一连数日，敌陆、空配合并与炮兵、战车协同进攻。至26日，正面敌人以其三个联队向同古西北角猛攻，第二〇〇师第六团阵地被突破；27日，新编第二十二师到达同古以北，与敌遭遇，双方彻夜对峙。28日，日军北守南攻，在同古北修筑工事，企图阻止新编第二十二师前进，而集中主力猛攻第二〇〇师，并施放糜烂性毒气，第二〇〇师官兵伤亡甚重。杜聿明即指挥新二十二师对当面之敌实行猛攻，进占南阳车站，以解第二〇〇师之围，但日军凭借附近建筑物固守。两军反复争夺，激战至30日。

这时，远征军东路第六军、西路英缅军，均正与日军展开激战，不能如期按原协定进入前线，而日军从仰光派出的后续部队将很快加入攻击，对第二〇〇师实行强行包抄。第二〇〇师已连续战斗12天，补给中断，粮弹两缺，有被敌各个击破的危险。杜聿明遂决心令第二〇〇师突围撤退，以图集结兵力，伺机再与敌决战。

就在杜聿明下令第二〇〇师突围的时候，史迪威坚决反对，坚持以不足兵力向敌攻击，并派参谋窦尔登监督杜实施。杜以"保全战力，这是任何一个指挥官的常识和义务"为由拒绝，不服从史迪威的命令，开始实施有计划的主动撤退。经过缜密部署，杜令郑庭笈指挥第二〇〇师城内部队向敌佯攻，主力迅速撤退，于 30 日退出同古，安全渡过色当河。第二〇〇师师长戴安澜事后深有感触地说："下令冲锋，原本是步兵打仗的口头禅，紧要关头敢于下命令撤退，才是指挥官的真功夫啊！"

第二〇〇师撤退后，杜聿明鉴于同古被围的教训，制订了"利用隘路预设纵深阵地逐次抵抗优势敌人攻击"的战术，这就是中国抗战史上著名的斯瓦逐次阻击战。

30 日晚，杜命令新二十二师在斯瓦河南北两岸构筑数个梯形阵地，两侧埋伏阻击兵，阵地正面埋设地雷。新二十二师采用这种战术，运用灵活，虚虚实实，使日军捉摸不透。远征军先攻继守，用逐次抵抗战术与日军五个联队激战达 12 次之多，迟滞达半月之久，敌军每前进一步，都需要付出人员装备极大消耗的代价，达到了以少胜多、以劣制优的目的，成为抗战史上一罕见的战例。

4 月 13 日，英军要求中国军队接替英缅军西路防区，企图混战撤走，史迪威、罗卓英重新部署作战方案，准备在曼德勒会战，命令第五军、第六十六军分布在长达 300 千米的平（满纳）曼（德勒）公路上。杜聿明认为这样分散兵力，会被敌人各个击破，一再申述棠吉的重要性，主张要么退守棠吉，守住腊戍前方门户；要么就在平满纳打下去，反对无准备的曼德勒会战，但未受到史、罗的采纳，杜只得从命，放弃了棠吉。于是日军重新进占棠吉，并直取腊戍，从西南面截断了集结于曼德勒准备大战的中国主力军后方，在曼的第五军，不得不向伊洛瓦底江西岸撤退。从此，远征军走上了惨败境地。

此间，史、罗撤往印度，并电令部队全部向温藻撤退，而蒋介石又命令部队向密支那、片马转进。杜决心按照蒋介石的命令执行，向国境撤退。

第五军各部回国经过之处，都是些崇山峻岭、人烟稀少的地方，给养困难，而又蚊蚋成群、蚂蟥吸血。沿途官兵相继死亡，尸骨暴野，惨绝人寰。杜本人亦感染重病，几乎殒命。第二〇〇师师长戴安澜在同敌激战中负重伤，不治而亡。

杜率第五军残部回国后，一再向蒋介石检讨说："这次作战失败是学生指挥无能，未能完成任务为国争光，请校长处分。"蒋不仅没有给杜处分，反而擢升杜为第五集团军总司令兼昆明防守总司令之职。

杜聿明就任新职后，面临的最大难题是，蒋介石和云南行营主任兼云南省主席龙云的矛盾非常尖锐，相互之间经常发生激烈的冲突。蒋处心积虑要剪除龙云。杜深知如果不搞好与"云南王"龙云和同盟军美军两方面的关系，不仅自己在昆明蹲不下去，更重要的是不能完成"捍卫西南战略要点"的重任，有负厚望，弄得不好甚至会身败名裂。他冥思苦想，寻求妥善对策，几乎废寝忘食。最后，他横下一条心："我不下地狱谁下地狱！"决定对龙采取表面应付、内加警惕的方针。此后，杜和龙云周旋，恪守部下对长官的应有态度，执礼甚恭。如有关行营和地方政府的事项，在处理前杜都向龙云请示，经龙同意后再执行，决不专擅。数年间，杜渐渐取得了龙云的信任，表面上看来二人感情融洽，几乎无话不谈。对于龙云左右的重要负责人员，杜则广为接纳，经常和他们打牌喝酒，参加一些娱乐集会，互相称兄道弟，以示彼此无所猜疑。杜对美军也小心照顾，美军有所要求，能办到的马上就办，尽量满足；不能办的，则婉言解释，免除误会。美军在公余之暇，经常举行各种娱乐和晚会，杜也去应付，凡接到美军邀请，大都准时到场，一道翩翩起舞。杜的这种做法，虽然引起了不少国民党军政人员的非议，甚至有人向重庆控告。然而，蒋介石却对他抚慰再三，并开了一张巨额支票送给他，令其安心履行原任务。

1945 年 4 月初，蒋介石突然电召杜聿明去重庆。蒋与杜一见面，就问："你来的时候看到什么人没有？"杜答："谁也没有看见。"蒋高兴地连声称好,接着说,"目前准备对日本侵略军进行总反攻,必须先安定后方,统一云南的军事政治,保障抗日战争的最后胜利。现在拟调龙云到中央任军事参议院院长,恐其不服从中央命令,你要在军事上做彻底解决龙云的准备,先将昆明附近的国防工事全部控制,然后在我命令到达的同时,即以武力解除龙云的全部武装,限龙云于三日内到重庆。"并问杜有何意见。杜聿明一口就应承了这个任务。蒋介石听了很高兴,要杜即刻回昆明做准备。可是,何应钦(当时驻昆明的中国战区陆军总司令)认为,劝龙云自动辞职是可能的,龙不会顽固恋战,这样解决可免于动武。杜聿明也表示同意。于是,何和杜从多方劝龙云自动辞职,历经三个月之久,龙云却毫无退意。

是年 8 月 9 日,蒋介石再次电召杜聿明到重庆,面授机宜。蒋指示说:"你这次回去做解决龙云的准备工作,除军事准备外,还要对云南的通信、交通及各机场做周密的布置,防止龙云逃跑。"

8 月 11 日,杜聿明飞回昆明,立即进行解决龙云的准备工作。在军事方面,杜假借到沦陷区大城市为解除日本武装做准备为掩护,对排长以上军官亲自教授沙盘模拟演习,对龙云在昆明的兵力、驻地做了调查研究,拟定了对策,以期在短时间内将龙云的武装彻底解决。昆明通全省的电话、电报、公路、铁路及飞机场,也制订了严密的控制办法,使龙云与外界隔绝,无法逃走,只留五华山弹丸之地和一营卫队,让龙云自己决定去从。对于如何执行蒋介石的命令,说服龙云就范也做了准备。这些工作秘密进行了一个月之久,才告完成。

9 月 27 日,蒋介石派王叔铭秘密到昆明,送亲笔信给杜聿明,告知他日内就要颁布调龙云为军事委员会军事参议院院长的命令,并指示杜将飞机、大炮、坦克一齐准备好,万一龙云不服从命令,就集中火力袭击五华山,要杜"绝对保证龙云的生命安全"。

当时杜聿明考虑到,在政治上自己和龙云是不能并立的,可是在私人感情方面,二人相处很好,对龙云加以伤害的事绝不能做,而且,万一龙云在事件中死去,社会舆论必然加罪于己。于是,杜连夜复蒋一封信，大意是：龙云只有一个五华山弹丸之地，不足为患，轰击五华山，会波及云南大学、西南联大的安全，引起学潮，在政治上造成极端不良影响。蒋最怕闹学潮，只得复信同意杜的意见，不使用大炮轰击及飞机轰炸。

9月29日晚，杜聿明即赴昆明市北郊岗头村准备好的指挥所内，召集团长以上军官及新任云南省民政厅厅长、代理省主席李宗黄等开会，下达行动命令，并将解决龙云的命令送交美军一份，将中央任免龙云本兼各职的命令送交龙云。

以上各项命令及措施下达后，已至午夜。各将领纷纷报告时间来不及，杜提醒说："一切详细部署具体办法，就是你们在沙盘上演习过的，你们参照去执行，不会来不及的。"各部队长至此才恍然大悟，便分头执行去了。

30日清晨5时，杜部都到达进攻位置，并将军委会命令送给龙云各部队。事出龙云各部队意外，都猝不及防。仅50多分钟，就结束了战斗，仅剩下一座五华山。

龙云拂晓听到东门枪声时，即从住宅后门奔上五华山，随即发出"戡乱"的电报。这时，龙云还不知道其保家部队早已完蛋。由于龙的通信机构皆被监视或破坏，"戡乱文电"俱未发出。云南省的保安部队有近十万人，龙云自恃这支力量可以与中央军较量一番，决心在五华山固守待援，负隅顽抗。杜几次派人上山与龙见面商谈，拟定了几条宽大方案，开放了市区的一部分电话，便于龙云同地方上取得联系。龙感到大势已去，不得不表示自己是服从命令的。10月3日，宋子文飞昆明，上五华山与龙长谈，龙愿随宋于10月4日离昆明去重庆。起飞前，杜和龙的亲属都到机场送行，杜向龙道歉说："对不起，院长。"龙说："你是奉命行事，不怪你。"

龙云离开昆明后，杜就照蒋的指示着手改编龙云的军队，将龙的旧部集中起来编为一个师、一个宪兵团。杜还下令，昆明市过去的所有文武官员的私有武器，要限期办理登记，不得私藏军火。

10月14日，杜忽然接到蒋的命令，要他到重庆去。杜15日飞抵重庆。这次蒋氏接见，与过去大不相同，对杜优礼有加，还很有兴趣地询问了解决龙云的经过。继而，蒋吞吞吐吐地对杜说："你解决龙云对国家立了功，可是得罪了龙云。你应该为国家，任劳任怨。我表面上先下达将你撤职查办的命令，以后再任你别的职务。"杜很了解蒋的心理，就慷慨地说："只要于国家有利，我个人不计较任何名利地位。"蒋听了很高兴。16日，蒋果然发布命令："杜聿明在云南处理失当，即刻撤职查办。调任关麟征为云南警备总司令。"

抗日战争胜利后，杜聿明被派往东北任国民党东北保安长官司令部中将司令。后，其统率国民党军队在辽沈战役、淮海战役中与中国共产党军队对垒。1949年1月被中国人民解放军俘获，定为战犯。1959年12月被特赦释放。1964年被特邀为全国政协第四届委员会委员。1978年当选为第五届全国人大代表和全国政协第五届常委。1981年5月7日病逝于北京。

第三节　谋勇将军成就东方斯大林格勒之战——胡琏

72年前的5月27日，是一场中日军队之间的要塞争夺大战即将开始的前一天。阵地上是一片令人不安的宁静。这次中国守军的统帅，是一位年轻的将军。但是此刻他却在准备着一件与现代战争似乎全不相干的大仪式——拜天。当天，这位将军起得很早，军人的直觉告诉他，血战将在明晨发生。晨曦中他一连写了五封信，其中在写给父亲的信中，他叩拜父亲，表明为国尽忠、不能奉养之歉意：

父亲大人：儿今奉令担任石牌要塞防守，孤军奋斗，前途莫测，然成功成仁之外，当无他途。而成仁之公算较多，有子能死国，大人情亦足慰。唯儿于役国事已十几年，菽水之欢，久亏此职，今兹殊戚戚也。恳大人依时加衣强饭，即所以超拔顽儿灵魂也。敬叩金安。

也诀别妻儿，为不能相守相伴而"稍感戚戚"：

我今奉命担任石牌要塞守备，原属本分，故我毫无牵挂。仅亲老家贫，妻少子幼，乡关万里，孤寡无依，稍感戚戚，然亦无可奈何，只好付之命运。诸子长大成人，仍以当军人为父报仇，为国尽忠为宜。战争胜利后，留赣抑或回陕自择之。家中能节俭，当可温饱，穷而乐古有明训，你当能体念及之。十余年戎马生涯，负你之处良多，今当诀别，感念至深。兹留金表一只，自来水笔一支，日记本一册，聊作纪念。接读此信，亦悲亦勿痛，人生百年，终有一死，死得其所，正宜欢乐。匆匆谨祝珍重。

安排好自己的后事，将军依古例沐浴更衣，换上崭新的军服。正午时分，他命人设案焚香，亲率师部人员登上凤凰山巅，虔诚地跪拜在苍天之下。他大声誓诵亲笔所写之祭文：

陆军第十一师师长胡琏，谨以至诚昭告山川神灵：

我今率堂堂之师，保卫我祖宗艰苦经营遗留吾人之土地，名正言顺，鬼服神钦，决心至坚，誓死不渝。汉贼不两立，古有明训。华夷须严辨，春秋存义。生为军人，死为军魂。后人视今，亦犹今人之视昔，吾何惴焉！今贼来犯，决予痛歼，力尽，以身殉之。然吾坚信苍苍者天必佑忠诚，吾人于血战之际胜利即在握。

此誓

大中华民国三十二年五月二十七日正午

山河壮丽，日月明照。若为华夏子孙，闻之焉能不动容？随将军共同祭天的将勇之士，无不为将军的忠义决绝所感染，都感到热血在躯体中翻滚，对明日之大战，大家心中了然：必以决死之心，捍我祖宗之土地，卫我中华之精神，方能置之死地而后生。

这必将是一场恶战。这位以决死之心应战的将军，就是时年36岁的陕西将领——胡琏。

1907年11月16日，胡琏出生于陕西渭水南岸华县会同坊北会村的一个贫苦农民家庭。像所有的农家人对儿子的未来寄予厚望一样，胡琏出生时，胡家已经有一个男孩子，取名进禄。对这个新生儿，胡家欣喜之余，更是取名从禄，又名俊儒，字伯玉。

胡家望子成龙，但无法供养胡琏兄妹三人都读书，决定让胡琏去读私塾，将来有个出路。1920年，脱离了封建独裁制度的中国，已经开始普及新式小学，以提高国民素质。胡琏得以入华县高等小学，开始接受民国以来的新式教育。

在众多的学生中，胡琏逐渐显露出自己的聪明才智，学习成绩名列前茅。同学送绰号"子奇"，深得老师刘淼器重，告诉胡父要好好培养，将来定成大器。小学毕业后，因家中贫困，胡琏无法进一步升学深造，只能回乡务农。

胡琏母亲王富女，出身贫家。虽是女流之辈，但是见识却不让须眉，行事果断，治家有方。她先做主让胡琏娶了邻村女吴秀娃为妻。成了家，随之而来的就是立业。20世纪20年代，各种思想交相混杂，各种势力跌宕起伏。孙中山高树三民主义之旗帜，成立南方政府，建立中央陆军军官学校（黄埔军校），决心北伐。不少热血青年对革命军人心向往之，纷纷投考黄埔军校。

1925年，胡琏也怀着自己的将军梦，辗转来到广州并考入黄埔军校，接受三民主义思想教育和正规化军事教育。1926年3月，胡琏被编入黄埔军校第四期学生队步兵科第一团第七连。虽然学校生活俭朴，但一群年轻人在一起，有激情，有思想，并为实现自己的理想而努力思考与学习，所以，大家依然觉得很快乐。当然，这也是胡琏人生的一个转折点和走入社会的一个新起点。

带兵打仗，是胡琏儿时就有的梦想，希望自己能如评书中的岳飞、薛仁贵、诸葛亮一样建功立业，威震敌胆。

专业化的训练，先进军事思想的学习，总是能激发一个人干一番大事业的梦想，黄埔军校的学员更不例外。以天下为己任，救国救民天下为公的三民主义思想感召着这些莘莘学子。严明的纪律，开明的思想，艰苦的训练，刻苦的学习，铸造了中国新时期一支训练有素的新型军队。

莘莘学子，亲爱精诚，三民主义，是我革命先声。

革命英雄，国民先锋，再接再厉，继续先烈成功。

同学同道，乐遵教导，终始生死，毋忘今日本校。

以血洒花，以校做家，卧薪尝胆，努力建设中华。

——黄埔军校校歌（1924—1926）

在校歌声中，一批批黄埔学子走上了北伐、抗日的热血战场。

为完成孙中山先生的民主革命，在广州的国民政府决定北伐，消灭以段祺瑞、孙传芳、张作霖为首的直系和奉系军阀。1926 年 7 月，国民革命军正式出师北伐。1927 年春，胡琏任国民革命军第一军第二十师少尉连长（师长钱大钧），镇守广州。初入战阵，胡琏积极实践在军校中学到的军事技术与理论，如何行军，如何观察地形，如何根据自己的实际情况布置战术等，不断总结经验教训。胡琏有写日记的习惯，每日将这些心得体会记入日记。如此日久，逐渐形成了自己的一套招式，饶有章法，为后来投奔老乡关麟征军队并直接得任连长，打下了坚实的基础。第二十师被遣散后，1928 年 3 月，经老乡关麟征介绍，胡琏任国民革命军总司令部警卫司令部警卫第二团（团长关麟征）第一连连长。陈诚当时是南京警备司令，所以这是胡琏加入"土木系"（据称，十一师"十""一"二字合而为土，十八军"十""八"二字合而为木，故名"土木系"）的开始。

1928 年 8 月，胡琏出任国民革命军第十一师（副师长陈诚）步兵旅第三十一旅第六十一团第一连连长。至此，胡琏与第十一师结下了一生的不解之缘。此后，胡琏随部先后参加蒋桂战争和中原大战以及对中央苏区的"围剿"之战。

在中原大战中，胡琏所在的第十一师奉命向归德进攻。冯玉祥部用密集的炮火反击，并以敢死队抵命死搏。战斗异常激烈，一些士兵胆怯败退，胡琏拔出手枪高喊："谁敢后退，我就枪毙谁！"胡琏的连队因而守住了阵地。这一战，胡琏的指挥能力和胆量给陈诚留下了深刻的印象，他决定重用胡琏，于是胡琏被提拔为营长。1931 年至 1934 年，胡琏跟随陈诚参加对中央苏区的第三、四、五次"围剿",又因功于1933 年 8 月升任第十八军第十一师第六十六团团长。蒋介石特令授予胡琏少将军衔。

1937 年 7 月 7 日,"卢沟桥事变"爆发,日本发动全面侵华战争。

8 月 13 日,日军武装进攻上海,淞沪会战爆发。胡琏率部随第十八军第六十七师(当时胡琏已调任第六十七师第一九九旅旅长)开赴上海,参加淞沪会战。

8 月 25 日,胡琏率部协同第六十七师各部向上海罗店进发,以备日军发动反攻。下午,胡琏指挥第一九九旅用集束手榴弹炸坦克,又组织机枪火力网封锁日军前进通道,有时还组织部队主动出击,与进逼罗嘉公路的日军"反复肉搏,双方伤亡惨重,对峙于罗店以北"。淞沪会战后,胡琏率部在皖南山区整训。

第二年,胡琏随部挺进苏南开展游击战,重创敌寇。其部四〇一团团长邱行湘直捣溧阳、宜兴一带,直逼苏浙边境张渚诸地,使日寇沪宁铁路交通受到威胁。1938 年 6 月,日军沿长江分五路进攻武汉。胡琏率部随第六十七师由安徽绩溪开抵贵池、青阳一带,沿长江占领阵地,准备协同炮兵和海军特种部队截断日军长江水上交通,策应武汉会战。

胡琏司令部设在九华山,他亲自到前沿阵地了解情况,发现日寇在江岸各地修碉堡,并有重兵把守。为了配合海军特种部队在长江布雷,将沿线据点的敌人引开,一天,胡琏指挥部队突然向敌人据点发动攻击,迫使敌人放松对沿江的巡逻,扮成"船夫""渔民"的海军特种部队乘机在江面布下水雷。一天夜晚,胡琏又派出一支部队向敌人的碉堡突击,日寇摸不清中国军队的虚实,不敢出击,海军特种部队又一次在江面布下水雷。在胡琏部和其他部队的掩护下,海军特种部队一年内在长江皖赣江面炸沉日军舰船六十余艘。

1939 年,胡琏率部开赴湖南,参加第一次湘北会战(长沙会战),并升任第十八军第十一师副师长(师长方靖)。

1940 年 5 月 1 日,日军四个师团及一个骑兵旅团由信阳、随县、钟祥兵分五路进攻第五战区襄河中国军队主力，企图占领枣阳、宜昌，枣宜会战爆发。5月21日，日军第十一军（司令官园部和一郎）占领襄阳后，经宜城、南漳，直逼宜昌。第十一师奉命从长沙驰援，防守宜昌东北之屏障——湖北当阳。5月底，十一师在当阳构筑工事完毕，师长方靖在临战会上告诫："当阳长坂坡，是当年三国时刘备破曹操处。此次战斗倘若当阳失守，宜昌不保，日寇就会将我们窒息于西南。国家到了生死关头，我师必须人人做张飞、赵云，使日寇有来无回。"胡琏接着说："我们就要像当年张翼德大闹长坂坡那样，杀得日本鬼子片甲不留。"6月9日，日寇向第十一师阵地疯狂进攻，双方反复争夺当阳西北九山子高地。胡琏亲率第三十一团增援，同时派另一支小部队抄敌后路。敌人怕陷于包围之中，慌忙撤退。方靖、胡琏在当阳与日寇激战一周，重创敌军，后撤至大峡口、风洞河一带抗击日寇。

1941年，胡琏调任福建预备第九师师长，1942年调回第十一师任师长。

1943年，36岁的胡琏迎来了军旅生涯中战绩最辉煌的一次战役：鄂西石牌保卫战。

古镇石牌在宜昌县境内，位于长江三峡西陵峡右岸，依山傍水。石牌35平方千米，上有三斗坪，是当时的军事重镇，六战区前进指挥部、江防军总部等均设于此；下有平善坝，与之相距仅咫尺之遥，是石牌的前哨，亦为我军河西的补给枢纽。石牌下距宜昌城仅15千米。日军侵占宜昌后，石牌便成为拱卫陪都重庆的第一道门户，战略地位极为重要。

1937年7月7日，中国抗日战争打响了第一枪。同年，淞沪抗战失利，上海、南京相继沦陷。1938年10月，日军侵占武汉，中国政府被迫迁都重庆。日军为了达到吞并全中国的目的，加紧了对陪都重庆的进攻部署。三峡石牌因其地势之险、战略位置之重而成为拱卫陪都重庆的第一道大门。从1939年春至抗战全面胜利前的五年时间里，中日军队一直在石牌要塞对峙。

武汉沦陷后，为阻止日军沿长江三峡航道西侵，中国海军于1938年冬就在石牌设置了第一炮台，其左右各有第一、二分台，安装大炮共十门，为长江三峡要塞炮台群的最前线。与之相配套的还有川江漂雷队、烟幕队等。严密的火力网，构成了铜墙铁壁式的阵线，从而有效地封锁了三峡航道。

宜昌号称"川鄂咽喉"，战略位置极为重要。为确保宜昌安全，以李宗仁为司令长官的第五战区（辖七个集团军四十个师35万人）以鄂西宜昌为轴，排成了由东北到西南的阵势，并将总司令部设在老河口。中日两军在以襄樊为轴心的襄河两岸对峙。1940年4月中旬，日军开始将鄂东、赣北、湘北各部陆续向钟祥、随州、信阳等地集结，总兵力达20余万人。

1940年4月30日，日军采取声东击西之计，在北线的鄂北、豫南全面发起进攻，企图造成放弃宜昌石牌而从北线进攻重庆的假象，以此达到分散中国军队对宜昌石牌这一战略要地的注意，继而乘虚夺取石牌要塞，打开入川通道的目的。日军来势凶猛，李宗仁判断失误，从宜昌抽调郭忏的江防军，宜昌顿时成为一座无人防守的空城。此举正中日军下怀。6月1日，日军占领襄阳；3日，日军占领南漳。南下日军迅速攻占宜城、远安、荆门、当阳。6月7日，右翼军团张自忠总司令亲率总部直属特务营和第七十四师的两个团渡过襄河截击敌人，8日在新街与敌相遇，激战中日军败退。张自忠率部乘势追击败敌，击毙敌高级军官两名。战至16日，敌增兵万余，掉头向张自忠围攻。从早上至14时，张自忠在身中四弹的情况下，仍全力督战；16时，张自忠身中第七弹，在宜城南瓜店壮烈殉国。6月8日，日军第三、十三、三十九师团分三路向宜昌进攻，当阳沦陷。6月12日16时，宜昌沦陷。中国军队只有凭借三峡石牌要塞阻敌西侵。

宜昌沦陷，重庆震惊。长江上游江防军总司令郭忏被撤职。国民党军委会紧急重组第六战区，调军委会政治部部长陈诚赴湖北任第六战区司令长官，并令陈诚"确保重庆中央陪都安全，阻敌西犯"。

陈诚接令后，亲赴宜昌，实地勘察，做出布置：令长江上游江防总司令吴奇伟率第九十四军和第十八军驻扎在三斗坪等地，凭借三峡、石牌险要地形设防；令第八军军长郑洞国驻宜都，守宜昌江南的前沿阵地，牵制敌侧后方；令周岩第二十六集团军第七十五军驻兴山沿马良坪、蛟龙寺、雾渡河、分乡场、黄花场、柏木坪设防，其前沿阵地从长江边往东延伸至三游洞、下坪、鄢家河、小溪塔、珠宝山等地，和第三十二军接防，与日军对峙；左翼联系三十三集团军和孙连仲集团军，右翼紧接江防军，将日军压缩到宜昌市及以东的古老背等地区。

陈诚调整部署坐镇恩施指挥，多次亲临石牌、三斗坪督战，同时就地开展抗日救国宣传活动，发动群众参军。敌我双方围绕三峡石牌要塞凭险防守，咫尺相峙，互闻鸡犬之声，相持达三年之久。

1943年4月，与欧洲战场盟军对德军全面反攻相呼应，美军在西南太平洋向日军发动反攻，令日军难以招架。为摆脱困境，早日从陷于泥沼中的中国战场抽出兵力，转用于太平洋战场对付盟军，日军加紧了对中国军队的攻势。

1943年5月，日军集中七个师团，约十万兵力，杀气腾腾地从洞庭湖北岸直奔石牌而来，妄图夺取入川门户。蒋介石电示第六战区司令长官陈诚："军事第一，第六战区第一，石牌第一。"陈诚乃命长江上游江防总司令吴奇伟率江防军固守宜都至石牌一线：第十八军扼守石牌核心阵地，以固守石牌要塞为主；第八十六军和第三十二军防守石牌外围阵地，确保石牌要塞外围安全；并决定以石牌为轴，以五峰渔洋关、长阳津阳口、石牌为决战线。战斗过程中，蒋介石又电令第六战区："江防军守备现阵地，确保石牌。"江防军即令第十八军以固守石牌要塞为主，在其他要地分别部署有力部队，确保石牌要塞外围安全。经过激烈交战，中国军队依计撤退，日军西进。石牌要塞保卫战是这次会战的关键。石牌为我军全线扇形阵地的旋转轴，正如徐州会战中的台儿庄。坚守旋转轴，顶住敌军的正面进攻，伺机侧击敌军。因此，蒋介石对石牌要塞的安危极为关注，他不止一次地给六战区陈诚、江防军吴奇伟拍来电报，强调确保石牌要塞。5月22日，蒋介石再次电示："江防军应死守石牌要塞之线拒止敌人。石牌要塞应指定一师死守。"江防军及时调整部署，令第十八军战斗力最强、资格最老的第十一师死守石牌。

第十八军第十一师的将士们又一次站到了生死的边界线上。

为坚决保卫石牌要塞，5月27日，江防军调整部署，决定以长阳、宜昌两县间之稻草坪、高家堰、余家坝、曹家畈、石牌之线为决战线。至此，鄂西会战进入决战阶段。为确保决战胜利，陈诚命第十集团军第九十四军主力转移到长阳资丘附近，掩护江防军右翼；同时调动空军战机协同地面陆军作战，并对日军后方实施轰炸，切断敌之增援和补给。

在此关键时刻，从重庆传来蒋介石5月26日颁行的手令。蒋氏指出，石牌乃中国的斯大林格勒，是关系陪都安危之要地，严令江防军胡琏等诸将领英勇杀敌，坚守石牌要塞，勿失聚歼敌军之良机。我三军将士斗志倍增，死守石牌要塞的第十一师师长胡琏随即有了开篇的祭天仪式和立遗嘱之为。

决心与石牌共存亡的胡琏将军，把师指挥所推进到离火线很近的虫客蚂包，亲临阵地指挥。他利用石牌周围层峦叠嶂、壁立千仞、古木参天的特点，构筑坚固工事，并在山隘要道层层设置鹿砦，凭险据守。

5月28日，日军第三、三十九师团开始向石牌推进。日军第三师团从长阳高家堰进入宜昌境内，向我第十一师第一道防线南林坡阵地发起攻击。同时，右邻之十八师阵地也受到日军的袭击。至此，一场争夺石牌之战在西陵峡展开。战斗之激烈，为抗日战争中鄂西战事所绝有。为了中华民族的尊严，为了每一寸神圣的国土，第十八军将士以血肉之躯筑就抵御外敌的钢铁长城。

南林坡阵地是日军主攻目标。守军第十一师三十一团三营官兵奋勇抵抗，战至黄昏时分，敌军接连发起五次冲锋。右翼九连阵地首先被敌攻占，左翼八连阵地继而也被敌突破，连长阵亡。然而，配有重机枪排和迫击炮排的第七连阵地始终坚守，并以猛烈的炮火向敌射击，予敌重创，阵前陈尸数百，但七连官兵伤亡也重。第二天黎明，日军又向七连左、中、右三方进行夹击，均被我军击退。日军对我南林坡正面阵地屡攻不下，遂于上午9时出动飞机五架，同时搬来直射钢炮数门，对我七连阵地狂轰滥炸。周围树木被扫光，山堡被炸平；二排排长阵亡，追击炮炮手全部牺牲，重机枪排死伤惨重，技术兵幸存无几。第三天，日军一部在飞机支援下，继续向我第七连阵地攻击，掩体和工事破坏殆尽，但该连余部仍顽强坚持战斗。第四天即5月31日，第七连奉命撤离南林坡时，全连仅剩70多人，官兵伤亡达四分之三。在石牌保卫战的日日夜夜，第七连自始至终坚守阵地，没有后退一步。

5月29日，日军第三十九师团主力经余家坝，中午进至曹家畈，兵分两路向牛场坡、朱家坪十一师阵地大举进犯。牛场坡群岭逶迤、树木参天，是朱家坪的屏障。朱家坪峡谷深邃、层峰叠峦，第十一师官兵凭此有利地势沉着应战。日军一路由彭家坡迂回牛场坡，另一路从响铃口、柏木坪向牛场坡正面攻击。我军与数倍于我方之敌军在牛场坡激战竟日。日军为了攻占主峰大松岭，在飞机的支援下，向坚守主峰阵地的第十一师的一个连发起数次冲锋。战斗最紧张的时刻，电话里传来胡琏师长的声音："弟兄们，积极报效祖国，死守阵地，战斗到最后一个人，流尽最后一滴血！"在十一师官兵的痛击下，日军伤亡颇多，该连亦伤亡过半。终因众寡悬殊，我军撤离牛场坡。由于失去屏障，5月30日朱家坪被敌攻占。

与此同时，日军第三师团另一部越过桃子垭，向桥南之天台观一线我十八军暂编第三十四师阵地进犯。天台观是我军在这一带的制高点。这天，日军沿点心河从天台观背面向我军攻击，企图夺取天台观。当敌人进至点心河时，即遭到我军阻击，一举毙伤敌人300多人。日军无奈遂转攻王家坝，又遭我军分头迎击，无法行进。这时，第三师团的中火田部队前来驰援，卡断了天台观与大军的联系。守卫天台观的暂三十四师一排战士，临危不惧，死守阵地，与敌顽强拼搏。日军几攻不下，又调来飞机助战。我一排战士聚集在冬荆树下坚持战斗，飞机竟把冬荆树炸成秃桩，山头土翻了几层。然而勇士们视死如归，与敌肉搏，予敌重大杀伤，最后全部壮烈牺牲。

日军攻下天台观后，骑兵队突入窄溪口，又遭到我龙家岩阵地守军迫击炮的攻击，迫使敌骑落荒后撤。不久，日军步兵在飞机掩护下强行通过窄溪，向八斗方十一师二线阵地突进。

自日军进入石牌外围主阵地后，由于这一带是崇山峻岭，其步兵仅能携山炮配合作战，抵挡不住我军之打击。于是便用飞机轰炸代替炮击，每天保持九架飞机低飞助战。到了 5 月 30 日，日军向石牌要塞进行强攻。敌人在空军掩护下，分成若干小股向十一师阵地猛攻，只要有一点空隙，即以密集队伍冲锋，做锥形深入。战斗激烈时，陈诚打电话问胡琏："守住要塞有无把握？"胡琏斩钉截铁地回答："成功虽无把握，成仁确有决心！"其英雄气概可见一斑。

十一师官兵在胡琏指挥下奋勇作战，在曹家畈附近的大小高岭上曾有三个小时听不到枪声，这不是双方停战，而是敌我两军扭作一团展开肉搏战。攻击三角岩、四方湾之敌千余人，为争夺制高点黔驴技穷，一度施放催泪瓦斯。十一师无防化设备，用血肉之躯与敌人相拼，竟奇迹般将敌人歼灭殆尽。八斗方之争夺，是这次战斗中最为激烈的。敌人每一寸土地之进展，必须付出同等血肉之代价。两军在此弹丸之地反复冲杀，日月为之黯然失色。我军浴血奋战，击毙日军 2000 余人，阵地前沿敌军尸体呈金字塔形。中央社向全国播发消息称："宜昌西岸全线战斗已达激烈，每一据点均必拼死争夺。"这是当时战役的真实写照。

在石牌外围拼搏战中，日军一度钻隙绕过石牌，冲到距三斗坪仅 30 千米的伏牛山。胡琏将军立即命其属下将国旗插到最高峰上，并严令守军不得后退一步。他用电话告诫将士："打仗要打硬仗，这一次一定要让日军领教中国军队的作战精神！"在石牌保卫战的日日夜夜，十一师就是凭这股精神与敌搏杀。

日军久攻石牌不下，损兵折将惨重，信心完全丧失。到了 5 月 31 日夜晚，战场上的枪炮声突然沉寂下来，进犯石牌之敌纷纷掉头东逃。石牌要塞虽历经烽火，但仍屹立在西陵峡之滨，固若金汤，如同一座铜墙铁壁。此次石牌大战，我军打死打伤日军达 7000 余人，缴获器械无数。

这场决战，中国军队投入兵力 15 万人，日军投入十万兵力，日军伤亡兵力两万五千余人，中国军队仅伤亡一万余人便取得战争胜利。石牌保卫战的胜利，实现了蒋介石"军事第一，第六战区第一，石牌第一"和"死守石牌，确保石牌"的军事目标，挫败了日军入峡西进的美梦，粉碎了日军攻打重庆的部署，遏制了日军肆意践踏的铁蹄。

石牌保卫战，是国民党军队和日本军队为数不多的以弱胜强并且最终以较小的代价取得较大胜利的一次著名战役。石牌保卫战的意义极其重大，它是抗战的重大军事转折点，西方军事家誉之为"东方斯大林格勒保卫战"，甚至可以说，它对中国抗日战争的最后结局都产生了深远的影响，被确立为世界军事史上中华民族反法西斯取得胜利的著名战役。

石牌保卫战后，胡琏因功升任第十八军副军长兼第十一师师长，并荣获青天白日勋章一枚。

与抗日战场上众多的陕西将领相比，胡琏是为数不多的、整个抗日战争中都鏖战于第一线的将军之一。他在浴血奋战中，从一位黄埔军校毕业生逐渐成长为一位骁勇善战的将军。

1945 年 4 月 24 日，已经升任第十八军军长的胡琏，接到国民政府军事委员会电令，率部开赴湖南沅陵、辰溪，归第四方面军总司令王耀武指挥，参加湘西雪峰山会战，这是中日的最后一战。

雪峰山绵延数百里，从东北至西南侧对湘西，东临资水，西靠沅江，地势险要复杂，是湘黔桂间的天然屏障，为历代兵家必争之地。70 年前，日军为侵占中国芷江空军基地，向湘西发动了最后疯狂攻击，中国军队在援华美军飞虎队的配合下，以雪峰山为屏障，成功地阻击并击败了进犯的日军，此战史称湘西会战，又名雪峰山会战、芷江会战。

1943 年春天，第二次世界大战在经历了六个年头之后，终于发生了有利于世界反法西斯阵线的转折，战争进入了战略反攻阶段。5 月 13 日，北非战场上最后一部分德意法西斯军队向同盟军军队投降。7 月 10 日，美英联军在意大利西西里岛登陆，法西斯头子墨索里尼被赶下台。9 月 3

日，意大利政府向同盟国投降。至此，欧洲法西斯阵营土崩瓦解。

太平洋战场的形势也朝着不利于日本帝国主义的方向发展，美军于1943年2月攻占了瓜达尔卡纳尔岛，从而转入战略反攻，迫使日军开始了战略防御。同年秋天起，中国战区军队在敌后战场开始对日军实施局部反攻，在正面战场则取得常德会战的胜利，包括东北地区的关东军在内的130余万人的庞大日军部队被困在中国大陆。日本法西斯面临彻底灭亡的命运。中国抗日战争已胜利在望，世界人民看到了反法西斯战争胜利的曙光。

日本侵略者为了挽救这一局面，改变其在太平洋战场上的不利态势，阻止美军的反攻，急欲尽快结束对华战争，以便从中国战场抽调更多的兵力用于太平洋战场。1944年4月，在中国大陆的日军犹做困兽之斗，发起了一场纵贯中国南北、代号为"一号作战"的大规模战役。日军"一号作战"攻势自1944年4月至同年12月，历经豫中会战、湖南会战、桂柳会战等战役（简称"豫湘桂战役"），先后攻占了河南、湖南、广西和广东的部分地区，摧毁了衡阳、零陵、宝庆、桂林、柳州、丹竹、南宁等地的七个中美空军基地和36个飞机场。驻芷江的中美空军在保卫衡阳机场的战役中，出动战鹰1600余架次，击落日机66架，毙敌3000余人，但在日军不惜血本的拼死搏杀下，中国空军不得不放弃衡阳，退守芷江。1945年3月，日军又发动鄂北老河口战役，占领了那里的美军机场。此时，湖南芷江机场规模宏大，停留了较多的中美战机，驻有中美空军战勤人员2000多人，从这里起飞的美军重型轰炸机可直接打击日军在华的战略目标。日本东京大本营认为，在日军进行抗击美军登陆中国沿海的战斗时，从侧背芷江机场起飞的中美空军，将会给日军造成重大伤亡。因此，他们想拔除这颗钉子。

芷江与川黔桂鄂等省接壤，位于湘、资、沅三大水系中间，东临长沙、衡阳，南瞰桂林、柳州，是进出黔、川，威逼贵阳，迂回重庆的军事要地。1944年11月上任的"中国派遣军"司令官冈村宁次狂妄地认为中国军队战斗力不强，妄想发动会战，进攻四川、昆明，摧毁中美芷江空军基地，建立大陆要塞。

　　然而，日军在 1944 年的"一号作战"中已付出了惨重的代价，消耗了大量的人力、物力；战略态势极为不利，在其他战场上和欧洲的德军一样连连惨败。太平洋战场上，日本海军已所剩无几，战争已逼向日本本土；印缅战场上，中国驻印军及远征军已攻占了缅北的重要战略据点密支那，日军的失败已成定局；中国敌后战场上，各抗日根据地军民先后展开了局部反攻，歼灭日、伪军 28 万余人，并使日本攻占的大陆交通线始终不能畅通；日本国内，国力枯竭，民生困苦，反战情绪日益高涨。但侵华日军的高级指挥官仍心存幻想，想做垂死挣扎。

　　湘西会战发起前，冈村宁次命令日军第三十四师团在广西集结，关根支队在湖南东安集结，第一一六师团、第四十七师团一部和独立混成第八十六旅团在邵阳以南地区集结，第四十七师团重广支队在黑田铺地区集结，第六十四师团在沅江、宁乡附近集结，任命第二十军司令官坂西一良为雪峰山作战指挥官，投入四个半师团八万余人进行雪峰山会战，准备夺取芷江。

　　面对日军最后的疯狂，中国军队认真地做了战略部署。蒋介石很清楚，芷江是湘西各地战区军需物资和兵源的集散地，也是训练部队、准备反攻的最重要基地。芷江失守，盟军对日轰炸将受到极大影响，陪都重庆也必将受到威胁。蒋介石任命陆军总司令何应钦为总指挥，由王耀武率第四方面军驻守雪峰山一带，死守芷江中美空军基地。第四方面军（总司令王耀武）首要下辖即胡琏的第十八军，又有第七十三军、第七十四军、第一〇〇军、新编第六军；第二十七集团军（总司令李玉堂），下辖第二十军、第二十六军、第九十四军；第十集团军（总司令王敬久），下辖第九十二军。以上均为中央精锐嫡系，共计 20 万人。其中第十八军、第七十三军、第七十四军、第九十四军、新编第六军等共 15 个师，系美军教官训练、美军顾问指导、全部美械装备的部队。仅这 15 个师的战斗力就优于日军数倍，再加上另 11 个师，在兵力上中国军队与日军相比占有绝对优势。

此外，其他部队的装备亦大为改善，炮兵和装甲兵获得加强。空军方面，仅美空军在华的各类战斗机、中型和重型轰炸机、侦察机等就有近千架，雷达、通信和导航等设备也较日军先进，完全掌握了制空权。在配合地面部队作战时，美国和中国空军对日军纵深200千米内可以实行完全的空中封锁。陆、空军综合力量对比，中国军队尽占优势。

湘西雪峰山战役从1945年4月9日打响，历时两月，于6月7日结束。

1945年4月9日，日军分三路向雪峰山地区突进，岩永汪中将率第一一六师团作为中路军由邵阳西渡资水进犯雪峰山；作为右翼的重广支队向雪峰山东麓的新化方面发动进攻；关根支队为左翼，向新宁、武冈地区进犯。他们企图把中国军队消灭在雪峰山以东洞口、武冈西北地区。中国军队掌握了控制权，战士个个斗志昂扬，王耀武率第四方面军对日军进行了为期一个多月的节节抵抗，给日军以巨大消耗。日军中路军不仅不能达到消灭中国军队主力、尽快占领芷江机场的目的，而且深陷崎岖险峻的山谷之中，粮弹缺乏，补给困难。5月3日，天刚刚放亮，疲惫的日本中路军士兵头戴钢盔趴在战壕里打瞌睡，雪峰山的群峰笼罩在一片雨雾之中，一片宁静。突然，远处传来"嗡嗡"之声，打破了这里的宁静。瞌睡的日军被这种可怕的声音惊醒，睁大了眼睛、伸长脖子向远处望去，看见许许多多小黑点从山顶冒出来，原来是中美空军的战斗机、轰炸机、侦察机。日军惊慌失措，丢下高射炮四处逃窜。中美空军轰炸机一次次地向日军阵地俯冲下来，投放重磅炸弹与纳帕姆弹，砸得日军钢盔啪啪直响。纳帕姆弹着地立即燃烧，日军阵地变成了一片火海，雪峰山成了火焰山，日军被烧得鬼哭狼嚎，伤亡惨重。

4月27日，日军左翼的关根久太郎第五十八旅团第一一七大队对武冈发起了猛攻。武冈位于资水上游北岸，为中国守军南线的战略支撑点。战前，中国守军第七十四军第五十八师将黄沙、石灰混合，在武冈城内外构筑了三道防御阵地，以防守日军进攻。日军第一一七大队大队长永里偃彦对夺下武冈充满信心，在十几辆坦克的掩护下，日军独立步兵第一一七大队从东、西、南三面向武冈城发起进攻，但第一次进攻很快被中国守军击退。随后，中国守军在三天内连续击退了日军的十几次进攻。面对久攻不下的武冈城，关根久太郎拿出毒招，派 150 名日军"特攻队"队员，身绑百斤重炸药，头缠太阳徽号白毛巾，冒死冲到城下，拉响了导火索，企图炸开城墙。中国守军很快堵住了城墙，并再次击退日军。关根久太郎见"人肉炸弹"一招不行，又命日军"特攻队"用绳梯登城。中国守军使用美式卡宾枪、汤姆机枪和火焰喷射器对爬城的日军"特攻队"队员进行狂扫，日军"特攻队"队员纷纷掉入护城河中，护城河被染成了一片血色。一直到 5 月 2 日，武冈城依然在中国守军手中。

日军右翼重广支队组织了一支山地作战特种部队，偷越湘乡县境内的龙山，绕道向新化、溆浦直扑芷江机场。中国守军第七十三军第十五师受命对其进行阻击，两军在雪峰山南麓新化境内的杉木山相遇。第十五师首先抢占了洋溪西侧山地，凭借有利地形，阻击日军，经过一昼夜激战，先后打退了日军十余次攻击，日军损失惨重，被迫在洋溪洞（湖南有的地方称山上平地为洞）的十余个大小村庄中固守待援。

中国守军经过艰苦奋战，完全击退并包围了日军左、中、右三路进攻。正像日军总参谋长小林浅三郎给他家人的信中所说的一样，雪峰山会战"大日本皇军成了中国军队案板上的肥肉"。5 月 6 日，中国守军第四十四师收复新宁，7 日，驰援武冈。守城的第五十八师见援军来了，顿时杀出城外对日军一一七大队进行反击。日军一一七大队危在旦夕，冈村宁次立即命令其撤出战斗，向武阳靠拢。中国守军急向美国空军求援，美军从芷江机场起飞 14 架战机，对刚到武阳城外的日军第一一七大队进行轮番轰炸，日军第一一七大队被迫向高沙市逃窜。中国守军立即派第七十四军前往拦截，将其包围在高沙市西北地区，全歼了第一一七大队。

1945 年 5 月 4 日，何应钦总司令批准了第四集团军参谋长邱维达将军的建议，下令第一阶段的防御作战结束，各部准备第二阶段的全线反击。5 月 8 日，第四集团军向进犯湘西的日军发动全面反攻。

其中，第七十三军、第七十四军、第一〇〇军由正面向中路日军第一一六师团发起攻击；胡琏的第十八军在沅陵、辰溪一带集结完毕，作为战略预备队，准备从辰溪、溆浦插入日军侧背，再向南进击，截断湘黔公路，协助友军包围雪峰山的日军。

为了能够更好地会商部署这次反攻作战计划，第四集团军专门召开了作战会议。召集第一线兵团各军师以及特种兵指挥人员召开军事会议，以明确下一步作战方针和作战计划，会议在安江司令部举行。

第四集团军参谋长邱维达提出一个作战方案："我刚从前线回来，对前方情况较为了解。总的敌情是，当面敌军在湘黔公路方面突入较深，已经陷入深山峻岭之困境。战区南北两翼我们坚守的武冈、新化、安化几个支撑点，仍在我军手中没有放弃，这对以后第二线兵团的进出是一个有利条件。因此，我初步考虑，我们的第二线部队不宜投在战区正面去顶牛，敌军的主力也是投在战区正面，这样做力量对消了，纵使能打过去，把敌人赶跑了，但也达不到我们的战略目的（歼灭战目的）。因此，我想到古代兵法家邓艾善用奇兵的经验有值得我们借鉴之处。具体说，我的方案是采用左翼迂回包围敌人之战术，兵不在多而贵神速。我想使用一个加强军的兵力，从辰溪、溆浦插入敌之侧背再向南进击，配合第一线兵团截断湘黔公路后，围歼包围之敌，可操胜算。这一方案的优点是，不须攻坚而能聚歼全部或大部敌军，达到打歼灭战之目的。这在部队运动上、交通上可能会遇到些困难，但我方早有准备。部队车辆可集中在江口待命，待湘黔公路打通后归建。我方已在溆浦县准备健壮民兵数千人交付部队使用，以人力代车辆运送补给品，可以解决交通不畅的困难。"

此方案后被采纳。在决定用哪个军来实施左翼迂回术时，第四集团军总司令王耀武和参谋长一致想到了第十八军胡琏。邱维达与胡琏系黄埔同学，沟通没有问题。

5月13日清晨，邱维达驱车抵达大江口，迎面遇上第十八军的先头部队源源开进。邱维达乘车迎着部队相对方向徐徐前进，直碰到胡琏，邱维达才下车，一面步行，一面交谈情况。一见面胡就风趣地说："老同学，你这一炮可把我们忙坏了。俗语说：'你们动动嘴，我们跑断腿。'"邱说："何老总叫你们锻炼腿劲，是要请你去夺锦标啊！夺得冠军回来要请客啊！"大家捧腹大笑。胡说："我的部队刚从六战区调来，对这方面敌情、友情、地形颇觉生疏，请老同学多加指导。"邱说："咱们老同学凑到一条战线上，还用得着客套吗？谈到部队进出溆浦问题，安化与新化之间，有友军七十三军和一〇〇军可以保障你的部队安全。截断湘黔公路后，要注意与江口、石下江七十四军的联系。最后围歼战要与各军相互协调一致，方能奏效。"

言犹未尽，不知不觉已经到达溆浦，邱特别注视胡的军用挂图。胡是一位好学勤谨的指挥员，马上把自己的图囊打开，取出地图，将敌情以及友军位置标上。邱维达说："这一来你就心中有数了。"胡说："时间不早了，我要赶路，暂且告辞。"邱维达说："祝你马到成功，长沙再见！"

5月15日正午，接空中侦察报告：从溆浦南进之第十八军行进顺利，先头已通过隆回，我空军派出机群继续掩护侦察。同时，第一〇〇军、第七十四军方面先后汇报：我方分别包围之敌军阵地经派人劝降后，缴械渐增多；原进攻新化、安化之敌，有一部向邵阳方向转移，已通知第十八军注意防范。

第十八军第十一师师长杨伯涛率部通过溆浦后，即以战斗态势搜索前进，并预定：第一攻击目标，指向敌右侧交通要道山门镇；第二攻击目标，指向敌主要交通线邵阳至洞口公路线。当第十一师前锋前进至山门以北之马头骨附近时，遭日军阻击。正激战间，日军一个步兵联队（团）和一个辎重联队，经山门向龙潭方向前线之敌增援补给，步兵联队企图增援马头骨之敌。杨伯涛师趁敌运动之际，迅速肃清当面少数之敌，将锋芒转向这个联队。该敌盘踞在附近高地和村庄顽固抵抗，肉搏时，杨伯涛师以美式冲锋枪与敌近战，数步之内向密集日军迎头扫射，日军纷纷中弹倒地。此战将该联队大部歼灭，缴获山炮两门、步枪多支，俘虏日军60余名。

次日，该师乘胜向山门要点进攻。山门是一隘口，当东西要道，为日军第一线部队补给中继站。在第十一师强大火力攻击下，敌向南溃逃。

第十一师副师长王元直指挥一个团追击，抓住敌辎重部队负载臃肿、在山地行动迟滞的弱点，分兵截击，全歼敌辎重联队，缴获日产大洋马300余匹及其他武器辎重。5月16日，杨伯涛率第十一师克复山门要地，日军后方这一交通补给线被截断。日军雪峰山前线部队立即抽调兵力反扑，企图夺回山门。杨伯涛指挥部队在山门北面高地侧面布防，组织火网控制东西道路。当日军向杨伯涛师阵地进攻时，摸不着第十一师主阵地所在，向山门盲目射击一阵，即贸然前进。这时，杨伯涛一声令下，枪炮齐吼，日军毫无还手之力，先头部队被歼灭过半，后续部队觅路逃窜。

顺利拿下第一个攻击目标后，杨部继续向南攻击前进，截断邵阳至洞口间公路。在飞机的掩护下，第十一师以一个团的兵力向公路要点石下江市攻击，一举攻克石下江市。5月17日，胡琏将军指挥第十八军各部将日军进入湘西的唯一交通线湘黔公路完全截断。至此，日军被全部包围于雪峰山伏击区。随后，第十八军配合友军将日军分割、逐块歼灭。

5月20日，按照何应钦、王耀武"早日结束这场战争"的指示，命令第十一师在洞口方面开放一个缺口，使日军残部侥幸逃出包围。

截至5月23日正午，全线战斗接近尾声，分割开的日军纷纷举起白旗，缴械投降。24日以后，各军、师忙于收缴武器装备，遣送俘虏，清理战场。

至6月7日，中国军队收复了战役开始前所失的阵地，恢复了会战前的态势，雪峰山会战结束。此次会战，中国守军击毙日军1.2万余人，伤2.3万余人。中国军队阵亡7000余人，伤1.2万余人。

雪峰山战役是1944年以来中国正面战场上打得较好的唯一的一仗。中国陆军总司令何应钦说湘西会战是抗日以来最大的胜仗，美国《纽约日报》亦做出如下评论："1937年亚洲战争发生以来，华军首次以其与敌同等武器在国内与日军作战，在空军密切配合下，具有优势装备之华军，现已粉碎日军进犯重庆东南250英里芷江美军基地之企图，此一佳音，可视为中日战争转折点之暗示。"

日军经此次战役受挫，遂开始全面收缩兵力，冈村宁次一边部署部队首先从广西、广东等地后撤，一边焦虑地注视着整个战争态势的发展，此后日军再也没有能力发动对中国军队的主动进攻了。正如冈村宁次的参谋长小林浅三郎在给家人的信中所写的那样，"大日本帝国已经是盟国案板上的一块肉了"，它的丧钟已经敲响。小林浅三郎的确没说错，雪峰山战役结束两个月后的 1945 年 8 月 15 日，走投无路的日本军国主义政府被迫宣布无条件投降；8 月 21 日，冈村宁次派遣侵华日军副总参谋长今井武夫少将等人与中方进行谈判，谈判地点就在芷江；9 月 2 日，日本外相重光葵登上停泊于东京湾的美军军舰密苏里号，代表日本政府正式签署投降书，徐永昌代表中国政府在日本投降书上签字确认；1945 年 9 月 9 日上午 9 时，冈村宁次在南京向何应钦正式签署投降书。

9 月初，胡琏率第十八军进驻长沙，接受日军第一〇六、第一一六师团和独立第十八、第二十旅团投降。

1946 年 5 月，第十八军整编为第十一师，胡琏任师长。在解放战争中，胡琏率该师进攻苏北鲁南解放区，围攻中原解放军。他率领的整编第十一师一直充当着救火队的任务，哪里有难便投入哪个战场。1947 年冬，胡升任整编第十八军军长。此后，他经常指挥几个整编师作战，俨然一个独立兵团，人称"胡琏兵团"。

1949 年 5 月，任第十二兵团司令；9 月，率部退至金门。

第四节　蛮子将军诗文长——高吉人

1942 年 3 月到 5 月间，正是东南亚国家缅甸一年中最为炎热的季节。同古会战的硝烟才刚刚散去，由于中英盟军相互之间缺乏协作，被同古大捷之荣耀光环笼罩的第五军第二〇〇师，旋即又陷入了日军的包围。在孤军无援的情况下，第二〇〇师决定撤出同古。

5 月 10 日，远征军主力被迫遁入胡康河谷后，第二〇〇师被敌人分割开来，与军部失去联系。戴安澜师长毅然决定另辟蹊径，转进缅甸中北部山区打游击，伺机进入国境。第二〇〇师因此踏进了缅北密支那荒蛮的野人山。

5 月 18 日，第二〇〇师兵分两路通过细（胞）抹（谷）公路，前卫部队突然遭到伏击。激战一天，第二〇〇师伤亡过半，才从东面山坡打开一个缺口，残余官兵得以死里逃生。戴安澜在突围时负重伤，被机枪子弹击中腹部。

时间回转。是年 3 月初，二〇〇师作为第五军的先头部队，由云南进入缅甸境内，旋即孤军南下，急速开赴同古布防。3 月 22 日，第二〇〇师与进攻同古的日军第五十五师团展开激战，面对极为不利于守军的形势，戴安澜心存死志，遂通告全师官兵："如本师长战死，由副师长替代。"次日，全师召集营以上军官会议，立下遗嘱并指定阵亡后的代理人。第二〇〇师沉浸在前所未有的悲壮气氛之中。

第二〇〇师在同古与日军激战十日，于 30 日撤出同古，渡过色当河。此一战，第二〇〇师以 2500 余人伤之代价毙伤日军三四千人。本是第二〇〇师入缅作战首战之捷，孰料旋即因盟军合作问题，踏上了一条凶险之路。野人山，缅甸语意为"魔鬼居住的地方"，山峦重叠、林莽如海，树林里沼泽绵延不断，河谷山大林密，豺狼猛兽横行，瘴疠疟疾蔓延，而师长戴安澜又身负重伤，第二〇〇师官兵再次陷入了孤立无援与死神狰狞的恐慌之中。师长戴安澜虽然坚持躺在担架上指挥部队继续往前，却为不能带着第二〇〇师的弟兄们走出野人山而心中悲怆。5 月 26 日，行至缅北茅邦村，师长戴安澜心知无力再坚持，遂令卫兵扶他面北而卧，口中大呼"祖国万岁"，不瞑而亡。

疲惫不堪的第二〇〇师官兵陷入一片死寂……

突然，一个低沉又坚定的声音打破了凝固的空气："师长殉国了，现在由我——副师长高吉人指挥部队。大家振作起来！我们一定要穿越野人山，回国！"

第二〇〇师官兵闻之一振，是啊，回国！回国！没有什么能够阻挡我们回家的路！

第二〇〇师副师长高吉人，于次日代理第二〇〇师师长之职，研究地形后，他决定带领部队在茅邦村附近渡过瑞丽江，沿江西岸前进。经过十余天的艰苦跋涉，其间在南坎至八莫公路一段，与阻截的日军经过激战，终于通过了北撤最后一关，于 6 月 17 日，率领第二〇〇师进入国境，抵达云南腾冲附近。

在踏过国界的那一刻，高吉人回望野人山，百感交集。没有人想到，两年后，高吉人亲率第二〇〇师再次战斗在缅甸国土上，以军人的方式告慰了那些永远长眠在异乡的弟兄们。

高吉人，字善庭，靖边县王渠则镇油房洼人。1902 年 11 月 20 日，出生于一个贫苦农民家庭。父亲高望月，母亲党氏，以农为业，克勤克俭，治家严谨，忠厚待人，备受乡里门邻爱戴。胞兄高吉祥是清末补翎秀才，人称高大先生，随之呼高吉人为高二先生。

高二先生幼而颖异，体健身强，争强好斗，有胆有识，在周围村子的孩子中就是个"娃娃头"。但是生于贫苦之家的高吉人，在家兄饱读诗书的熏染下，也深知农民之劳作辛苦、生活不易，知道护庄稼，帮助穷苦邻里人家。

1913年发蒙读书，受业于家兄私塾，竟聪颖好学，名列前茅。1917年考入横山高小，1920年考入榆林中学就读。

在榆林中学就读期间，高吉人就与刘志丹、李子洲、高岗等人频繁接触，又目睹当时军阀割据宇内未靖，常怀大志报效祖国。

20世纪20年代的中国社会，军阀割据之下，大批有志青年学生从学校毕业后，不再谋取传统的功名。如果要谋取职业，与较为安静的文化教育工作、记者编辑之类的职业相比，更能建功立业的军人对青年学生来说，更有吸引力。因此，对商贸不甚发达的陕西地区青年学生来说，一时间，纷纷是学而优则"士"。

自幼好做"娃娃头"的高吉人，从榆林中学一毕业，先是像兄长一样，在家乡当了一名小学教员。谁知到职第三天，就碰到省上派遣的张委员来靖边视察。政府派来的张委员自然又是以钦差大臣自居，到了靖边吃拿索要、胡作非为。秉性刚强的高吉人看在眼里，怒不可遏，遂联络一些青年教员一起，在靖边县街头巷尾张贴漫画讽刺、揭露张委员的丑态，逼得张委员恼羞成怒，落荒而逃。这一斗争经历，虽取得成功，但高吉人却觉得这样的坏现象，单凭这种文斗，还是十分不畅快，随即辞去教职，投笔从戎，到安边地方民团团部任教育副官，自此开始了军旅生涯。

1925年8月，高吉人回乡探亲，又遇安边张家民团粮台前来催粮。张家民团是独霸三边(安边、定边、靖边)的强势力，一贯替政府巧立名目，强行摊派名目繁多的苛捐杂税。当地民众敢怒不敢言。高吉人见状，就组织群众拒交粮草，还将催粮官痛打一顿。张家民团派人前来缉拿，高吉人觉得在本地和安边部队都难以存身，就在当地群众掩护下逃离家乡。

高吉人在西安遇到从黄埔军校第一期毕业的杜聿明，两人是陕北老乡，还是榆中同学。两人相见甚欢，聚谈之下，认为当下正是英雄报国之时、志士展效之秋。高吉人遂经杜聿明介绍，南下广州，考入黄埔军校第四期入伍生总队。1926 年 3 月正式升入黄埔军校第四期学生队，被编入步兵科第一团第九连。10 月毕业后，分配至杜聿明部下任排长，参加北伐战争。

1937 年，是中国全面抗战爆发的一年，也是高吉人军旅生涯走向巅峰的开始。5 月，高吉人进入中国第一支机械化部队——国民党陆军装甲兵团（团长杜聿明），担任补充营营长。7 月，"卢沟桥事变"爆发。12 月，高部随装甲兵团由南京撤至湖南湘潭整训。

1938 年 1 月，装甲兵团扩编为国民党陆军第一个机械化师——第二〇〇师（师长杜聿明），高吉人升任第二〇〇师第一一五二团团长。随后，先后率部参加武汉会战，掩护武汉党政机关撤退、移驻广西全州。

1939 年 1 月，新编第十一军（由原第二〇〇师扩编而成）改番号为第五军（军长杜聿明）。高吉人任第二〇〇师（师长戴安澜）第五九八团团长。先后率部随第二〇〇师参加了随枣会战、第一次长沙会战。11 月 20 日，高吉人团作为第二〇〇师的先头部队，开赴南宁，参加桂南会战。南宁失陷，昆仑关失陷，12 月 15 日，国民政府军事委员会桂林行营发出第一号攻击令，命令第五军作为桂南会战主力，攻克昆仑关，配合友军收复南宁。一场血战即将展开。

昆仑关战役是国民党发动的桂南会战中最关键、最惨烈也最辉煌的一仗。"九一八事变"后，大连、青岛、武汉、上海、南京、广州这些大城市相继陷落，从北到南所有对外联络的重镇和港口几乎都失去了。为了断绝所有的对外联系，迫使中国政府投降，从而腾出兵力投入太平洋战场，日军大本营决定发动一场旨在攻占广西濒海地区进而夺占西南国际交通线上重镇南宁的大规模军事行动。

1939 年 9 月，日军大本营将在中国内地作战的精锐部队第五师团各部，分别调往山东青岛和淄博地区进行了强化登陆作战和山地作战训练。同时日军台湾旅团也开往广州进行登陆演练。等到这两支部队都已训练完成之后，遂下令以今村均的第五师团和盐田定七的台湾旅团为陆军参战主力，海军第二派遣支舰队和第三联合航空队提供海上和空中支援，由第二十师团司令官安藤利吉中将统一指挥，开始了登陆广西的军事行动。

1939年11月15日黎明，在钦州湾外海面四十艘军舰的火力支援下，今村均第五师团的先遣队及川支队两个大队的日军在空军的支援下，开始强行登陆。由于国军对登陆地点判断错误，再加上军队调动仓促和火力、单兵素质等诸多原因，滩头阵地到当日傍晚就全部失守，只能退守防城县①。但日军丝毫不给国军喘息之机，步步进逼。16日防城又失，17日钦县也落入敌手，紧接着日军大部队分成三路长驱直入，直逼广西重镇南宁，进抵邕江南岸。虽然国军第一三五师紧急赶来阻击，但日军还是于24日渡过邕江，第一三五师腹背受敌，被迫从南宁退出。日军攻占南宁之后，切断了桂越公路，并以南宁为航空兵基地，轰炸滇越铁路、滇缅公路上的各处险关要隘。

昆仑关位于南宁东北100千米处，地形复杂，属于典型的喀斯特地貌，山峰林立，制高点多，易守难攻，是大西南交通线邕宾公路上的重要关隘，战略位置十分重要。日军攻占昆仑关后即可北上攻击广西重镇柳州、桂林，切断湘桂铁路，进入中国腹地湖南，威胁正在孤军奋战又事关全局的由薛岳将军指挥的长沙守军。12月4日昆仑关陷落。

桂南抗战形势万分危急，蒋介石和国民党军事委员会决定动用战略预备队发动反击。桂林行营主任、国军中人称"小诸葛"的军委会副总参谋长白崇禧奉蒋介石严令，星夜由重庆赶回广西，在迁江组织前方指挥所直接部署对日作战。昆仑关失守之后，为了防止局势进一步恶化，扭转战局，白崇禧制订作战计划的关键就是必须迅速攻克昆仑关。鉴于几次作战失败的教训和对日军实力的客观评价，白崇禧向蒋介石请求动用国军第一王牌——机械化第五军担任主攻。

根据作战计划，桂南反攻部队共分东西北三路。东路军由第二十六

---

① 今广西壮族自治区防城港市防城区。

集团军蔡廷锴将军指挥，西路军由第十六集团军夏威将军指挥，北路军由第三十八集团军徐庭瑶将军指挥。第三十八集团军下辖昆仑关主攻部队杜聿明的第五军、李延年的第二军、甘丽初的第六军、傅钟芳的第九十九军、姚纯的第三十六军的第四十六师、新编第三十三师。

徐庭瑶任北路军总指挥伊始，就急令杜聿明军长迅速把各部队向战区收拢集合待命，并首先派出兵力向南宁方向挺进，务必阻敌北犯，以掩护集团军主力集结南下。

1939年12月15日，桂林行营发布第一号作战命令。次日，徐庭瑶将军亲往杜聿明军长的指挥所具体部署攻击昆仑关的任务。此次侵占南宁及昆仑关地区的是日军号称"钢军"的第五师团，其中中村正雄少将旅团长所辖的二十一、四十二两个联队（相当于团）6000余人防守昆仑关及附近九塘、八塘等要地。第五师团一直是日寇侵华的"急先锋"，先后参加了南口、忻口、太原、台儿庄、广州等许多重大战役，尤其是第二十一旅团的官佐士兵，大部分都是日本山口县人。此地历史上即为武士多出之地，武士道精神盛行，秉性凶狠残暴，是第五师团的中坚力量。而国军此次会战也动用了战略预备队15万人，飞机百余架。其中蔡廷锴将军和夏威将军的东西两路主要配合第三十八集团军的作战行动，在外围展开袭扰、破坏、阻击、监视。第五军主攻昆仑关部队为荣誉第一师、第二〇〇师和军属重炮团，战车团、工兵团配合作战，由杜聿明军长亲自指挥。新编第二十二师为右翼迂回支队，绕过昆仑关走小路，进占五塘、六塘，切断昆仑关日军与南宁的联系。第二〇〇师的第五九八团、第五九九团、第六〇〇团及两个补充团编为左翼迂回部队，向八塘做大迂回后占领七塘和八塘，从昆仑关背后展开攻击，策应正面主攻部队。

1939年12月15日凌晨，第五军各师团发起猛烈进攻，重炮团的24门150毫米榴弹炮和各师属炮兵的山炮、野炮、迫击炮开始猛烈炮击昆仑关日军阵地。霎时间硝烟四起，火光冲天，日军炮火被压制住了。日军飞机的低空扫射也因第五军高炮部队的还击而收效甚微。高吉人率部左翼迂回成功，掩护主攻部队连续攻占了仙女山、老毛岭、万福村。而

411 高地上的日军居高临下，利用昆仑关西北关口的有利地形，用山炮、掷弹筒和密集的步兵武器疯狂地轰击扫射。不攻克 411 高地就无法夺取昆仑关。攻击部队在火炮、机枪和战车的掩护下，与日军展开激烈的争夺战。17 日，第二〇〇师第五九八团从左翼发起与敌争夺 411 高地的激战，二十二师向右侧击成功，最终占领 411 高地和罗塘高地。19 日进入六塘、鸡鸣山一线，旋即攻占了五塘、六塘，破坏了公路和桥梁。从五塘到昆仑关 30 千米狭长地带的日军均被围歼。第五九八团攻关战斗节节取胜，高团也愈战愈勇，接连攻占了 652 高地和 600 高地，第五九九团由装甲兵的多辆战车配合作战，苏制 T－26 坦克的 45 毫米火炮以直瞄方式迅速消灭了日军许多火力点，步兵紧随坦克冲锋。经过激战，终于夺回了昆仑关。

日军见昆仑关失守，大为震惊，立即出动大批飞机、火炮掩护新锐预备队兵力发动反攻，未等国军喘过气来又重新夺回昆仑关。此后敌我双方都在各个要点和制高点处展开激战，阵地几易其手。日军第五师团长今村均看到情势紧急，下令二十一旅团长中村正雄亲率两个大队前往增援。当日 10 点，援敌将五塘夺回，而守军稍加退却，旋即收缩集中兵力，奋战到下午又收复五塘。但敌人趁占领五塘的时机，向昆仑关内急输了千余名援军，给中国攻关部队造成极大不利。

由于战局日益激烈紧张，日军抵抗又非常顽强，昆仑关仍未攻下，蒋介石非常恼火，严令前线指挥官三天之内如若还不能攻克，则军法处置。白崇禧在徐庭瑶的陪同下再次来到第五军前线指挥部，检查督导作战。24 日拂晓，按照新的作战部署，高团协同友军荣誉第一师集中主力兵员和火器向前一天得而复失的昆仑关前的重要据点——罗塘再次发动猛攻。激战到 16 点，再次攻克罗塘。24 日下午，中村正雄亲自到九塘督战，并在一片大草地上召集官兵训话。正在这时，荣誉师第三团团长郑庭笈在用望远镜观察敌情时，发现大草地上的日军正在列队集合，遂下令一营从刚夺占的高地上用迫击炮、重机枪猛烈攻击日军，予敌以重大杀伤。中村正雄腹部中弹，伤势严重，次日凌晨毙命。

　　昆仑关两得两失，徐庭瑶和杜聿明仔细研究了其中的原因。敌人在关口四周的高地上布置了各种轻重火器，能对进攻关口的国军形成交叉火力威胁，如果不彻底消灭这些火力点，即使再攻克，也站不住脚。因此，杜军长决定加强兵力火器，先拔去这些眼中钉。他将各个任务"分片包干"给一线各团队，同时命令军参谋长黄翔用电话向各团下达了限期攻占的任务。

　　日军集中残余部队发起更凶猛的反击，又开始新一轮的攻关血战。高团官兵冒着敌军的枪林弹雨，以神勇的作战行动，两次攻克同兴堡，最后守住了阵地，第六○○团也在刘少峰团长的指挥下拿下600高地。团队进攻也基本顺利。到日暮时分，日军在昆仑关右侧的高地又全部被国军收复。

　　战局发展到这一步，能否攻下昆仑关的关键就在于界首高地的得失了。界首高地位于昆仑关东北，地势险要，悬崖峭壁，是日军保卫关口的最重要屏障，几次强攻均未拿下，而主攻部队第二○○师伤亡很大。杜聿明遂令荣誉一师三团加强给二○○师，由戴安澜全权指挥。戴师长得到增援后，连夜发动进攻，在敌人交叉火力的打击下，伤亡仍然很大，多次组织敢死队爆破手抵近敌人工事投弹爆破，激战到午夜零点，均无显效。天刚破晓，军属炮兵便开始用重炮轰击，各攻击部队也隐蔽至冲击地点，国军炮火开始延伸射击，各部队马上发起冲击。

　　由于在狭长的地带不便于机械化兵团作战，高吉人立即调整部队，组成700余人的敢死队，自任队长，手持大刀，冒着密集的炮火冲锋陷阵，督队数次冲锋，力挽狂澜。每次冲锋时，他都大声疾呼："弟兄们，跟我来，冲啊！"阵地上杀声震天、战旗招展，军官和士兵个个奋勇，人人争先。日军也困兽犹斗，拼死抵抗，每前进一步都要付出惨重代价。但无论在兵力、火器还是官兵士气上，此时此刻第五军都胜敌一筹。又经过三小时的激战，界首高地终被国军攻破，士兵在山顶燃起胜利的火焰，全军上下一片欢呼。

　　由于界首落入第五军之手，日寇只能龟缩在关内和附近几个小高地上。第五军乘胜追击，对昆仑关发动总攻。到 31 日，昆仑关所有残余日军都被消灭干净，昆仑关被第五军完全收复。与此同时，昆仑关附近几个小高地上的残敌也被消灭，昆仑关战役胜利结束。

战斗结束后，高团长浑身血迹斑斑，遍体鳞伤，几乎与普通士兵无异。"高蛮子"的英雄气概再现沙场。

其实，"高蛮子"的绰号，早在 1932 年高吉人任第十七军第二十五师二十二团三营长的时候就有了。参加古北口抗战时，高营坚守古北口南城左侧高地，面对日军的包抄进攻，高吉人曾编选三营战士组成突击队，自任队长，首当其冲，跳出战壕，挥舞大刀，振臂高呼："弟兄们，跟我来，高吉人在此，冲啊！"突击队战士在高营长的榜样带动下，个个奋勇当先，与敌短兵相接，展开肉搏，击退日军进攻，保住了阵地。古北口保卫战，高吉人因作战英勇而荣立三等战功，荣获云麾勋章一枚。此后，以其作战勇猛，有股陕西人特有的蛮劲，"高蛮子"的称呼就在军中传开了。

昆仑山血战，高吉人带领敢死队冲锋陷阵，振臂大呼"弟兄们，高吉人在此，冲啊！"的声音，数度响彻阵地之上。战后，高吉人因战功获得宝鼎勋章一枚，并越级晋升为少将军衔。1940 年冬，被擢升为第二〇〇师副师长。

1941 年 12 月 7 日，日本偷袭美国在太平洋的海军基地珍珠港，挑起太平洋战争。不久，正驻防云南的第二〇〇师就接到命令，准备开赴缅甸。为何在此时，要将这第一支机械化部队派往域外作战呢？

原来，抗战爆发后，由于中国的工业基础薄弱，急需大量物资和外援，遂于 1938 年年初修筑滇缅公路。来自滇西 28 个县的 20 万民众在抗日救国信念的鼓舞下，自带口粮和工具，风餐露宿，劈石凿岩，历时十个月，在高山峡谷激流险滩上，沿滇西、缅北 990 千米的山野，用双手和血汗修筑了滇缅公路。其间，因爆破、坠崖、坠江、土石重压、恶性痢疾而死去的不计其数。滇缅公路于 1938 年年底通车，从此成为中国抗战的"输血管"。

与此同时，日本也一直图谋以武力强迫中断"第三国"的援华行动。1939年冬，日占我南宁，断我通越南海防的国际交通线。1940年春，日本对滇越铁路狂轰滥炸，6月迫使法国接受停止中越运货的要求。尽管如此，日寇并不罢休，9月，日本侵入越南，并与泰国签订"友好条约"，滇越线全面中断。至此，滇缅公路成了唯一的一条援华通道。

缅甸是东南亚半岛上具有重要战略意义的国家，西屏英属印度，北部和东北部与中国西藏和云南接壤。滇缅公路是中国重要的国际交通线，日军据此还可以威胁中国西南大后方。缅甸对于盟国中的中英双方来说都有重要战略意义。太平洋战争爆发后，日军在短时间内席卷东南亚，随即将矛头直指缅甸。

为了保卫缅甸，中英早在1941年年初就酝酿成立军事同盟，中国积极准备并提出中国军队及早进入缅甸布防。太平洋战争爆发后，1941年12月23日，中英双方在重庆签署了《中英共同防御滇缅公路协定》，中英军事同盟形成。

但是，由于英军轻视中国军队的力量，过于高估自己，又不愿他国军队深入自己的殖民地，一再拖延并阻挠中国远征军入缅，预定入缅的中国远征军只好停留在中缅边境。然而，1942年1月初，日本展开进攻后，英缅军一路溃败，这才急忙请中国军队入缅参战。中国成立远征军第一路司令长官司令部(原定第二路在越南方面，后因情况变化取消)，开赴缅甸战场。

3月8日，第二〇〇师在师长戴安澜、副师长高吉人的率领下抵达同古，接替英军布防。20日，第二〇〇师与进攻同古的日军第五十五师团展开激战。

于是，就有了本篇开始的那一幕。

中国远征军第一次入缅作战，终因英国极端坚持先欧后亚的既定战略，战局一旦不利，便对保卫缅甸完全失去兴趣，一再撤退，使中国远征军保卫缅甸的作战变成了掩护英军撤退的作战。

在向北撤退回国途中，第二〇〇师师长戴安澜于野人山殉职，高吉人将军遂统率该师，数度指挥强袭，始得击溃日军，然后渡瑞丽、越高良、渡怒江，历尽艰险，带戴师长遗体归国。

十万中国远征军，长眠在缅甸的六万余名将士，其中有五万竟是在撤退回国的途中损失的。这个耻辱，不仅铭刻在中国远征军每一个将士心中，对副师长高吉人将军而言，更是刻骨铭心。这个耻辱，一定要亲自去洗刷！

1943年年初，高吉人正式升任第二〇〇师师长。

缅甸作战失利后，中国远征军一部分退入英属印度。在中国战区参谋长史迪威的指导下，以退入印度的新三十八师、新二十二师在兰姆珈训练营受训并进行整编，于1943年8月改编为中国驻印军，用美援物资配备全副美式装备，并由英国提供给养，大批知识青年在"一寸山河一寸血，十万青年十万军"的号召下踊跃参军，利用从驼峰返航的飞机空运到印度，士兵的素质大大提高，驻印军的战斗力大为提升。

同时，中国鉴于缅甸的重要性，积极酝酿反攻缅甸，在滇西重新组编并整训第二批远征军。1943年2月，在云南楚雄设立中国远征军司令长官部，辖第十一和第二十集团军，严阵以待，随时准备与英美军队协同反攻缅甸。

1943年10月，为配合中国战场及太平洋地区的战争形势，中国驻印军制订了一个代号为"安纳吉姆"反攻缅北的作战计划，以保障开辟中印公路（中国昆明—印度利多）和敷设输油管。10月24日，中国驻印军开始向缅北日军发动反攻。计划从印缅边境小镇利多出发，跨过印缅边境，首先占领新平洋等塔奈河以东地区，建立进攻出发阵地和后勤供应基地，而后翻越野人山，以强大的火力和包抄迂回战术，突破胡康河谷和孟拱河谷，夺占缅北要地密支那，最终连通云南境内的滇缅公路。

在印度涅槃重生的中国远征军余部，终于开始了血洗耻辱的战斗。"我们打得很勇敢，以至于史迪威不得不下令'凡未受命者不得擅自前往火线'。"一位健在的远征军老兵薛文涛回忆，他至今还记得美国《时代》

周刊记者雪普莱在采访孟关之战后写下的这样一段报道："如有人仍怀疑中国军队之作战能力，想系未见华军在孟关之战斗。"

与此同时，1944年5月初，中国远征军为配合中国驻印军缅北反攻战，打通中印公路，强渡怒江，向滇西的日军发起进攻。从6月到8月，中国远征军在滇西龙陵、松山、象达等地与日军激战，但因气候恶劣、部队伤亡惨重而停止进攻。中国远征军总司令卫立煌急电蒋介石汇报："日军第二师团已经开往芒市及其以北地区，日军第五十三师团已经进驻芒市，断定龙陵、芒市间地区有更大战斗。"蒋介石当即电令昆明驻防司令杜聿明："着第五军第二〇〇师，即用汽车运往保山归卫长官指挥。"9月9日，蒋介石亲自急电第二〇〇师师长高吉人："特命令驻昆明第五军所属第二〇〇师，限在当日24小时内由昆明空运到保山后，即转乘汽车驰赴腾冲、龙陵前线，抗击该地之敌，协助远征军在属的预备第二师向侵踞芒市之敌攻击前进。"

高吉人接电令后，立即召集五九八、五九九、六〇〇团团长紧急会议，决定派遣五九九团为先遣团，五九八、六〇〇团随师团直属部队，分梯队由巫家坝机场飞抵保山，再转乘汽车驰赴腾冲、龙陵前线。部署之后，第二〇〇师在昆明召开"滇西反攻抗日誓师大会"，由师长高吉人主持，昆明驻防司令杜聿明、第五军军长邱清泉分别发布动员令。高吉人做了斗志昂扬的讲话："此次远征滇西的任务是杀敌保土、收复失地，是我之责任。全体官兵要团结与共，不怕牺牲，把倭寇赶出国门，消灭在国门之外，为中华民族争光，为阵亡将士复仇雪恨！我们一定能够旗开得胜，马到成功，胜利而归！"

闻此慷慨激昂之声，第二〇〇师将士摩拳擦掌，欲与日寇再决一死战，亲手洗刷两年前的耻辱。大会后，高吉人即令五九九团先行飞抵怒江西岸黄草坝，随后率师部到达前沿阵地，投入对腾冲、龙陵地区的全面反攻作战。

龙陵位于滇缅公路龙陵至保山段和腾龙支线分岔口，其地东通保山、北接腾冲、西控芒市，是滇西地区重要的交通枢纽。1942年日军入侵后，利用该地四面环山、易守难攻的有利地形，修筑了一个连接城区与四周高地的蛛网状防御体系，设第五十六师团前线指挥所于城内，作为松山、平戛、腾冲等前线作战部队的协调指挥中心。龙陵作为日军前沿阵地的枢纽，前可策应松山、平戛、腾冲各据点，后有芒市、遮放做支撑，兵力易于集散调应，还可凭险顽守。龙陵溃败，整个滇西则无险可守，因此日军拼命死守，致使中国远征军进行三次攻略，方获胜利，战斗甚为激烈。

在中国远征军分路进击松山、腾冲的同时，负责右翼攻击任务的第十一集团军即从第二军和第七十一军中抽出精锐部队，共同组成突击队，绕过松山侧翼直插龙陵，于6月6日兵分三路向驻守龙陵县城一线的日军发起了猛烈进攻。经过两个昼夜的激战，截断了龙陵与芒市之间的公路联系，并肃清了龙陵城外大部分据点的据守之敌。

6月8日晨，第七十一军八十七、八十八两师主力部队开始向日军重兵防御的龙陵东南郊敌阵进击，力图抢占猛岭坡，日军也拼死抢夺被远征军攻占的阵地，异常激烈的战斗打成了拉锯战。到6月10日，龙陵城郊的所有高地都被远征军克复，三个师的雄兵对城内日寇重重围困，攻城在即，残余日军只得退回城内坚固的工事中负隅顽抗。

在龙陵苦心经营的核心据点眼看即将失守，外围日军立即组织大股力量增援，一心解龙陵之围。6月13日，正当远征军着手攻打龙陵县城之际，驻守腾冲的2000多名日军南进驰援龙陵，驻守芒市的1000多名日军也沿滇缅公路北上，驻守象滚塘的500多名日军也急速东进龙陵，同远征军发生了激战。在日军精锐部队大军压境的情况下，远征军第七十一军主力部队被敌军从中截断，腹背受敌的八十七师伤亡惨重，险遭覆没。迫于情势，远征军只得退回城郊一线，保存实力准备再战，首攻龙陵因此功败垂成。

7月13日，第七十一军又集结了八十七师、八十八师、荣誉一师、新二十八师、新三十九师五个师的三万兵力，从东、北、南三面向龙陵县城一带的日军据点发起第二次围攻，再度占领了赧场、长岭岗、猛岭坡、广林坡、三关坡等日军阵地，控制了龙陵至芒市、腾冲的公路。但因松山尚未克复，各类军需物资无法通过滇缅公路运抵军中，造成围攻龙陵的部队给养困难，新三十九师死守南天门、张金山、双坡阵地，最后所剩官兵不过百余人。日军打通龙芒公路后，迅速往龙陵增援了15000多人，向远征军发动了疯狂反扑。因将士伤亡惨重，远征军只得于9月10日再度退回龙陵城北近十千米的赧场一带阻击，第二次进击龙陵宣告失败。

高吉人的第二〇〇师，正是在第二次龙陵之战失利之后，奉命驰援滇西，协助进攻龙陵失利的新编第三十九师坚守阵地。第三次龙陵之战伊始，远征军即对围攻龙陵的战略进行了调整，一面进袭龙陵至芒市之间的交通阵地防止敌兵增援，一面集中了十个师的强大兵力，于10月29日向龙陵城区发动了第三次总攻。

这期间，高吉人率第二〇〇师，主要负责进袭龙陵至芒市的交通阵地，防止敌军增援，配合友军攻克龙陵。由于该师初到战场，未明前线形势，陡遭日军反击，其先行加入战斗的先遣团第五九九团被日军迅速击溃，其中两个营损失惨重，营长皆亡。随后高吉人师长布置第五九九团余部在5412高地浴血苦战，不幸又遭日军重挫。前沿阵地形势异常严峻。高吉人立即召开营长以上军官会议，激励军官："此次反攻，关系我军荣辱，转抗战全局之所系，各级官兵应竭智尽忠，完成使命。河山光复，我之重任。"随即调整部署，调第六〇〇团、五九九团，辅以重炮十团两营、炮七团一营及军师直属炮兵，向日军发起新一轮进攻，先后夺取三个高地，收复龙陵老城和文笔坡。随后，第二〇〇师奉命固守阵地，并补充五九九团。10月中旬，第二〇〇师在得到第五军军属工兵营、炮兵营、通讯营、战防炮营的支援下，开始向风吹坡、老龙潭等地攻击前进。11月初，率部在相继收复老龙潭、石老虎、老粮台后向芒市迂回。11月20日，配合友军攻克芒市，却在蚂蝗山遭到日军反击，在击退日军的进攻后，高吉人命令全师乘胜追击，于12月收复遮放后，又陆续收复双坡、拉隆、邦打、拱撒、河边寨。

12月21日，蒋介石电令中国远征军第十一集团军："迅速攻击畹町之敌，限期占领。"第二〇〇师奉命于 28 日展开于帕赖、天盆地、虎尾山等地区，并开始从大黑山、回龙山、黑山门攻击畹町。1945 年 1 月上旬，高吉人率部以奇袭的方式，攻占日军重要据点回龙山。随后配合友军收复畹町。日军在滇西国土境内的最后一个据点被拔除。

1945 年 1 月 21 日，在畹町举行了升旗典礼，由何应钦主持，参加反攻各师师长、参谋长以上军官参加，美国谢瑙士、司徒德、魏尔德等及中美记者、仪仗队数百人参加。27 日，中国远征军和中国驻印军在芒友胜利会师。

在这次滇西大反攻作战中，第二〇〇师全体官兵在高吉人师长的指挥下，上下一心，英勇顽强，不畏牺牲，尽歼日军，名传国内外，荣获"虎师"之称，高吉人师长被誉为"虎将军"。当时国民党《中央日报》曾以"功立域外，誉满盟邦——二〇〇师在缅抗倭获捷"为题做过专题报道。

闻说"蛮子""虎将"一词，常常会令人联想到身材魁梧、虎虎生威，甚至是口出粗语、敢打敢冲的大汉形象。实际上，高吉人将军在他的战友和亲人眼中，却是一个颇好诗文、书法，喜欢钻研的人。

早年和高吉人在洛阳小炮大队一起共事的姚润屋老人就清晰地记得，年轻时的高吉人就有一个信条：要做好官，必须先做好人；要做好人，必须先练好字。他不仅自己恪守这个信条，还教育下属和家人要做好人，姚润屋也常常看到高吉人每天坚持练习书法。他的毛笔字和中楷写得甚好，他当军长时的官印是自己书写刻制的。

高吉人将军还爱好诗文。戎马生涯，没有可能静坐书斋、饮酒赋诗，战场也就成了他作诗寄情之处。在缅抗日时，师里每阵亡一个连级以上干部，他必写悼诗一首以志纪念，家乡人则不分官兵都作诗悼念。张汉光是靖边县王渠则代黄口则人，当时在军中任排长，在缅甸畹町战役中阵亡，高将军曾写《悼汉光》一诗："远征健儿张汉光，横扫畹町阵线亡；异邦含泪祭英灵，芦船直指海东洋。"

日本投降，抗战全面结束后，1946 年 6 月，已经升任第五军副军长的高吉人将军，利用难得的军务稍闲时间，竟然研读史书，又凝结抒发其半生阅历之心得，著成《陈榕门之生平》一书。全书分四章十三节，约十万余言。数月后付梓出版。

孰料不久即奉命率部进攻中共解放区。1949 年 1 月淮海战役中受伤被俘。伤愈后，逃离并随部队撤至台湾。

高吉人 1949 年去台后历任金门防卫副司令官、台湾东部防守区副司令官、国民革命军预备兵团副司令官等职。1968 年退役，1979 年 8 月 25 日病逝于台北三军总医院。从军 42 载的高吉人，仅在 1932 年送侄灵柩回过家乡一次，从此就一直没有回过故乡。

同所有远离家乡的陕西人一样，高吉人也有着如同于右任老先生一样"葬我于高山之上兮，望我故乡；故乡不可见兮，永不能忘"的深深思乡之情。

高吉人将军在台湾病重时多次给妻张慧贞叮咛："我一生戎马生涯，双亲生前逝后未能尽孝，你以后回到双亲坟前替我赎罪。"1994 年张慧贞由美国回国，委托长子高森园、三子高桂生、侄子高明生等人回油房洼老坟立碑祭奠，完成了高吉人将军的遗愿。

第五节　游击将军英名扬——包森

中国自古以来，出于对君主和尊长名字的避讳，以人物名来命名地名的现象十分罕见，很多地名还常常因为皇族之名讳而更改。辛亥革命以后，受到西方文化的影响，用人名命名地名就成为人们纪念和敬重领袖、伟人、有贡献人物的一种方式。我国在抗日战争、解放战争时期曾有37个以抗战英烈命名的县城，它们分布在十个省市，涉及70多个县城。每一个名字的背后，都有一段英雄的故事——无论是英勇杀敌在战场牺牲，还是沥血辛劳英年早逝，烈士们的名字，和这片土地连在一起。每一座城市，都是一支英雄的赞歌。

1945年11月，晋察冀边区冀热辽行署在蓟县南部建立包森县，以纪念八路军冀热察挺进军冀东军分区副司令员兼十三团团长包森。但是今天，包森县已经鲜为人知，这是由于新中国成立前，中共七届二中全会为防止党内骄傲、腐化、个人崇拜，规定不以人名做地名。1951年中央有关部门发出《关于更改地名的指示》，纪念革命先烈，一般以碑、塔等方式，不更改地名；已更改的，经该地上级人民政府批准或群众称呼已习惯仍可沿用。因此，今仅剩黄骅、左权、尚志、靖宇等为数不多的城市沿用烈士名。

但在天津蓟县盘山烈士陵园里，仍然静静地矗立着庄重肃穆的包森墓，默默铭记着这位曾经驰骋在冀东大地，令日军、伪军闻风丧胆的年轻的八路军游击将军的英勇事迹。

学生领袖，显少年老成

包森，原名赵宝森，又名赵寒，1911 年 7 月出生于陕西蒲城县三合镇义龙赵家村一个贫苦农民家庭。

包森在兄妹六人中排行老三，因生于猪年，小名唤作"亥娃"。勤劳正直、老实本分的父母希望这个儿子读书能有出息，光宗耀祖，包森七岁即被送入私塾读书。包森也不负父母之望，成绩优异，唯正课之余，更喜读历史演义、兵法，仰慕善韬略、能征战的历史人物。1927 年，包森考入蒲城县第一高小，好学、胆大执拗的个性开始展露出来。"包森个子不高，比较瘦，脸黑，性子暴。"这个在昔日玩伴口中的"亥娃"，"从小胆子就大。在东槐院小学念书时，包森和同学们在楼上玩，当时被几个同学扔石子围攻，石子很猛，很多孩子都被打跑了，就是包森不跑，同学扔一下，他躲一下，一点儿都不怕"。在很多村民看来，包森有"蒲城楞娃"的典型性格——自己认定的事，就做到底，而且特别顽强。

正是在这里，包森开始接触进步思想，也走上了一条与当权势力做斗争的道路。

民国初年的蒲城县第一高小聚集了不少地方精英和进步人士。当时有抱负的青年，多来这里学习。共产党人也在这里进行革命活动，如时任中共蒲城区委宣传委员及第一高小支部书记的王菊人先生，就是清道光朝军机大臣、东阁大学士、抗英名相王鼎的玄孙，曾多次发动蒲城农民进行"交农"斗争。

包森入学后不久，正值"四一二政变"国共分裂、大革命处于低潮时期。在地下党员张子平老师的教诲和熏陶下，他刻苦钻研，勤奋学习各门功课，如饥似渴地阅读一些进步书刊，联系社会现实和进步同学一起探讨。1929 年他在一篇日记里写道："高点明灯下苦心，十年寒窗有尽期；习成满腹好文章，山河锦绣异彩光。"这首充满激情的诗篇，生动地体现了他爱国拯民的思想感情。在高小上学期间，对于党在学校所开展的活动他总是一马当先。当李大钊等同志在北京被害的消息传到蒲城，学校举行隆重的追悼大会时，他勇敢地走上讲台，痛斥奉系军阀张作霖枪杀革命先驱李大钊的残暴罪行。语言铿锵，声泪俱下，激发了全校师生的斗争激情。

1930年，包森以第一名的优异成绩考入三原县省立第三中学。包森思想进步，积极致力于学生社团活动。

"九一八事变"后，全国掀起抗日救亡运动。年轻的包森义愤填膺，激情难抑，踊跃地投身爱国学生运动。包森积极组织进步青年及爱国人士成立宣传队，在三原、泾阳等地街头游行演讲、贴标语、发传单，揭露日寇侵占我东北土地、残杀我东北同胞的滔天罪行，呼吁广大民众积极行动起来，参加抗日救亡运动。

有一次，他带领宣传队，冲进泾阳县国民党党部，要求党部党务指导员肖力功支持抗日募捐。肖过去虽是包的同学但坚持反动立场，拒不接受。同学们在包森的带领下，将党部牌子砸得粉碎。在学校，他积极组织学生罢课，反对黑暗的教育制度，与学校反动势力做斗争，成为三中宣传抗日的活跃分子。他的革命行动，被学校反动当局视为"眼中钉"，遂以"触犯校规"为名，将包森等五名进步同学开除出校。

包森回家后，在父母的要求下，娶妻成婚。但是，包森的革命意志愈加坚定，探求真理的热望更加强烈，无心留家。他白天到群众中去宣传抗日救国的道理，晚上邀请一些当地进步人士，分析形势，抨击时政，并四处奔波，寻求革命真理。

1932年2月，包森找到了他在三中的老同学——当时蒲城地下党县委秘书兼宣传干事王培荣同志，倾诉他在三中因宣传抗日被校方驱逐出校的委屈，表示不愿在家闲居，立志投奔革命。遂由王培荣同志介绍，包森光荣地加入了中国共产党。不久，包森又以第二名的优异成绩考入西安高级中学。

进入学校的包森，又来到自己最熟悉的学校环境中继续从事学生运动，是抗日救亡运动中最活跃的学生之一。1932年4月25日，来西北视察的国民党政府考试院院长戴季陶，在陕西省教育厅召开的欢迎大会上进行反共宣传，为蒋介石"攘外必先安内"的政策辩护，激起了西安教育界广大师生的公愤。

事前，中共陕西省委得知这一消息，秘密召开了各校先进分子会议，布置进行针锋相对的斗争。当日，2000余名学生到民乐园参加了教育厅召开的欢迎戴季陶大会。当戴发表反共讲话时，包森及参加大会的学生们怒不可遏，正言厉色地痛斥国民党卖国媚外政策，弄得戴张口结舌无言以对，在学生们"打倒狗委员戴季陶！""打倒国民党！""打倒国民党卖国政府！"的口号声中仓皇逃窜。包森带领学生烧毁了戴季陶的汽车，并与前来会场维持秩序的军警发生冲突。4月26日，国民党陕西省政府派出大批军警镇压闹事学生，各校学生被打伤者十余人，被捕者达100余人。此后，中共陕西省地下党组织领导各校学生继续斗争，迫使当局释放被捕学生并医治受伤者。由各校学生公推，包森代表西安学联赴北平各校求援，回陕后继续开展抗日宣传活动。

1932年8月1日，西安各中等学校的学生在中山中学礼堂集会，召开庆祝"八一"南昌起义大会，并纪念中国工农红军诞生五周年。现场张贴标语、散发传单，进行抗日演说，抨击国民政府。国民党西安当局派出军警包围了会场，当场逮捕了包森等32名骨干，十多人被打伤，关押在西华门军法处。

这是包森第一次入狱。在狱中，包森不仅没有沮丧和消极，反而借机读了《资本论浅说》等革命书刊，在难友中宣传革命真理，鼓励难友，并与西安"后援会""革命互济会"取得联系，团结全市师生联名上书，迫使反动当局于9月16日将被捕学生全部释放。

经过多次历练，包森的革命意志更加坚强，联系群众进行革命斗争的经验日渐丰富，已经逐渐成为一名成熟的中共地下党员，可以独当一面开展工作。

1932年冬，党组织即派包森到泾阳县苗嘉祥游击队，从事扩大红军的组织工作。时隔不久，又调三原县武字区，担任政治宣传员，负责渭北游击队的恢复发展工作。包森一到武字区，就冒着生命危险，深入群众，领导农民开展游击斗争。此一时期，习仲勋同志也在此担任渭北游击队第二支队政治指导员。

　　1933年上半年，三原县中心县委又将包森调往新字区，从事新字区的开辟工作，建立游击队，发展党组织，扩大根据地。新字区位于武字区的西面，这里的影响较大，群众觉悟较高，这是开辟新字区的有利条件。但该区完全是白区，地主反动武装猖獗，地下党组织曾遭到严重破坏，这就给开辟工作带来许多困难。包森并没有被这些困难所吓倒。他遵照上级指示，充分发挥有利条件，深入群众，做艰苦细致的工作。在恶劣环境下，常常在穴洞和坟地里过夜。经过数月的艰苦奋斗，终于把群众发动和组织起来了，党的组织也在斗争中发展壮大。成立了新字区区委，宋士斌任区委书记，韩学礼任秘书，包森任区委组织委员，负责党的发展建设工作，很快地开辟了新字区，并使新字区和武字区连成一片，扩大了渭北革命根据地。

　　1933年7月，王泰吉骑兵团在耀县起义后，正式改编为"西北民众抗日义勇军"，王泰吉任总指挥，刘映胜任政治委员，谈国帆任参谋长。起义军成立了政治部，中共陕西省委派包森去该部做政治工作。刚被收编的部队，思想复杂，纪律涣散，包森根据省委指示做了大量细致的思想工作和组织工作，为后来部队转移到照金革命根据地，加入工农红军打好了思想基础。

　　1933年秋，中共陕西省委机关再次被敌破坏，党组织派包森在西安参加重建省委工作。由于特务告密，包森第二次被捕，以"危害民国"罪判处有期徒刑十年，关押在西安第一模范监狱。在狱中，包森不仅没有丧失斗志，还与赵伯平等领导绝食斗争，争得改善伙食、卸掉镣铐、每日放风等部分权利。直到三年后，1936年12月，"西安事变"和平解决后，包森获释出狱，被派入杨虎城的第十七军，任特务营第二连政治指导员。次年2月，经党组织推荐，包森来到陕北，进入延安红军大学（即后来的抗日军政大学）学习，在此接受了系列的马克思列宁主义政治教育。是年秋，"卢沟桥事变"爆发，包森从抗大毕业，投入了抗日的战斗中。

据称，就在奔赴抗日根据地之前，包森曾回过家乡蒲城一次，随后给家里来了封信。信上说，国家正面临大灾大难，为抗日救亡，希望父母能原谅他只能为国尽忠而不能尽孝。在这封信上，除了向家人道别，他还劝妻子改嫁。

包森走后，乡亲们经常念叨着他。在包森娘去世前的几年，人们还经常见到病恹恹的老人坐在家门口的石碾上向村口张望，等她的"亥娃"，但直到老人去世，包森也没再回来。

随着"亥娃"渐渐被人们淡忘，包森的名字却开始响彻日军占领的冀东大地。

游击队长，捉日本大佐

抗战爆发后，包森被派往晋察冀抗日根据地，在八路军独立一师地方工作队任职，先后在涞源、唐县、定县等地工作。1938 年 3 月，包森任八路军第一一五师第三十三支队总支部书记（邓华任队长），随军挺进平西。在平西，曾任游击队长和联合县委书记，是房（山）、涿（县）、涞（源）联合县党的创建人之一。

1938 年 6 月，宋时轮、邓华两部合编为八路军挺进纵队（后改名为第四纵队），挺进冀东，组成抗日联军，支援冀东人民的抗日大暴动。包森率 40 多人的武装留在兴隆县长城沿线、洒河川一带与日军周旋，牵制敌人，掩护大军行动。

兴隆县，地处长城内外，境内多是山川、河谷，物产丰富。日军铁蹄践踏这块土地已经五年多了，反动统治极严，到处建立据点，碉堡、岗哨林立。面对凶恶狡猾的敌人，包森扎根于人民群众之中，采用小股分散的斗争方式，机智灵活、神出鬼没地打击牵制敌人。1938 年 7 月的一天，包森让战士们乔装打扮，换上农民服装，趁机潜入佛爷来据点，出其不意地打击敌人，一举歼灭日伪军 80 多人。包森这一举动，震惊了周围的日军，随后大批日伪军扑向佛爷来。包森沉着冷静，将计就计，将自己的部队埋伏在佛爷来附近。毫无察觉的敌人长驱直入，如入无人之境。包森先放过敌人的先头部队，待大部队人马进入伏击圈，他一声令下，战士们个个如猛虎扑食般地从树丛中、壕沟内、土丘旁一齐跃出，杀声震天，众弹齐发，把敌人拦腰斩断。短兵相接，挥刃搏斗，敌人溃不成军。这次战斗毙俘敌人近百名，缴枪 40 余支，子弹千余发。接着，包森又带所部缴获了被日军控制的龙山口金矿矿警武装。两个月时间里，包森的部队就发展到 200 余人，开辟了兴隆东南、遵化东北一带的抗日游击区，有力地支援和配合了冀东大暴动。

自 1931 年"九一八事变"后，冀东地区成为日军由东北入侵华北的咽喉要冲。1938 年 6 月，以宋时轮为司令员、邓华为政治委员的八路军第四纵队挺进冀东，形成起义的有利条件。1938 年 7 月至 10 月，以李运昌、胡锡奎为主要负责人的中共冀热边特别区委员会通过冀东抗日统一战线组织，广泛发动冀东人民，举行抗日武装起义。起义浪潮很快波及 20 多个县，参加起义的人数达 20 余万，抗日联军发展到 70000 余人，其他抗日武装近 30000 人。抗日联军与第四纵队转战冀东，曾收复平谷、蓟县、玉田、迁安、卢龙、乐亭等县城，在城市和农村，推翻了日伪统治，建立了抗日民主政权，还一度切断了北平（今北京）至山海关的铁路交通，迫使日伪军退守县城或主要据点，起义取得成功。10 月下旬，抗日联军50000 余人在随第四纵队主力向平西转移途中受挫，大部失散，仅数千人返回冀东，与第四纵队留下的少数部队会合，继续坚持冀东抗日游击战争。

冀东暴动失败后，慑于抗日力量的重新集结，日军投入大量兵力于1939 年清明节前后开始了春季"大扫荡"，疯狂镇压抗日民众，屠杀抗联家属，冀东抗日形势急转直下，斗争极其艰苦。为了保存实力，包森将部队化整为零，整编成四个纵队约 800 人，分散游击。自己身背篓子，走村串户，与部队保持着联系，寻找着有利战机，策划着更为巧妙的斗争手段，以便狠狠打击敌人。到年底，冀东全区游击队有 2000 余人，成为日后冀东八路军的骨干。

1939 年年初，遵化县①日军宪兵队长赤本扬言要亲手捉拿包森，狂

①今河北省遵化市。

妄地放话：悬赏 30 万元，亲手捉捕包森。包森听闻后，给侦察员布置任务：寻找战机，化整为零，打掉赤本的嚣张气焰。4 月 25 日晚上，支队部的贾振远、五大队队长年焕兴、手枪班侦察员马兰田、警卫员王志民（即夏永江）及另外三名战士共七人组成小组，奉包森之令，到张家坟（属孟子院村的一个小自然村）执行侦察任务，当夜就隐蔽在村里。

第二天上午，这几名战士一身农民打扮，在一个坝台上帮老乡脱坯。快到晌午了，就见坝台下边的一条小路上，从西边走来了三个人。前边一个人穿粗布便衣，后边不远处跟着两个穿大褂的买卖人。走在前边的人，正是包森的警卫员王振西，两三个月前他就被捕了。

原来，赤本得知被俘的王振西原是包森警卫班的战士，便立即叫来王振西，想从王的口中得知包森的下落。王振西不愧是包森教育出来的好战士，当赤本向他询问包森的下落时，他机警地觉察到逃出虎口的时机来到了。赤本叫他带路去找包森，他满口答应，赤本极为高兴。4 月 26 日上午，赤本率领一支日军守备队，令王振西带路去找包森。途中，王振西告诉赤本，包森看见你的大队人马是会提早逃跑的。得意忘形的赤本觉得有道理，就干脆带着翻译和王振西"孤军深入"，把守备队远远地抛在了后面。

看到王振西带着他们，后面没有更多的人，化装隐蔽在这里的年焕兴和几名战士大吼一声："不许动！"枪口早就对准了三人。王振西立即揭穿了跟随的两人中赤本的真实身份，并催促着："快走，后边有鬼子大队人马！"于是，战士们押着鬼子和翻译往侯家寨方向撤退。路上，贾振远从翻译嘴里得知：活捉的鬼子是日军唐山特务机关长、宪兵大佐赤本三尼，听说是天皇的"表弟"（后来传闻包森捉到了日本天皇表弟的说法就此传开。不久，八路军总部编印的《八一》杂志，刊载了活捉赤本大佐的战绩。1941 年 2 月 9 日，《新华日报》发表记者袁勃撰写的通讯——《日本天皇表弟赤本大佐被俘记》。实际上，据河北省遵化党史办公室干部考证，赤本三尼是日本天皇裕仁表弟一说，是当时被活捉的翻译官对马兰田等人讲的，后来汇报给上级。1946 年，叶剑英曾提过此事，但一直未见文字记载。近期有旅日华人学者查阅日方档案，未见赤本三尼的有关记载。另一说赤本三尼本名赤本信次郎。关于赤本三尼是日本天皇裕仁表弟之说有待进一步考证）。

押着赤本走出几里路，后边枪声乍起，日军追了上来。年焕兴他们连拉带推押着赤本继续前行，越过长城，天刚擦黑，出了马蹄峪口，来到只有几户人家的小山村。虽然摆脱了敌人，但恐有不测，年焕兴等当即处决赤本，回到包森身边。

活捉赤本，一时震动日本朝野，日军在遵化组织了"赤本营救委员会"，派出大批日伪军在遵化扫荡一个月之久，终未得到赤本的音信。他们还曾以优厚的交换条件要求八路军释放赤本，包森传言："讲条件只有一个，那就是日军赶快投降，滚出中国去！"

1939 年秋，大暴动受挫后的低潮局面开始扭转，军民坚持游击战的信心增强。全区游击队员已达 4000 余人，游击区扩大一倍。上级决定由李运昌等组成冀东区党分委，抗联改编为八路军，冀东部队统编为十三支队（1940 年改为冀东军分区），李运昌任司令员。在一年来的艰苦奋战中，包森显露出领导和指挥游击战争的优秀才干，被任命为副司令员。

冀东副司令，书抗战传奇

1940 年元旦，冀东区党分委军政干部扩大会决定由包森主持冀东西部的军事工作和开辟盘山抗日根据地。包森在地方党的密切配合下，整顿游击队，剿灭土匪，加强对伪军的争取工作，成立盘山地区八路军政治处，创办随营学校，很快整顿了冀东西部的抗日秩序。7 月中旬，十三支队改编为冀东军分区，同时成立了八路军第十三团，由分区副司令员包森兼任十三团团长和政委。数日后，号称"常胜队"的日军骑兵中队窜入盘山袭扰，包森率部于白草洼设伏，激战 14 小时，除了一名日军开战前跑回县城报信逃脱、一名日军受伤装死逃过一劫外，围歼了自中队长武岛以下 70 余人。1991 年 2 月的一天，盘山烈士纪念馆迎来一位白发苍苍的老人。他一进门就说："我是日本人，白草洼战斗的幸存者，特来拜谒包森。"这位日本老人租了一个花圈，亲手书写了一副挽联："惊弓之鸟漏网之鱼，不死之人拜谒包森。"署名：冢月正南。此人正是当年白草洼围歼战中的逃脱者。

秋季，包森率十三团一、二两个营转战盘山周围，连连告捷，不仅攻克蓟县、宝坻、宁河三县的数十个日伪据点，还重创了自北平方面来"扫荡"的日军，缴山炮一门和机枪步枪数十支。经过一年的努力，包森和他率领的十三团打开了冀东西部的抗战局面，游击区扩展到蓟县、平谷全境和玉田、宝坻、宁河、顺义、三河、密云、兴隆等县界，人口近百万。冀东东西两部连成一片，为以后建成冀东解放区奠定了基础。

1941年3月，日本华北方面军实行"治安强化运动"，调集了两个旅团的兵力和"满洲队""治安军"60000余人，对冀东实施"大扫荡"。经过数次激战，十二、十三两个团损失惨重，冀东西部和东部又暂时被分割。包森带少数人回盘山联络部队、收集枪支，重新投入战斗，接连攻克蓟县、三河县①境内的几十个据点，多次打击猖狂出扰的小股日伪军，缴枪400余支。兵力很快又恢复到反扫荡之前。烟台一仗重创"满洲队"一个连，击毙作恶多端的日连长山口正雄，极大地震慑了敌人，鼓舞了抗日军民。

太平洋战争爆发前夕，日军在冀东进一步推行"以华制华"的政策，先后调入治安军30000余人。治安军拟以团、营为单位驻防，再以连、排为单位逐步散开，配合地方军警实现全面占领，以"确保冀东治安"。治安军高唱"曲线救国"，与汪派国民党狼狈为奸，拉拢游击区内的上层分子破坏抗日统一战线。面对这种局势，冀东区党分委和军分区决定，乘治安军立足未稳，开展一次大战役。

1941年11月15日，十二团、十三团各一部于遵化县四十里铺布成长达15千米的袋形阵地。10时许，治安军第三集团第六团大部进入伏击圈。经过一场激战，敌团部被歼，半个团被毙俘。12月26日，包森再率十三团三营、特务连和遵化游击队，向"治安军"第五团一营新建的

---

①今河北省三河市。

东双城据点发动进攻。战斗从奇袭开始，由于奇袭队员进村时被伪军发现，敌人死守待援，战斗呈胶着状态。包森认为敌人要死守，在等待援兵，若断其援兵，集中力量对其打击不难攻克，于是派出三个连分头设伏阻击可能来援之敌，然后亲临村内指挥三个连向东双城据点之敌发起总攻，逐院逐屋进行争夺。激战数小时，迫使敌人全部缴枪投降，毙俘伪军300余人，缴获迫击炮一门、重机枪一挺、轻机枪四挺、步枪200余支，在冀东创造攻坚克敌的首例，使八路军军威大震。

1942年1月12日夜，包森得知驻玉田的"治安军"翌日将进燕山口扫荡。他认真分析了敌我双方的情况，做出果断决定，要在果河沿打一场漂亮仗。于是他率部连夜急行军，于13日凌晨1时，以迎战姿态布阵于遵化县西南果河北岸蔡老庄、蔡二庄一线。几乎与第十三团北移同时，驻玉田县城的"治安军"第二集团司令部及所属第三、第四两个团倾巢而出：司令部及第三团北进界山口入遵化境；第四团北入燕山口，于13日凌晨1时许抵达蔡老庄、蔡二庄的界山口，遭先抵于此的八路军第十三团第四连的迎击，缺乏夜战经验的"治安军"退回南岸死守阵地不敢动作。包森以三个连兵力正面牵制，以四个连兵力分两路连夜渡河迂回至敌后的燕各庄，形成对这股伪军的包围。

拂晓，战斗打响，八路军三个连从正面攻击，当即歼敌机炮连200余人，其余500多人向南狂逃到燕各庄村头，被预伏于此的八路军全歼。另一部分300余人，在日本教官的率领下，逃入小山上的憋古寺内，据险顽抗待援。此时包森获悉，"治安军"第二集团倾巢出动，前来救援。包森当机立断：派出警戒部队，阻击援军。之后，包森亲临山下来到阵前问三营营长耿玉辉："老耿，你多大年纪了？""40啦！"老耿不解地回答。包森又意味深长地说："老了。"这激将法立即奏效，只见耿玉辉甩掉皮夹克拔出手枪，身先士卒冲上山去。全营官兵一呼而应，发起了决死冲锋。寺内伪军见援兵无望，又遭猛击，便打死日本教官，晃起白旗投降。15时左右，"治安军"第二集团司令部及所属第三团赶到燕各庄援救，又被八路军警戒部队打得丢盔弃甲，狼狈逃窜，溃不成军。这场战斗，我军以七个连的兵力全歼"治安军"一个团，击溃第三团，共生俘伪军中校团副以下官兵 800 余人，击毙日本教官四名、伪军官兵百余人，缴获山炮两门、迫击炮四门、轻重机枪 26 挺、长短枪 700 余支、弹药十万余发，其他辎重大批，八路军伤亡 30 余人，创造了以少胜多、以弱胜强的奇迹。

晋察冀军区接到战报，大喜之下唯恐失实，令重查再报。然而经核实再报，战果与原电无误，方确信无疑。果河沿大捷使包森的名字再次声震敌后战场。当时在冀东一带包森的大名妇孺皆知，人们亲切地称他"包队长""包司令""包团长"。而敌人则把他视为克星，伪军们口角，经常以"出门打仗碰上老包"为咒语。

包森之所以能多打胜仗，除了他带领一支过硬的部队外，他又以自己的实际行动，赢得了冀东广大人民群众的大力支持。在抗日战争的艰苦年月里，冀东斗争异常残酷，处在日寇铁蹄下的冀东父老乡亲，生活悲苦难以名状，每日里高粱玉米面糊汤灌肠，甚至断炊无食；衣着破烂不堪，有的难以遮体蔽羞；住房昼不挡日，夜不遮露；老百姓三天两头躲避空袭，昼夜不能归宿，有的甚至钻进齐腰深的芦苇池塘浸泡半天不敢露头。包森率部同群众同甘共苦，心心相印，建立起血肉相连的军民关系，人民群众视他为恩人。一次，房东自己喝稀糊汤，却想法给包森搞到一碗白面条。包森见此情景，心中一阵酸楚，泪水夺眶而出，再三向房东解释，决不吃"优待"饭，与房东同喝稀糊汤。又有一次，包森带通信员到一个村庄，逃避日军抢掠的群众还未回村，包森只好走进一老乡家里，自己觅食做饭，饭后留下饭钱和便条。不久此事传遍全村，群众赞不绝口。

包森智擒赤本大佐后，日军曾调集一万之众"扫荡"遵化县，在一个村中包围了包森和一个班的游击队员，包森被一位老太太藏在大缸里幸免于难。可是，全村的老百姓和九名游击队员却被日军赶到一个广场上，并要全村的妇女出来当场认领谁是自己的丈夫和儿孙，以便从中查出游击队员。一会儿，八个队员先后被"认领"出去。此时，一个年轻妇女想到自己的丈夫出外未归，灵机一动，在日军的刺刀下，不慌不忙地走上前去，拉住最后一位游击队员的手，从容不迫地说："走，回家吃饭呗！还不给皇军点个头。"就这样，最后一位队员也被认领出去。日军空喜一场，无半点收获。事后，包森筹办慰问品，慰问了全村老百姓，奖励了那位认领最后一位游击队员的年轻妇女。

果河沿战斗后，日军深怪"治安军"无能，遂以日军为主力报复"扫荡"。十三团化整为零来应对，包森的特务连隐蔽于玉田西部一个小村，周围各村都有敌伪军搜索或通过，兵力数十倍于我，一旦被发现，其危险可想而知。干部中有不安者，包森十分镇静地说："怕什么，敌人来了自有办法！"他仍按老习惯，临战之前大吃大嚼。终因群众基础好，安然渡过险境。事后他说："临危不能惧，要力争化险为夷。若敌人到来，我们的办法之一是扮成日伪军，直插彩亭桥，说不定能把据点拿下来。"

数日后十三团又重新集结，2月4日宿营于遵化夏家峪一线。午夜后，一股日军自西而来，二营阻击之。包森因敌情不明，下令撤出战斗，到龙虎峪南山隐蔽。据侦察，该敌为日军的一个大队，和我遭遇后继续东去；但在龙虎峪村东小山上的庙里留下班哨，表明将沿原路返回。敌情既明，包森就下决心打其回头。傍晚前，包森命二营顺一条极隐蔽的山沟下去，埋伏于龙虎峪西三里之贾庄子。虽是白天行动，因群众基础好，敌人班哨近在咫尺也没发觉。傍晚该敌返回，当其尖兵进入贾庄子临近村头之时，二营立即开火。当即毙敌中佐大队长及下级官兵共70人，缴轻机枪一支、步枪20支。余敌因失去主帅不敢再战。包森亦因夜幕降临难以观察不宜再战，率部向北转移。

冀东八路军打治安军战役取得的辉煌胜利，使"治安军"在军事打击和政治瓦解下，仅三个月就损失兵力六七个团，占其总兵力的三分之一。粉碎了日本第三次"治安强化运动"在冀东的全部计划。日本华北方面军最高指挥官冈村宁次因而发出"到冀东如入苦海""对冀东应有再认识"的哀叹，被迫放弃由"治安军"全面占领冀东的计划。

1942 年 2 月 17 日，包森率部在遵化野狐山同敌人相遇。在战斗中，他上北山用望远镜观察敌情时，被敌人狙击手冷枪射中胸部。包森自知伤重，为稳定军心，他镇定地说："我负伤了，队伍由一营长指挥。"当警卫员背着他行至战场东侧小山时，这位威震敌胆的抗日民族英雄已经停止了呼吸。

包森牺牲后，为防止敌人趁机反扑，消息被严密封锁，他的战马和警卫员也被安排在一个偏远山洞待了 40 天，造成包森正在执行其他任务的假象。包森的遗体也在秘密安排下悄悄掩埋。

包森牺牲的消息传出后，整个冀东党政军民沉浸在巨大悲痛之中。日军得知这个消息后，也一反常态，所有报纸的宣传报道中，都去掉了污蔑攻击之词，做了"包森司令长官战死"的郑重报道，反映了这位抗日民族英雄在敌人心目中的地位。1942 年 3 月 17 日延安《解放日报》在头版头条专题报道了包森的英雄事迹，并且以《悼范子侠等四同志殉国》(范子侠、郭国帮、包森、刘德明) 为题发表了社论，指出：他的英名永在，他的赫赫战功与英雄精神，将永远留在人民的记忆中，他那许多传奇般的事迹为人们所传颂。

包森到冀东虽然只有两年多的时间，但他对冀东抗战的贡献是巨大的，不可或缺的。新中国成立后，人们在北京市人民抗日战争纪念馆、石家庄华北烈士陵园、唐山冀东烈士陵园、蓟县盘山烈士陵园、遵化烈士陵园、野狐山牺牲地都建立了包森的墓碑，供后人永远纪念。

第四章　泣血中华，出师未捷身先死

第一节　血战成仁——王竣

　　王竣（1902—1941），原名俊，亦作浚、
峻、骏，字杰三。陕西蒲城人。先后就
读于县立高级小学、陕西同州[①]省立第二
师范学校。

　　1924 年，王竣从省立第二师范毕业
后，投笔从戎，去耀县投奔了乡党杨虎
城部队，任第二支队司令部文书。杨虎
城看王竣为人豪爽果敢，仅做名文书是
屈才，遂介绍他南下投考黄埔军校第三

期入伍生总队。次年2月,广州革命政府举行第一次东征,讨伐军阀陈炯明。王竣以入伍生身份参加,这是他第一次正式的军事历练。7月,他正式升入黄埔军校第三期学生队。半年后,北伐正式开始。黄埔军校生也纷纷毕业投入大革命的军事行动中。

1926年春,与其他陕西黄埔生不同,王竣深知当初提携他的杨虎城将军爱惜人才,也希望培养自己的干将,遂在毕业后返回陕西,先后历任杨虎城侍从副官、旅部军法官、手枪队队长及副营长。

回到陕西不久,王竣正赶上陕西革命史上最为惨烈的一次"西安反围城之战"。因为指挥守城的两位将军不仅都是蒲城人,名字中也都有"虎"字,时人称之为"二虎守长安"。

1926年4月,吴佩孚任命豫西军阀刘镇华为"豫陕剿匪总司令",他用阎锡山提供的枪支弹药拼凑起一支号称十万的镇嵩军,将陕西国民二军击溃在河南。溃败士兵在返陕途中,凡操陕西口音的多遭土匪杀害。陕西军务督办、第十师师长李虎臣化装后从茅津渡口侥幸回到西安。镇嵩军则尾随溃军入陕,4月中旬,先头部队侵入临潼,西安危急。

此时的西安城内,李虎臣和陕西陆军第四师师长卫定一的兵力尚不足5000人。李虎臣对未来战局与西安安危并无成算,他在与幕僚权衡利弊后,星夜派财政厅厅长朱子敏手持他邀请国民军第三军第三师师长杨虎城共同固守西安的亲笔信赶赴三原。杨虎城认为广东革命政府正在筹划北伐,守住西安,牵制敌军,有利于革命形势的发展,当即决定出师。

4月18日,杨虎城率部进入西安,即开始长达数月的围城与反围城战斗。其时,李虎臣布置在城外的部队均已被迫撤入城内,城东、城北局势严峻。杨虎城下令在城内外各要隘构筑工事,开挖交通沟,在城墙上囤积石块,决心利用明代城墙,固守西安。刘镇华在连日急攻却均遭挫折、屡攻不下后,即采取长期围困的手段,妄想待到守军弹尽粮绝,迫使其不战自降。遂下令强拉民夫在西安城周围挖掘几十千米长、深达数米的战壕合围西安。

围城期间,西安军民每天生活在枪林弹雨中。镇嵩军用尽一切办法破城，如：组织敢死队、架云梯、爬城、挖地道、凿涵洞、收买国民军官兵等，但都被守城官兵拼死打退，敌军一次也没有得逞。每逢大的攻防战，"二虎"都同时出现在战斗最激烈的地方指挥作战。士兵在他们的激励下作战格外英勇，先后经历东关地道战、7月22日与敌敢死队的登城战及小雁塔争夺战等惨烈战斗，终于达到坚守待援、克敌制胜的目的。

围城之初，一些刘镇华任陕西省省长时豢养的政客士绅，主张迎刘，反对坚守，弄得城内流言四起，人心惶惶。杨虎城在拿到省议员、"和平期成会"会长褚小毖迎降刘镇华的密信后，果断地将其枪毙，并在《新秦日报》发出布告："当此戒严期间，该犯竟敢在本军防地内恣意捣乱，实属罪有应得。"此后，再也无人敢公开议和。

守城的另一问题是粮食。关中号称八百里秦川，以产小麦为主。守城前一年，关中特大丰收，西安城里的商号和居民多有贮粮，粮商们囤积得更多，为坚守西安提供了一定保证。但原估计可维持城内十万居民和一万多部队五个月需求的粮食，因数万难民的拥入不到两个月就逐渐不继。

三个月后，士兵就开始食用混合面。以后士兵口粮一减再减，不得不杀马飨军。城内居民更为悲惨，城内一切油渣、酒糟、中药材、皮革乃至树皮草根，只要能充饥的全都吃光。曾亲历围城的赵文杰在《西安城坚守记》中描述：

> 10月中旬，突降大雪，居民饥寒交迫，饿死者与日俱增，有一天路毙的竟达数百人。街头可以看到倚门而立的、坐于墙角的、躺于路上的，均系饿死之人。入冬以后，更是饿殍载道，无人收埋。这时，西安已经没有狗了。(入夜)除城上间有火光外，城内一片漆黑，形同死城。

在西安军民生死坚守数月之后，终于迎来了国民联军总司令冯玉祥。9月17日，冯玉祥五原誓师后，国民联军开始兵分两路解西安之围。杨虎城和李虎臣率城内部队反击。终至11月28日，镇嵩军全线崩溃，被围八个月之久的西安城解围。

在这场艰苦的守城战中，王竣追随杨虎城左右，目睹战争之惨烈、军阀对民众之残酷无情，也深感军人在战场上坚忍不拔和决死之志的意义。

1929 年 5 月，杨虎城部改编为国民革命军新编第十四师，王竣出任第十四师第二旅第五团第一营营长。一次，率一连士兵护送军粮，被股匪围困于河南南阳博望屯附近一荒祠中。他与士兵沉着应战，弹无虚发，毙匪百余人。匪首惊其神勇，劝说其入伙，还要与其结为兄弟；他因势利导，晓以大义，众匪反而归降。1932 年秋，王竣升任第十七路军陕西警备第一旅团长。1935 年 7 月，升任陕西警备第一旅旅长。在任团长、旅长期间，曾奉命在陕南围剿红军及游击队。

1936 年"西安事变"后，杨虎城被迫辞去本兼各职，准备出国考察，第十七路军番号被撤。陕西警备第一旅并入陆军第三十八军（军长孙蔚如）。

1937 年"七七事变"后，日军迅速攻占北平、天津以及河北大部分地区。继而日军大本营为实现其"大陆政策"，兵分两路分别沿平绥线和正太线向山西大举入侵。1937 年 11 月，太原保卫战结束，日军攻占太原，之后沿同蒲铁路南下，相继攻占平遥、榆次等地。目睹日寇的疯狂进攻，时任陕西警备第一旅旅长的王竣屡屡请缨，要求为国家效命于沙场。中国军事委员会肯允后，王竣率部从西安开赴黄河西岸，担负警戒黄河河防的任务，配合山西境内各军同日军作战。

1938 年 7 月，山西战局危急，在正面战场抗击日寇的各部队相继后撤。8 月，日军占领风陵渡。我八路军等部奉命迅速挺进敌后，开辟山区抗日根据地。与此同时，王竣奉命指挥所部一个团东渡黄河进入山西，配合友军坚守永济。由于日军进攻受阻，恼羞成怒，遂调集了一个师团的兵力围攻永济。王竣沉着应战，指挥战士奋勇杀敌，与友军协同作战，接连打退日军的多次进攻。永济血战，该团伤亡惨重，但同时也重创日军，并取得了阻滞日军的进攻速度、成功掩护我第三十一军主力安全转移到中条山的辉煌战果，书写了抗日战争史上光辉的一页。永济城保卫战后，旅长王竣曾命在朝邑县大寨子村外修建了一座永济抗日纪念碑，碑阴刻有全部阵亡官兵的姓名。

1939 年，陕西警备第一旅因战功卓著，被国民政府军事委员会改编为国民革命军新编第二十七师，转归国民革命军第一军指挥，王竣被任命为新编二十七师副师长，继而升任师长，负责黄河西岸朝邑至潼关一带的河防。

1940 年 11 月，王竣奉命率部经洛河、渭河出潼关，东渡黄河，进入山西中条山抗战前线，师部驻在平陆县东北的黄家庄。进驻中条山以后，王竣率部与日寇激战数十次，破坏敌人的交通线，炸毁日军仓库，歼灭小股日军，给日军以沉重痛击。敌军曾经对中条山发动了十数次扫荡和进攻，但都被我军成功击溃。中条山根据地得到了巩固和发展，此根据地被敌军称之为"盲肠"，成为他们渡过黄河、向我中原腹地进犯难以逾越的障碍。

为此，敌军华北派遣军司令部决心集中优势兵力，消灭我军中条山根据地，挖掉这块在其占领区中的"盲肠"，并且消灭中条山根据地的我军部队，以解除我军对平汉铁路和同蒲路的威胁，稳定其华北占领区侧翼，以便大举南进，渡过黄河，夺取中原腹地，胁迫中国抗战政府投降，结束中国战场，好转移主力南下作战，与英美军队争夺南洋。为达到突然袭击的战略目的，敌军制定了详细的作战计划，并且秘密从东北抽调了包括第五师团在内的几个主力师团，还进行了大规模战役佯攻。表面上在风陵渡集结渡河器材，做渡河南进的准备，暗中在夜间秘密集结主力，把数百里之长的中条山根据地封锁得水泄不通。

1941 年 3 月，日军为消灭晋豫边区的中国军队，确保华北地区的安全，调整兵力部署，秘密从华北、华东、中原三个战场上调集了六个师团、两个独立混成旅团、一个骑兵团以及伪军一部，兵力达十余万人，且装备精良，并有第三飞行集团协助，经充分准备，对驻守黄河北岸中条山地区的我第一战区部队实施包围作战。4 月，王竣亲临前线，指挥第八十团二营主动出击，奋力进攻日军梨树坪炮兵阵地，夺得大炮两门。

1941 年 5 月 7 日，中条山战役正式打响。王竣率新编二十七师扼守中条山根据地之黄家庄、羊皮岭、门坎山、曹家川、马家沟、台争寨一带。5 月 7 日，集结在山西闻喜、夏县方向的日军十三中将指挥的第三十七师团主力、井关仞中将指挥的第十六师团一部、若松平治少将指挥的独立混成第十六旅团，约两万五千人，向东南进犯。日军在飞机大炮的掩护下，对王竣师部所在地张店镇发动猛攻，第二十七师将士顽强抵抗，与敌人浴血奋战。王竣亲临火线，鼓舞战士们杀敌报国。由于缺少重型火力，我军伤亡惨重，该师第八十团官兵大部分壮烈牺牲。8日凌晨，日军突破张店，第二十七师转移至曹家川、台争寨一带继续抗敌。

1941年5月9日上午，日军继续向第二十七师阵地发起猛攻，先派便衣队袭击，再以飞机轰炸扫射，并灭绝人性地施放毒气。面对蜂拥而至的日军，王竣仍沉着指挥部队与敌血战。随着时间的推移，王部伤亡越来越大，而且弹药几尽、缺少支援。有劝王竣将军请示上级，转移阵地。王将军慨然答道："未歼敌雪耻耳，何面目见人？军人不成功，便成仁，当与诸君死此！"众官兵在王竣将军的感召下士气大振，浴血杀敌，誓死保卫阵地。当王竣师长正在布防之时，日军数架飞机又来轰炸扫射，王竣师长身中数弹，身负重伤，但他仍不下火线，坚持指挥官兵英勇抗击，终因伤势过重，壮烈殉国，时年40岁。

国民政府为表彰王竣壮烈殉国的事迹，特追赠他为陆军中将，并在长安县坡南村为其修建了陵园。1987年5月7日，陕西省人民政府追认王竣为革命烈士。

第二节　何惜微躯——高鹏

　　高鹏（1905—1938），字云程，又名平远。1905 年出生于乾县梁村镇大坡口村一个农民家庭。黄埔军校第四期毕业生。先后多次与日军作战，英勇杀敌，屡立战功，后在台儿庄连防山阻击战中率全团以身殉国。

　　高鹏幼时沉默寡言，持重刚毅，热爱劳动，喜欢读书。六七岁时，即和祖父在田间劳动，晚上刻苦读书。稍有闲暇，常爱在街头听人们议论天下兴亡大事和英雄人物抗敌卫国的故事。从小就英勇果敢，胆识过人，村里至今还流传着他这方面的不少逸闻。一次，他和几位小伙伴去沟里挖野菜，突然沟底一只恶狼扑面而来，几个孩子都吓愣了，他却急中生智，大呼一声："不要怕，倒掉篮子菜，跟我打狼！"于是大家一起挥舞竹篮、铁铲，齐声怒吼着"打狼！打狼！"冲向恶狼，就这样把恶狼吓跑了。这件事成了他幼时轰动全村的佳话。他 16 岁那年正月，大坡口村和大东村因比赛社火打起了群架。大东村四五百人手持刀枪棍棒，冲向手无寸铁的大坡口群众，在这千钧一发之际，高鹏脱去上衣，胸脯一拍，迎着手执马刀的为首者，大喊："向我这儿砍，我弟兄多，砍死一个还有七个。"吓得那人一时傻了眼，率众退回村去，一场风波随之平息。

　　1921 年，高鹏从乾县南区务本高等学堂毕业后，考入西安民立中学。时列强入侵，军阀混战，高鹏遂投笔从戎，救国于危难之时，拯民于水火之中。

　　1925 年，高鹏中学毕业，听闻黄埔军校在河南开封招考第四期学员，便相约本乡同学李正谊、阎锡麟、张徙义前往报考。他们自西安出发，徒步跋涉至潼关东一小站乘火车抵达开封。经文化考试及身体检查，即被初录。8月，高鹏与同乡经派发，一起乘火车从开封到徐州，又由津浦路到南京，转由沪宁路至上海，后从上海乘商船到广州。稍事休息，便由小火轮送往学校，编为黄埔四期正式学员。高鹏入黄埔后，潜心军事、战术，时时演练擒拿格斗、瞄准射击，体魄更加健壮，意志益发昂扬。且对作战要旨、战略战术，也不时有独到见解。

入黄埔学习，学期本为三年，当时正值如火如荼的大革命时期，北伐战争开始，北伐军中急需大批军事干部。1926年10月，高鹏同众多第四期黄埔学员提前毕业，参加北伐。高鹏被分到陆军第二十二师，任少尉排长。

1928年，高鹏奉命返回黄埔军校，任上尉区队长，学业益进。1931年3月，被派往陆军第四师（师长徐庭瑶）第十一旅（旅长关麟征）任上尉连长。1932年8月，曾与红军在安徽金家集遭遇，红军直攻到指挥所附近，高鹏率部与红军交战，腰部受重伤，伤愈，升任少校参谋，不久又被擢升为陆军第二十五师（师长关麟征）之少校营长。

1931年"九一八事变"后，日本以蚕食之势步步进逼。

1933年2月底，第二十五师奉命开往山海关，欲拒日军于关外。1933年，该师与日军在山海关古北口接触，激战三昼夜，各有伤亡。高鹏臀部受伤，仍坚持战斗。此次战役，他因战功卓著而受军部嘉奖，荣获"陆海空军奖章"一枚，并升任第二十五师第七十五旅一四九团中校副团长。

1936年升任高射炮大队长后，高鹏又参加了抗击日军的百灵庙之役。身先士卒，奋力拼杀，指挥小炮射击日机，并率部追杀日军溃兵，在战斗中手刃日军军官一名，夺得其指挥刀。战后傅作义将军奖励巨额赏银，高鹏分文未取，全部分给官兵。

1937年"卢沟桥事变"后，高鹏率部随第二十五军（军长关麟征）第二十五师（师长张耀明）开赴河北保定，在保定西北的满城构筑阵地。9月，协助团长覃异之在满城阻击南渡漕河的日军第十四师团一部，激战中团长负伤，遂奉命代理团长之职，指挥全团继续与日军激战。但阵地终被日军突破。日军占领保定后，沿平汉铁路继续南下。高部随第二十五师参与一系列阻击战。是年底，调任第二十五师第七十五旅第一五〇团团长，率部随第五十二军开赴漯河休整。

1937 年 12 月南京失守后，日军气焰极为嚣张，企图沿长江而下乘胜追击，一举击溃国民政府军队主力。徐州位于江苏省西北部，在黄河与淮河两河之间，居鲁豫皖苏四省要冲，为津浦、陇海两铁路之枢纽。徐州周围，山峦重叠，河川纵横，在中国军事史上一直是兵家必争之地。

华北日军南下时，华北山东方面的一线防线，由于守军将领韩复榘畏敌避战，轻弃黄河、泰山天然屏障，又接连不战而退，日军长驱直入，轻取山东大部战略要地，给抗战形势造成极为不利的影响，也进一步刺激了日本侵略者的欲望。为了连贯华北、华中两个战场，日军决心以济南、南京为基地，从南北两端沿津浦铁路夹击，最后会师徐州打通津浦路。为此，日军先后集中了 24 万人的精锐部队，于 1938 年 1 月下旬开始南北对进，夹击徐州。

中国方面极为重视徐州地区的防御作战。中国第五战区先后调集约 60 万大军防守徐州地区，主力集中于徐州以北，抗击北线日军南犯；一部兵力部署于津浦铁路南段，阻止南线日军北进。此次会战是一次大面积大范围的作战，中国军队在黄淮之间的广袤大地上与日军展开激烈的攻守与反攻守作战。

1938 年 3 月，高鹏率部随第二十五师由河南漯河开赴安徽阜阳集中，准备参加徐州会战。3 月 24 日，率部到达枣庄东南至郭里集，奉命指挥一个加强步兵营及便衣队，在郭里集构筑工事，迷惑敌人，掩护主力在郭里集东北山地隐蔽，准备于次日趁日军南下之际，攻其侧背。骄横一时的日军濑谷旅团沿着枣台铁路直扑台儿庄，台儿庄大会战的序幕随之拉开。

在第五战区紧急部署下，3 月 31 日，进犯台儿庄的日军濑谷旅团被中国军队包围。4 月 1 日，高鹏奉命率全团随第二十五师的战斗赶至兰陵镇，与企图增援台儿庄的日军第五师团坂本旅团主力发生激战。至 3 日，高部协同第二十五师各部将坂本旅团死死围住，坂本旅团数次向西突围，企图与台儿庄濑谷旅团会合，均未得逞。第二十五师的战斗有力支持了台儿庄的中国部队。4月7日，中国军队取得台儿庄战役的胜利。

正当中国军民沉浸在台儿庄大捷的胜利喜悦中时，第二十五师奉命追击北逃峄县的日军。4月12日，高部配合第二十五师各部攻占峄县九顶山以北日军阵地。15日，日军增援部队到达峄县地区，双方形成对峙状态。18日，高鹏所部奉命南撤至邳县以北，在连防山占领前进阵地，阻敌南犯，掩护第五十二军主力在艾山、燕子河一带构筑工事。连防山虽名之为山，却并无崇山峻岭，不过是个有四五百户人家的村落而已。易攻难守，一场恶战随即在这里展开。

4月21日，日军在数十架飞机的掩护下，开始向连防山发起总攻。高鹏部前锋仅有一营，用机关枪迎头扫射，日军倾三大队之兵，拼命横冲，屡攻屡溃，死伤枕藉。到天黑，两队顽敌，已消灭殆尽，而前锋也伤亡过半。次日，日军增至一师团以上，轻重野炮四五十门，飞机数十架，战车30余辆，疯狂进击，横冲直撞。高鹏大义凛然，指挥若定，亲自督率两营断后，誓与日寇决一死战。他振臂一呼，将士奋力阻击，以一当百。敌数次冲锋都被击退，激战三四日，战士饮血止渴，杀敌四五千，连防山也被炸为瓦砾焦土。关麟征军长目睹此情，素知高鹏刚烈，必欲以死报国，即于24日下令撤兵。高鹏慨然说："此地在战略上，至关要害，我若撤退，则后防部队不能如期接济。今士卒多已牺牲，我岂能苟且偷生？且我在出发时，已与家人诀别，现在就是我以身殉国的时候了，何惜微躯！"说罢，潸然泪下。当时娄、曹、江三个营长已先后牺牲，全团仅余百十人，高鹏看着地上战士们横七竖八的尸体，怒火中烧，誓死不肯撤退。他厉声问战士们："战事甚危，寡不敌众，愿战？愿退？"话音未落，大家齐声答道："愿随团长效命，决不撤退！"于是将士奋力，再次反击，又毙敌百余。这时，有一流弹正中高鹏前胸，几欲仆倒，关麟征军长再次促令撤退，高鹏仍不从命。

至14时，关麟征以电话召之："我们将来报国之日尚多，兄可退兵……"高鹏身负重伤，血流如注，手持电话耳机，与军长对话，目光炯炯，声似洪钟，厉声说："这里守不住，全军难保！"始终没有说自己受伤的事。说罢，继续督战。不料又被一颗子弹打中头颅，随即壮烈殉国。此时，全团官兵，仅余数十人，全部挥泪奋起，猛烈还击，杀敌百余，最后全团殉国。高团长殉国后，张耀明师长命令将高团长遗体抢下，运往徐州公祭。

高鹏牺牲时，年仅 34 岁。牺牲后全国各大报纸均纷纷报道，高度评价其英雄精神，赞誉他是"中华民族的优秀儿女""以身殉国的民族英雄"。《大公报》的标题是《高鹏血染连防山，三千将士殉国》；《工商报》的标题是《抗日救国的民族英雄——高鹏》；《大风旬刊》刊专文，转外国记者记：目睹高部士兵战斗精神之强盛、技能之优越，实出人意想之外，（堪）称为模范军人、民族英雄。

1938 年 5 月 5 日，陕西各界抗敌后援队、西北青年抗敌协会等团体在西安民众教育馆召开追悼大会，到会千余人。会场遍悬挽联花圈，隆重追悼高鹏及全团壮烈殉国之将士。后灵柩由徐州运至西安，先殡在关红府寺，后运回乾县葬于故里大坡口。

第三节 忠勇褒天地——张惠民

张惠民 (1905—1943)，原名志润。国民党陆军第十军第三师步兵第九团上校团长，1943年在常德会战中同日军作战阵亡。1944年4月2日，被国民政府追授为陆军少将。

1905年12月25日，张惠民出生于陕西省平利县冲河张家湾一个没落的官僚家庭。其曾祖父张承燮，做过资政大夫、山东临清知州，祖父张祖阶做过山西盐运使，父亲张有锜，清末在山东做过盐运使。

1921年，张惠民考入平利县第一高级小学读书。1923年高小毕业后，秉承父命与本县太平河的女子陈显瑶结婚。第二年春，他告别父母和新婚的妻子，考入西安第二职业学校。

1926年，镇嵩军刘镇华围困西安，21岁的张惠民毅然投笔从戎，到杨虎城的模范营当了兵，从此开始了他驰骋疆场的戎马生涯。

翌年春，冯玉祥的国民革命军第二集团军在苏联专家的帮助下于西安开办西北军事政治学校（后改名西北陆军军官学校），张惠民考入该校，较为系统地学习军事技术，长于劈刀刺杀。

1928年春，张惠民升任军校步兵第二分队队长，并随军移驻山东兖州。5月3日，日本军队蓄谋制造"济南惨案"，将据理力争维护国家主权的中国外交官员蔡公时等17人残酷杀害，张惠民闻讯禁不住捶胸顿足大哭一场。

1930年5月，张惠民由军校毕业，在冯玉祥部教导师任连长，率部参加了中原大战。10月，冯玉祥兵败无奈下野，残部由冯玉祥原第五路军总指挥孙连仲收容。是年底，孙连仲在河南新乡归附蒋介石，所部被编为第二十六路军。张惠民在第二十六军（军长孙连仲）第二十七师（师长高树勋）任副团长。

1931 年 2 月，第二十六路军奉蒋介石之命开往江西兴国、宁都、瑞金一带，参加对中央红军的"围剿"。当时，第二十六路军中不少军官对蒋介石借"围剿"红军来削弱、消灭异己的做法已经十分不满。因此，中共中央派对第二十六路军十分熟悉，时任中革军委秘书长的刘伯坚做策反工作。在中央红军的策应下，第二十六路军参谋长赵博生、第七十三旅旅长董振堂、第七十四旅旅长季振同等爱国将领率第二十六军1.7 万余人发动了宁都起义，张惠民也参加起义并随部队改编为中国工农红军第五军团，出任红五军团副师长。

然而，此时正值苏区肃反扩大化时期，红军中很多中高级将领都被扣上反革命、"AB 团"的帽子被杀害，红二十军从军长以下到副排长全部被打成反革命，红军队伍到了人人自危的地步。张惠民害怕肃反扩大化殃及自身，便于 1932 年春悄然离开红军部队，返回平利家乡。

1932 年 7 月，陕西安康绥靖军第一团（团长沈玺亭）驻扎平利，沈玺亭于黄州会馆筹办干部教育班。经人推荐，张惠民出任少校副团长兼教育班大队长，结束了第一次短暂的闲居时期，重返军旅。

1934 年 8 月，张惠民任第十七路军陕西警备第二旅（旅长张汉民）第四团（团长沈玺亭）副团长，继续驻防平利。

1936 年 10 月，警二旅移驻西安西郊兵营，孔从洲接任旅长，张惠民升任第四团中校副团长兼一营长。12 月 12 日张学良、杨虎城发动"西安事变"，沈玺亭、张惠民率第四团占领了西郊机场。张惠民认为张、杨对蒋介石实行兵谏是正确的，支持国共联合一致抗日。

"西安事变"后，杨虎城被迫出国考察。1937 年 1 月，顾祝同奉蒋介石命令出任西安行营主任。陕西警备第二旅沈玺亭团和唐德楹团在国民党右派政客公秉藩策动下，通电全国叛杨拥蒋，并要求中央军改编，陕西警备第二旅被改编为西安行营第一支队。3 月，第一支队在河南尉氏被改编为陆军独立第十九旅，沈玺亭出任旅长。所部扩充为四个团，张惠民因才干突出升任第二团上校团长。然而，蒋介石对参加过"西安事变"的张、杨部队一直不放心，想尽办法予以瓦解、吞并。同年6月，沈部在开封被一六六师四九六旅缩编为九九五团和九九六团，张惠民任九九五团团长。同年12月，一六六师在洛阳取消两个团的编制，将两个团所有人员编入补充团，并于次年1月拨给汉口李延年的第二军第三师（师长李玉堂）。张惠民虽然仍任补充团团长，但对蒋介石厚此薄彼、排除异己的做法表示极大的不满。

1938年3月，张惠民率补充团参加了著名的台儿庄会战，两个月后返回汉口。第二年3月，正当抗战军情紧急急需用人之际，张惠民却受排挤，被免去团长职务，任第十军第三师师部上校附员，是个只拿八成薪金的闲职。

1940年9月，张惠民随部参加第二次长沙会战，奉命督办军粮，受到嘉奖。10月，复出任陆军第十军（军长李玉堂）第三师（师长胡蕴山）第九团团长。

1941年10月，日本国内东条英机内阁上台，进一步扩大了对外战争的规模。同年12月7日，日本发起大规模军事行动，攻击美国夏威夷海军基地，太平洋战争爆发。同月，日军向香港发起进攻，日本中国派遣军命令华中第十一军司令阿南惟几发动进攻以策应香港作战。另一方面，由于前两次日军都未能成功攻占长沙，第十一军在日军内部也颇受指责，因此阿南惟几也急于想用攻占长沙来一雪前耻，同时阿南惟几认为，依据所获得的情报，太平洋战争爆发后，国军第九战区所部精锐的第四军和第七十四军均被抽调南下，他认为此时长沙防御兵力单薄，力主再攻长沙。

1941年10月第二次长沙会战结束后，中国抗日战争第九战区司令薛岳即推断日军定会再次进攻长沙，因而也积极进行准备与动员。虽然日军战前的部署和行动都较为缜密，但第九战区仍从日军赣北部队减少和湘北部队增加等迹象中判断出日军不久即将再次发动长沙攻势。薛岳在总结前两次长沙会战的经验教训后，进一步完善了其"天炉战法"，决定依据湘北的地理优势（即"天炉"），在新墙河、汨罗江和捞刀河之间递次部署防线，以第二十军、第三十七军和第五十八军等部逐次抗击日军以削弱其攻势，从防线撤退下来的部队并不后撤而是撤向两翼，以长沙城为饵，诱使日军钻往这个"炉底"。令之前第二次长沙会战期间因作战不力而戴罪留任的李玉堂率领其所部第十军为核心守卫长沙城，把日军牵制在炉底。同时，第九战区在长沙城西的湘江对岸岳麓山制高点布置炮兵部队支援城内守军，并动员湘北民众破坏日军在战区的交通线，以之前撤往两翼的部队切断日军补给，待日军攻势受挫、补给断绝而被迫撤退之时，再将之前外围后撤至两翼的部队会同其他生力军共同从东、西、北等各个方向合围歼灭日军，歼敌地点预定在地形崎岖没有大道的捞刀河与浏阳河之间。

根据第九战区司令部的部署，张惠民团随第三师进驻长沙，担负"长沙核心工事之守备"。

1942年元旦，日军第三师渡过浏阳河，向长沙城外围第十九军之第一九〇师和预备第十师发动进攻。同时，日军第六师团猛攻长沙城。张惠民率第九团坚守长沙城南南天星阁阵地，与日寇展开攻防激烈的背水作战，多次击退日军进攻。随后，协同友邻部队发起反攻。傍晚，围攻长沙的日军被迫开始向湘北撤退。1月6日，长沙第三次会战，中方大捷。此役后，中国不仅赢得了美国五亿美元贷款，同盟国亦决定任命蒋中正为盟军"中印缅战区"最高统帅，印度各界也受此战中国大胜的影响，同意加入同盟国。在此之后的两年内，日军再没有向第九战区发动大规模进攻。

1942年上半年鄂西会战后，日军在太平洋战场上节节败退。日军大本营"从战争全局要求出发，不允许中国派遣军进行任何进攻作战"，所以日军第十一军在鄂西会战结束后的四个月内没有向周边的第五、第六、第九战区进攻，而这三个战区的部队也没有对日军进攻，双方形成"和平"相峙。日军"中国派遣军"司令官畑俊六一向主张"必须割断重庆同英、美的关系"，并认为"除了付诸武力，别无其他方法可寻"。为了贯彻他的主张，他曾向大本营建议在1943年末或1944年春进攻四川。大本营虽然承认进攻四川意义重大，但由于东南方面的战局日趋不利，而中国华北方面的"治安"形势也极严峻，兵力不敷应用，而限于国力，组建新的部队更为困难，因而拒绝了他的建议，要求"中国派遣军"把本年后半期的作战重点放在加强占领区的稳定方面。

日军"中国派遣军"总部根据大本营的指示精神，围绕当前的战争全局形势，特别是缅甸方面盟军的反攻、中国军队的策应和美国驻华空军的加强趋势，并针对派遣军自给情况以及华北八路军的状况等进行了分析和研究，于8月28日制定了《昭和十八年秋季以后中国派遣军作战指导大纲》。其作战方针是："派遣军努力确保和平定现有占领地区，特别是在华北方面，本年秋季以十一军及第十一军主力分别进行常德作战和广德作战。来年春季，以华北方面军及第十一军进行打通京汉线作战。"

日军第十一军按照总部的命令，拟订了进攻中国第六战区、发动常德会战的作战计划。

1943年冬，日本为了牵制国民党向滇缅方面使用兵力，集中五个师团、四个支队共80000多人的兵力和130架飞机对常德地区发动猖狂进攻。11月2日，驻守常德的第七十四军第五十七师受创后弃守常德，日军旋即占领常德。

第九战区长官部命令第十军驰援常德。11月22日，第十军先行抵达常德城北德山以南丘陵地带与日军展开战斗。张惠民率领九团，作为担任正面进攻的第三师前卫，在德山东南赵家桥击退日军第三师团一部的阻击。

11月29日，日军于兵力增援后向我军展开全线进攻。第三师师长周庆祥以第八团从正面监视与牵制敌军，主力第七团、张惠民的第九团则潜行迂回至敌后发动突然袭击，歼灭大批日军，迫使日寇抢渡沅江北窜。张惠民以指挥坚定、英勇善战而深受官兵拥戴。

30日，指挥第九团协同第七团向守备德山的日军一个大队发动攻击。

经过浴血奋战，收复德山。第九战区司令长官薛岳通电嘉奖第三师"血战克德山，忠勇保天地"。张惠民在后来的激战中以生命再次诠释了这一赞誉。

12月1日，败退德山之敌重整兵力后卷土重来，将第十军防守的德山前后围困。此时，增援常德的各路军队尚未赶到，第十军孤军奋战。日寇急于夺取战场主动权，竟丧心病狂地大量使用毒气弹，第十军因此死伤三成以上，张惠民在兵力不济的情况下，下令让参谋、副官、文书、勤务等二线官兵全部参战。

战斗至4日中午，张惠民看到所部第三营阵地打得激烈，即赶赴第三营，途中见三营正从阵地上撤下来。张惠民愤怒斥责营长周志清："没有我的命令，你往哪里撤！"说罢亲率三营和卫士排向日军发起反攻。在敌我双方拉锯攻防战中，营长周志清阵亡。张惠民振臂高呼："我们要向日寇报仇雪恨，不成功便成仁！"话音未落，即身中数弹壮烈牺牲。

常德会战以我军胜利告终。张惠民牺牲后归葬于长沙岳麓山，1944年2月，国民政府追授他为陆军少将。1985年5月15日中华人民共和国民政部追认张惠民为革命烈士。

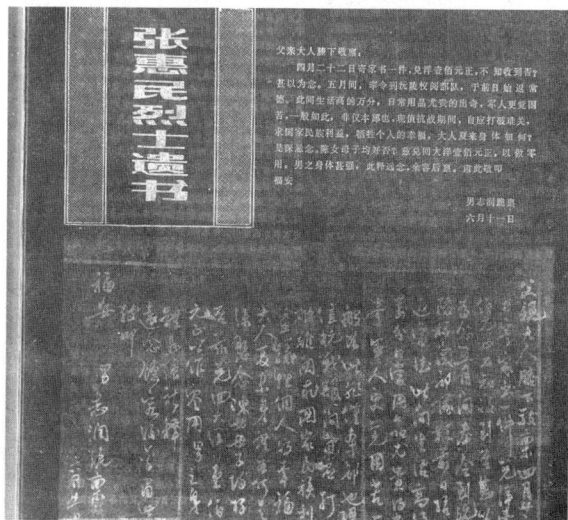

第四节　战壕为棺——雍济时

雍济时（1901—1937），别号熙如。1901年出生于陕西华县少华乡雍家湾。国民党陆军第三十三师第一九五团上校团长。1937年10月26日，奉令率部参加淞沪会战，壮烈殉国。1939年，国民政府追赠为少将军衔。

雍济时早年在华县教育会小学（咸林中学前身）就读，后考入山西省立第一中学。1925年夏毕业后，南下广州，考入黄埔军校第四期入伍生总队。训练两月余，即随军校学生一起参加了第二次东征，担负惠州城防和运送弹药给养的任务。

1926年3月，雍济时正式升入黄埔军校第四期学生队，被编入步兵科第一团第九连。与后来的中国远征军第二〇〇师副师长、陕西将领高吉人是同学。

1926年10月，雍济时提前从黄埔军校毕业，在国民革命军中任少尉排长，参加北伐战争，后升任连长、营长。1936年调入三十三师，任九十七旅一九四团团长。

1937年"卢沟桥事变"后，日本企图在华北制造第二个满洲国，中国统帅部知道大战不可避免，遵照国防计划甲案，陆军为确保首都安全，先准备集中兵力歼灭上海的3000日军海军陆战队，海军准备堵塞江阴，全歼日军长江舰队，但机密泄露，日本长江舰队仓皇逃出长江口。中国军队一不做，二不休，在华北已经开战的情况下，绝不能容忍日本海军在上海的陆战队的存在。况且，战争既然开始，"一·二八事变"后中国军队不能进驻上海市区的规定在中方看来自然作废。8月13日，秘密进驻虹桥机场的中国军队打死前来侦察的日军大山勇夫大尉,是为"八一三"事变。

在全民抗日浪潮的推动下,国民党政府第二天发表了《自卫抗战声明书》,宣告"中国决不放弃领土之任何部分,遇有侵略,惟有实行天赋之自卫权以应之"。蒋介石为了把日军由北向南的入侵方向引导改变为由东向西,以利于长期作战,在上海采取主动反击战役。8月14日,当地国民党驻军第九集团军在总司令张治中的指挥下,指挥三个德械师开始总攻,中国空军也到上海协同作战,15日,日本正式宣布组建上海派遣军,以松井石根大将为司令官,率领两个师团的兵力开往上海增援,进一步扩大对中国的侵略战争。

第三十三师当时正在河南信阳整编,雍济时率全团官兵请缨杀敌,效命抗日战场,受到上级表彰。9月上旬,第三十三师(师长冯兴贤)奉命增援淞沪,于23日到达上海,隶属第三战区第十一军团,担任上海外围防御任务。当天,雍济时率部进入徐浦防地,构筑工事,准备迎敌。官兵们在构筑工事的同时,纷纷写家书、决心书,表示誓死卫国抗日之决心。雍济时深入连队,鼓励官兵不畏强敌,誓死守住阵地,并激励部下:"以战壕为棺材,以铁锹作利器",一时军中传为警语。

10月上旬,日军已攻占宝山、刘行、吴淞等地,正集中兵力,准备猛攻大场,企图切断淞沪铁路,实现中央突破,夺取上海。第三十三师奉命增援大场,部署在大场以西老人桥、凉泾桥之线,与湘军第十八师朱耀华部相连。10月12日,日军猛攻陈行,国军十个师在陈行轮流阻击。日军见陈行难攻,便转攻南翔,企图突破南大公路,从侧面对大场实施包围。17日,日军在装甲车配合下,向大场以西胡家宅、洛河桥进犯。部队虽构筑野战工事,但非常薄弱。雍济时率部坚守阵地,顽强阻击日军的进攻。

由于战线过长,兵力薄弱,后援无继,南大公路被敌突破一千米。三十三师部队与顽敌展开殊死决战,以巨大伤亡顶住日军的猖狂进攻。10月24日,日军出动100多架飞机,对第三十三师、第十八师阵地及周边地区狂轰滥炸,投弹100多吨。第三十三师、第十八师阵地工事被毁殆尽。日军轰炸、炮击后,在装甲车的配合下,越过走马塘,向第三十三师、第十八师阵地猛扑。第三十三师、第十八师官兵伤亡惨重，剩下官兵跃入弹坑，固守待援。顾祝同给何应钦的急电指出："我第三十三师连日抗战，伤亡甚重，冯师长及雍、王两团受伤，张旅长及张团长失踪，官兵仅剩下十分之一。"

25日，雍济时在激战中，颈部中弹受伤，流血不止，伤势十分严重，副官多次劝他下火线转医院治疗。雍济时考虑到冯师长受伤、张旅长失踪，在战况如此紧急的情况下，他再离开部队，实在放心不下。正在这时，传来蒋介石、顾祝同言辞严厉的电报："江湾、大场两据点守备官兵，无命令不得撤退，违则军法严惩。"

看完电报，雍济时决定留下，他向官兵高喊着："不要被倭寇的武力吓倒，要寸土必争，与敌人血战到底！"当日，老人桥阵地多次被敌军破入，雍济时率团倾力反扑堵住缺口。25日夜，第三十三师等部队反攻、第十四师夜袭仙霞庙均未成功。

10月26日，第十八师阵地被敌军突破，为避免淞沪部队被截断，第三战区司令长官决定做战略转移。第三十三师奉命向苏州河南岸之江桥镇、小南翔之线推进。雍团长忍着剧痛率部越过苏州河时，终因失血过多殉国。

11月，雍济时灵柩被运回华县，华县县政府举行了隆重的追悼会。政府官员、地方绅士、群众、咸林中学、少华女中师生等1000多人参加，国民政府主席林森为其题词"中流砥柱"；陕西省政府主席蒋鼎文书赠"为国成仁"烈士匾一面；国民党元老于右任也送了挽联。国民政府军事委员会追认他为陆军少将。

1939年，国民政府军事委员会颁发"恤金给予令"："第三十三师一九四团上校团长晋少将雍济时，于民国二十六年（1937年）在上海抗战中阵亡。呈请国民政府核准，优给该故员一次抚恤1500元，遗族（属）抚恤金600元。"

1986年，中华人民共和国民政部追认其为抗日烈士，补发"革命烈士"证书。

第五节　不捣黄龙，誓不生还——李友于

李友于（1905—1938），字右卿，陕西省扶风县南阳乡龙里村人。国民政府陆军第十三军第八十九师第二六五旅第五二九团副团长。1938年4月6日，在台儿庄战役中壮烈殉国，被国民政府追赠为陆军少将。

李友于出生在书香世家，父李介夫系晚清优贡生，曾任陇州知事、周至县教谕、扶风高等小学堂山长等职。友于受父熏陶，少有大志，勤奋好学。16岁从扶风县立第一高等小学毕业，考入省立一中。他见军阀割据，国家羸弱，民不聊生，决意弃文从军，遂南下投考，入黄埔军校第四期入伍生总队。1926年3月，正式升入黄埔军校第四期学生队，被编入步兵科第二团第一连。10月提前从黄埔军校毕业，任国民革命军少尉排长，参加北伐战争。

1930年，李友于随部参加中原大战。1933年春，陆军第二师开赴华北，参加长城抗战，李友于时任第二师第八团迫击炮连连长。4月，日军以一个旅团的兵力，向李部守卫的兴开岭4055高地猛攻，"战况之烈，亘古未有。至第四日晨，左翼高地失守，全线遭敌俯射，其危急千钧一发"。李率40名士兵"各携炸弹三枚，往返肉搏达三小时之久，敌弃尸溃退，全局转安"（公励生《祭友于文》）。

1935年，李友于升任陆军第八十九师第五二九团一营营长。同年夏，第八十九师随第十三军由湘鄂边北调潼关，不久移防陕北绥德。1936年冬，绥远抗日战起，蒋介石令第十三军的两个师北进绥东，名为接受绥省主席傅作义指挥，实为监视傅作义不得"影响中央誓死'剿共'之政策"。李等赶到平地泉集结之前，百灵庙已经收复。"西安事变"发动后的第五天，李营随全军出动，在南壕堑前线，迫使汉奸王英的两个旅2000余人反正。

1937年"七七事变"爆发，日本发动全面侵华战争。中旬，李友于升任陆军第十三军（军长汤恩伯）第八十九师（师长王仲廉）第二六五

旅第五二九团（团长罗芳珪）副团长。

1937年7月29日、30日平津相继失陷后，日本在挑起淞沪战役的同时，又调集重兵南下，妄图南北夹击，速战速决，进而侵占全中国。为此，7月31日日军沿平绥线推进，在昌平集结重兵，准备进攻南口，目标是攻占山西，夺取重要战略物资煤炭。第十三军奉命担负平绥线东段的防御，开赴南口布防。

南口是京畿名镇，京张铁路通车后逐渐成为一个重镇。它既是燕山山脉与太行山山脉交会之处，又是到达八达岭的唯一入口点，与居庸关、八达岭同为重要交通要冲。日军为实现其经由华北征服中国的野心，8月9日大举进兵南口，投入70000余人的兵力，主力部队为板垣师团、铃木师团、山下旅团和酒井旅团，配备300门火炮，另有航空飞行大队、战车队、化学部队协同作战，战前扬言："三日内攻占南口。"中国参加南口战役的军队60000余人，以南口为中心布防，阵地东起德胜口、苏林口，西至镇边城、横岭，战线长达90千米。中国军队第十三军奉命抢防南口，第八十九师第五二九团团长罗芳珪率部为先头部队。

8月1日，李友于协助团长率部从大同乘车，冒着日军飞机的狂轰滥炸，赶赴南口前沿阵地。到达指定位置后，在龙虎台、南口火车站、南口村一带迅速构筑防御工事，进行战前准备。8月8日晨，战役打响，日军炮火向南口中国军队进行猛烈袭击，日机轮番轰炸，第五二九团一次次打退日军的进攻，坚守阵地，直至深夜，奉命战略撤退，放弃南口车站，退守龙虎台。

8月10日，日军发动总攻，龙虎台首当其冲。为减少伤亡，罗芳珪果断下令守军暂时撤退。当日军刚刚占领龙虎台，未及站稳之际，李友于协助团长率兵全力反击，第五二九团官兵个个奋勇争先，与敌展开肉搏。尽管日军派来增援，仍未能夺得龙虎台。三个多小时的血战，第五二九团官兵依然斗志昂扬，坚守阵地。8月12日后，日军多次向南口东西两侧山地和龙虎台阵地进攻，均被击退。8月13日，日军派出战车向第五二九团一营阵地发起猛烈攻击，团长罗芳珪见阵地即将被攻破，下令官兵进行阻击，即使剩下一兵一卒也决不后退。他亲临指挥，与部下研究爆破战车、破坏其履带使之难以行进的办法，同时研究接近战车、攻击其瞭望孔的方式，挑选精兵，分成两批，一批带手榴弹，滚身接近战车，用手榴弹炸毁履带，使战车瘫痪；一批趁履带毁坏之时，攀上车顶，用手枪从瞭望孔射击，击毙驾驶员。按此方法，日军战车被击毁多辆，动弹不得。等日军清除了废战车，继续进攻时，早已严阵以待的第五二九团官兵改变战术，等战车经过后，以密集火力，专门攻击跟在战车后面的日军步兵，步兵夹在隘道中难以招架，被打死数百名，剩下的狼狈逃回。

在六天的南口战斗中，第五二九团与敌反复争夺，重创日军。第五二九团也伤亡惨重，在无兵增援的情况下，他们服从上级命令，拼死坚守。罗芳珪亲临战场指挥战斗，几个昼夜没有休息，仍表示愿与全团官兵一起与阵地共存亡。全团官兵无不感奋，振臂高呼："誓死不退！" 8月14日，李友于与团长罗芳珪都身负重伤，仍大声呼杀，不下战场，全团官兵大部牺牲，但士气旺盛，同仇敌忾，视死如归，与敌激战不止。8月16日，第五二九团奉命撤出阵地，开赴后方休整。此一役，第五二九团伤亡1200余人，占全团过半人数。

8月27日，《中央日报》对战况进行了报道，《大公报》记者范长江亲临前线采访，连续发表战地通讯，赞扬第五二九团英勇杀敌的事迹。中共中央机关刊物《解放周刊》发表时事短评，高度评价南口保卫战，罗芳珪团的英雄事迹传遍大江南北。因第五二九团在南口之役中勇猛顽强，声名大震，成为当时闻名遐迩的"四大名团"之一（抗战初期中国军队"四大名团"分别是：1937年7月在卢沟桥打响全面抗战第一枪的第二十九军吉星文团，1937年8月死守南口要隘的第十三军罗芳珪团，1937年10月夜袭日军阳明堡机场的八路军第一二九师陈锡联团，1937年10月在淞沪会战中坚守四行仓库的第八十八师谢晋元团）。

李友于在战斗中负伤，战后赴山西大同治疗。10月伤愈回陕省亲，在故里接前线电令，擢升他为上校团副，敦促他尽快归队受任。陕西省政府 10 月 5 日在西安为他召开庆功大会，并赠送银盾一面。李友于在会上说："离家时我父郑重指出天下兴亡，匹夫有责，汝为军人，当膺命保国。我决心重上前线，上报国恩，下卫国土，不捣黄龙，誓不生还。"返回部队，仍任第五二九团（团长罗芳珪）副团长。

1938 年 3 月，台儿庄会战打响，五二九团奉命增援鲁南，保卫徐州。4 月初，日军板垣师团等精锐部队参战，第五二九团与之激战三昼夜，伤亡惨重，又不见援军，情况万分危急！日军见第五二九团阵地上枪声稀疏，遂喊叫着冲上来。如若阵地失守，日军从此处突进，全军将腹背受敌，后果不堪设想！李友于急了，挥舞拳头，高声喊道："今日之战，有进无退，有我无敌，我等报国，正当时也！"官兵士气大振，决心与阵地共存亡。为了改变防守挨打的处境，李友于协助团长组织部队，向日军阵地发动攻击，竟连克敌阵地三处，可直下台儿庄，日军被迫退后。4 月 6 日下午，李友于与团长罗芳珪在台儿庄外大顾栅村视察前沿阵地时，不幸同时被日军炮弹击中，皆英勇殉国，李友于时年 33 岁。

徐州第五战区为李友于等阵亡将士举行了追悼会，追悼会由司令长官李宗仁主持。洛阳、西安、扶风为李友于进行了接灵追悼。国民政府追授李友于为陆军少将。

第六节 虎团虎将——陈发鸿

陈发鸿 (1915—1944)，陕西省延川县人，新四军三师二十二团团长。1944 年 10 月，率部攻打盘踞在合德的日伪军时，中弹殉国。

陈发鸿出生于一个贫农家庭，从小给地主当雇工。1935 年参加红军，同年，加入中国共产党。历任陕北红二十六军战士、班长、排长、连长。

1937 年抗日战争爆发后，红军改编为八路军，陈发鸿历任八路军一一五师三四四旅六八七团营长、副团长等职。曾参加平型关大战及山西灵丘、河北威县等战斗。1940 年 5 月，随八路军第二纵队三四四旅挺进华中。10 月，八路军抽调一部分组成五纵队，他奉命随五纵队南下华东地区进行抗日及反伪顽斗争。在苏北地区与由江南北上抗日的新四军会师以后，五纵队改编为新四军三师（师长黄克诚），陈发鸿任八旅二十二团副团长。

1943 年夏，陈发鸿任八旅二十二团团长。因作战勇敢，不怕牺牲，被誉为"虎将"。每逢战斗，都亲临第一线指挥。他领导的二十二团战斗力强，被三师广大指战员称为虎团。他亲自指挥过佃湖战斗、合德战斗……在战斗中曾多次负伤。

1944 年 10 月，盐（城）阜（宁）地区军民向合德日伪军发起进攻，陈发鸿率团担任主攻任务。合德是苏北黄海边上的棉区重镇，这里驻守着日伪军 600 余人，控制交通，掠夺物资。

19 日深夜，陈发鸿率部顶风冒雨，从 15 千米外的小闸口赶到合德，并于夜半投入战斗。他们由城西南方向突过护城河和耕耘河，夺取南圩门的碉堡，攻下伪警察局，拿下四丈河边的敌炮楼，直插入敌据点。街中心的陈树清庄圩炮楼，是规模最大、工事最坚固的敌火力点，驻有戴兆林的警备队，后又增加了从陈洋派来的伪六师师长陈光寒带领的两个连。陈发鸿果断地指挥部队，利用街巷的地形地物，凿通墙壁前进，很快攻下了与陈家炮楼遥遥相对的孟家楼。陈发鸿登上楼顶，居高临下，指挥部队用机枪、迫击炮向敌炮楼扫射。爆破手穿过两道护城河，越过战壕摧毁了外围火力点。陈发鸿及时组织后续部队勇猛出击，终于攻下了陈家炮楼。曹虎臣、陈光寒率十余人落荒而逃，戴兆林等64人被俘，整个合德外围的伪军全部被歼灭。但是，盘踞在合德工事里的日军仍死守据点，倚仗坚固的工事，拒不投降。二十二团在围困两天后，于21日开始进攻合德工事日军据点。陈发鸿在第一线指挥战斗中，中弹负伤，伤势很重，他说："牺牲是革命军人的本分，这算不了什么！"他在神志不清时还高呼："同志们，冲啊！"终因伤势过重而牺牲。

10月29日，新四军和当地人民政府为陈发鸿举行了隆重的公葬仪式。仪式在阜宁新四军芦蒲烈士纪念塔下举行，会场上悬挂着黄克诚师长写的挽联："痛一弹无情夺吾勇将，愿三军用命歼彼凶顽。"遗体安葬在阜宁县芦蒲烈士公墓。新中国成立后，射阳县人民政府将陈发鸿同志牺牲时所在的合德镇北街命名为"发鸿街"。

后　记

　　中国抗击日本侵略战争胜利已70余年。为了那段无法忘却的历史，也为了缅怀在那段民族团结共赴国难的历史中前仆后继的英雄和勇士们，全国上下每年都有各种规模、各种形式的纪念活动。本书也是纪念抗战胜利活动的一个部分。

　　当拂去历史的尘埃，那些鲜活的英雄们开始缓缓归来。他们为我们重现了一幅幅惊心动魄、血雨腥风的战斗画面，更为我们叙述了一幕幕感人至深的家国情怀。如果这样的梳理和回顾，能让今天以及后世的人们时时对那段悲壮的历史、那些无畏的军魂肃然起敬，并时时为这多灾多难的民族发出深深的祈祷和祝福，这就是我们能够想到的最好的纪念。

　　在20世纪上半叶这场中国抗击外来侵略者的战争中，在民族统一战线下，"地无分南北，年无分老幼，无论何人，皆有守土抗战之责任，皆应抱定牺牲一切之决心"①，最终取得战争的胜利。这其中，也包括众多陕西籍将士们的浴血奋战和英勇牺牲。

　　陕西一地，自古水深土厚，民风淳朴，因历史上久为游牧与农耕交界处，民间尚奉公畏法、急公好义。因此，和平居家之时，陕西男子多务实勤俭、性率爽直；战场杀敌之际，陕西健儿则勇猛刚烈，尽显"愣娃"之本色。陕西健儿在抗日战场的所作所为，即是这一本色的最好诠释。

　　然本书囿于篇幅和结构布局的限制，主要选取了少将级或团职以上国共两党的陕西籍抗日将领，对他们的主要事迹和典型战例尽可能地进

---

　　① 蒋介石：《对卢沟桥事件之严正声明》；陈爱玉主编：《百年苦语：激奋中国人的百年文字》，北京：华文出版社，2014年版，第361页。

行了客观叙述。出于缅怀和纪念的根本目的，我们对于一些颇有争议的说法采取了搁置或者暂不编选，以表示对逝者的尊重。同时，由于时间紧迫、资料阙如，本书中所选人物，只是整个抗日战场上陕西籍将领的一部分，还有不少陕西籍著名将领没有编选入本书中，如张宗逊、许权中、高双成将军等，实为本书之一大缺憾，期待以后可以弥补。

本书在编写过程中，参考了大量资料，在这里对原作者一并表示谢意！

谨以此书，向所有参加那场民族抗战的陕西将士们表示由衷的敬意！

编者谨识

2016 年 7 月